Transición y democracia en Paraguay (1989-2017)

TRANSICIÓN Y DEMOCRACIA EN PARAGUAY (1989-2017)

"El cambio no es una cuestión electoral"

Magdalena López

sb

Madrid - Santiago - Montevideo - Asunción - Lima - Bogotá - Buenos Aires - México

López, Magdalena

   Transición y democracia en Paraguay, 1989-2017 : el cambio no es una cuestión electoral / Magdalena López. - 1a ed . - Ciudad Autónoma de Buenos Aires : SB, 2018.

   246 p. ; 23 x 16 cm.

   ISBN 978-987-4434-16-6

   1. Historia. 2. Paraguay. 3. Democracia. I. Título.

   CDD 320.9

ISBN: 978-987-4434-16-6

1° edición, abril de 2018

2° reimpresión, abril de 2019

Director General: Andrés C. Telesca (andres.telesca@editorialsb.com.ar)

Diseño de cubierta e interior: Cecilia Ricci (riccicecilia2004@gmail.com)

Directores de colección: Magdalena López; Carla Benisz; Ana Couchonnal

Distribuidores

España: Astur Libros Noroeste • Peña Salón 93, Polígono Industrial de Silvota, Llanera, Principado de Aturias

Argentina: Waldhuter Libros • Pavón 2636 - Ciudad Autónoma de Buenos Aires (+54) (11) 6091-4786 • www.waldhuter.com.ar • francisco@waldhuter.com.ar

México: RGS Libros • Av. Progreso 202, Col. Escandón, Del. Miguel Hidalgo, México (+52) (55) 55152922 • www.rgslibros.com • fernando@lyesa.com

Colombia: Campus editorial • Carrera 51 # 103 B 93 Int 505 - Bogotá (+57) (1) 6115736 - info@campuseditorial.com

Chile: Catalonia Libros • Santa Isabel 1235, Providencia - Santiago de Chile (+56) (2) 22099407 - www.catalonia.cl - contacto@catalonia.cl

Uruguay: América Latina Libros • Av. Dieciocho de Julio 2089 - Montevideo (+598) 2410 5127 / 2409 5536 / 2409 5568 - libreria@libreriaamericalatina.com

Perú: Heraldos Negros • Jr. Centenario 170. Urb. Confraternidad - Barranco - Lima (+51) (1) 440-0607 - distribuidora@sansevierio.pe

Paraguay: Tiempo de Historia • Rodó 120 c/Mcal. López - Asunción (+595) 21 206 531 - info@tiempodehistoria.org

Brasil: Librería Española • R. Augusta, 1371 - Loja 09 - Consolação, São Paulo (+55) 11 3288-6434 - www.libreriaespanola.com.br - libreriaespanola@gmail.com

Sb editorial

Piedras 113, 4º 8 - C1070AAC - Ciudad Autónoma de Buenos Aires - Argentina

Tel.: (+54) (11) 2153-0851 y líneas rotativas

www.editorialsb.com • ventas@editorialsb.com.ar

www.facebook.com/editorialsb • @editorialSb

ÍNDICE

AGRADECIMIENTOS 7

INTRODUCCIÓN 9

    1. Aportes 13

    2. Lo que creímos y lo que creemos… 16

Capítulo I

PROCESOS SOCIOPOLÍTICOS Y CONCEPTOS TEÓRICOS:
LA CREACIÓN DE UN "OBJETO DE ESTUDIO"
A PARTIR DE LA HISTORIA POLÍTICA RECIENTE DE PARAGUAY 19

    1. Lecturas del pasado: continuidades, rupturas y periodización 22

    2. Entre dictaduras estables y democracias débiles. Cambios políticos
    en el Paraguay del período 1940-2017 25

    3. Caracterización socio-económica de Paraguay 66

Capítulo II

"DISCULPE LAS MOLESTIAS, DEMOCRACIA.
ESTAMOS TRABAJANDO PARA SU COMODIDAD".
TRANSICIÓN, PARTIDOS POLÍTICOS Y LIDERAZGOS 73

    1. "Transición a la democracia": una categoría compleja o "de alguna
    forma hay que llamar" a lo que sucede entre un régimen y otro 74

    2. Partidos políticos, liderazgos y algo más 95

    3. Líderes y discursos de campaña. Tres breves casos de análisis:
    el militar, la mujer y el obispo en las presidenciales del 2008 109

Capítulo III

FACHADA DEMOCRÁTICA EN LA DICTADURA Y HERENCIA
DICTATORIAL EN LA DEMOCRACIA. ANÁLISIS CRÍTICO
DEL MARCO NORMATIVO ELECTORAL Y CONSTITUCIONAL 123

    1. Las Constituciones de 1940, 1967 y 1992 y las leyes electorales 125

    2. ¿Por qué legislar sobre el proceso electoral? 136

Capítulo IV

EN BUSCA DE LA REPRESENTACIÓN PERDIDA:
ELECCIONES GENERALES Y VOTOS EN EL PERÍODO 1989-2013 139

1. Reflexiones en torno a la teoría de la representación democrática 140

2. Las elecciones generales: un análisis de los resultados
de las presidenciales 146

3. Las elecciones generales: una lectura del voto en las parlamentarias 149

4. Las elecciones "especiales": 1991-2000 y 2011 153

5. Elecciones generales de 2008 159

6. Elecciones generales de 2013 164

7. Breves comentarios 166

Capítulo V

LA TRANSICIÓN... ¿HACIA QUÉ DEMOCRACIA? REPRESENTACIONES
TEÓRICAS Y PRAGMÁTICAS DE UN CONCEPTO POLIVALENTE 167

1. Democracia ¿(Trans)formadora de la política? Diferentes
perspectivas en torno a un concepto confuso 168

2. Algunos apuntes sobre el concepto de democracia en América Latina 177

3. La democracia en Paraguay: representaciones de un concepto complejo,
histórico y políticamente construido 182

Capítulo VI

¿Y LA DEMOCRACIA? UNA LECTURA DEL JUICIO POLÍTICO (2012)
Y LA QUEMA DEL SENADO (2017) 205

1. Golpe parlamentario: remover sin apoyo popular al presidente
en menos de 48 horas 206

2. El golpe desde adentro: causas, sentidos y perspectivas
del juicio político a Fernando Lugo 208

3. El país del Senado en llamas: la crisis de marzo/abril de 2017 214

4. El después de la crisis: rearmando la institucionalidad democrática 217

Conclusiones

LA DEMOCRACIA PARAGUAYA:
LOS VAIVENES DE UN CONCEPTO POLIVALENTE 219

BIBLIOGRAFÍA 229

AGRADECIMIENTOS

A mi familia por desafiarme a repensar siempre para quién escribo y por qué investigo.

A mis amigos de La Pampa, por hacer de la ciudad natal siempre mi casa a pesar de vivir a 600 kilómetros de ella; a los de Buenos Aires, porque pasan los años y no nos une el espanto, sino el amor; y a los de Paraguay, por construir lazos amistosos transnacionales fuertísimos que exceden notoriamente los escasos fines de una investigación.

A mis amigos de Berlín, a los latinoamericanos por el mundo, a los del mundo por Latinoamérica y por el mundo, porque estando a la distancia me acompañaron.

A los Acosta, los Lezcano Bolla y los Robledo Verna, porque cuando me abrieron sus casas en realidad me regalaron un hogar.

Al GESP por ser los mejores compañeros en este recorrido y por recordarme siempre que "otra forma" de hacer ciencias sociales es posible. A GH e IT por facilitarnos tanto el camino.

A mi viejo, que no llegó a leerme, pero elijo pensar que hubiera disfrutado hacerlo.

A quienes se tomen el trabajo de analizar atentamente este libro, porque estarán compartiendo su conocimiento con el mío.

¿CÓMO SE CONSTRUYE UN ORDEN DEMOCRÁTICO? O DE DÓNDE VENIMOS Y HACIA DÓNDE VAMOS EN LA TRANSICIÓN A LA DEMOCRACIA EN PARAGUAY

Redactamos la historia hilando años y fechas relevantes a ojos de quien las cuenta, les imprimimos luego importancia colectiva cuando acordamos en la valorización de dichos días.

A partir de un suceso, un clivaje y una concatenación, construimos un proceso. Los convertimos, así, en "acontecimientos", como explicara Foucault (2008). Es en esta creación que cientistas sociales, sin neutralidad alguna, imprimimos significados y hegemonizamos relatos.

Si tuviéramos que contar en la actualidad las fechas relevantes de la historia política reciente de Paraguay, seguramente acordaríamos en nombrar algunos sucesos e incluso llegaríamos tácitamente al acuerdo de no nombrar otros (quizás más interesantes o importantes a ojos de algún lector o de otro científico o de sus protagonistas originales).

Por ejemplo, consensuaríamos indudablemente en que el 2 y 3 de febrero de 1989 cuando un general de las Fuerzas Armadas paraguayas derrocó a Stroessner quien ya no pudo sostener su dictadura por las inclemencias económicas y los resquebrajamientos del frente partidario y militar que lo respaldaba, constituyen una fecha remarcable.

Sumaríamos, además, el año 1992, en el que se sancionó la nueva Constitución que dio un marco legal a los gobiernos venideros que "buscaron restablecer la democracia".

Luego, acordaríamos mencionar 1996 como la fecha en la que se resistió a un intento de Golpe de Estado encabezado por Lino César Oviedo, quien habiendo pertenecido al círculo del primer presidente de la transición (Rodríguez Pedotti) y habiendo participado en el Golpe por la Democracia con el que se derrocó al longevo tirano amenazó con dar otro.

Registraríamos posteriormente al Marzo Paraguayo de 1999 que nos mostró a "una ciudadanía urbana" activa por la defensa a la democracia, unida al campesinado que pedía condonación de deudas, reprimidos ambos sectores por el Estado y por militantes de otras fuerzas políticas (que también se adjudicaban la defensa de la democracia).

En esta línea, tendríamos que mencionar el 2003 como el año en que asciende a la presidencia un colorado que no estaba relacionado con el stronismo y que, además, lo hace con el menor caudal de votos de la historia del Partido.

Finalmente, anexaríamos como fecha de relevancia central e inequívoca: el año 2008, año en el que "un suceso político sorprendió a Paraguay y al resto del mundo: un exobispo –'Monseñor Fernando Lugo Méndez'– triunfó en las contiendas electorales logrando la presidencia de una coalición opositora (la Alianza Patriótica para el Cambio, APC) por primera vez en 61 años de gobierno ininterrumpido del Partido Colorado" (López, 2010a).

Este "suceso político", convertido en sorpresa por la mayoría de los veedores y analistas, fue considerado como un punto de inflexión en la política paraguaya. Significó algo que, en una primera instancia, parecía de una relevancia superior: la prueba de fuego de que la democracia formal-institucional se había afianzado y que, tras años de desequilibrio, finalmente algunos reglamentos de sucesión de cargos se sostenían y aplicaban.

Un nuevo líder político, *outsider* de los partidos tradicionales, se acercaba a la arena pública (no enteramente por voluntad propia, sino porque, como él mismo declaró, "recibió el llamado de Dios y del Pueblo"), encabezando una alianza de movimientos y partidos políticos (entre ellos el tradicional e histórico Partido Liberal –devenido en Partido Liberal Radical Auténtico luego de su reunificación posdictadura–) y triunfaba en las elecciones presidenciales de abril del año 2008, con una marcada diferencia sobre la candidata del Partido Colorado, Blanca Ovelar, y sobre el candidato del PUNACE, Lino Oviedo.

Las significancias de este triunfo fueron varias y, a su vez, sus implicancias cubrieron otras que quedaron solapadas. La relevancia quizás es más evidente: un exobispo, asociándose con un partido tradicional y con "nuevos sujetos políticos" emergentes logró, tras seis décadas (más de tres de dictadura), triunfar en las elecciones presidenciales, derrotando al Partido Colorado (que no había sido derrocado nunca en el sillón presidencial por medio de elecciones). Se abría así un fenómeno muy novedoso: parecía que la "democracia paraguaya" ya había madurado y permitía el juego libre de las alianzas políticas, la aceptación de los resultados por parte de los "perdedores" y la perdurabilidad de las instituciones. Lo que no pareció tan relevante en aquel momento fue que tanto el Poder Legislativo como el Poder Judicial siguieran respondiendo al Partido Colorado. También aparece como secundario el hecho de que las dos Cámaras tuvieran mayorías coloradas y liberales (dado que el Partido Liberal que acompañó la candidatura de Lugo, imponiendo incluso el vicepresidente de la fórmula, se presentó a las elecciones legislativas de manera autónoma, así como el resto de los partidos de la APC).

No podía entenderse el triunfo del exobispo desde sí mismo, ni desde su construcción como líder, ni desde su asociación con el PLRA. El acceso de Fernando Lugo Méndez a la presidencia nos abrió una pregunta cuya respuesta nos llevó a observar un proceso aún más largo: para saber por qué ganó Lugo en el 2008, era necesario abordar la transición a la democracia en Paraguay. Es decir, debíamos pensar cuáles fueron los rasgos distintivos y las características socio-políticas de la transición a la democracia en Paraguay, "iniciada" en 1989, que permiten comprender la victoria electoral de Lugo casi diez años después.

Un aporte sustancial en este sentido surgió al entrevistar a líderes políticos relevantes en los años noventa y en la actualidad, como parte de nuestras indagaciones, cuya fuerza y persistencia nos hizo imposible desecharlo. Pero, principalmente, abrió una original vertiente de análisis: cuando Paraguay, tras la caída del stronismo –como régimen dictatorial que dominó 35 años de política nacional y prácticamente aniquiló todo tipo de organización popular o sindical– "transitó" a la democracia ¿hacia qué idea hegemónica (o hegemonizada) de democracia estaba transitando? Las respuestas fueron ineludibles, de hecho, aparecieron cuando aún la pregunta no estaba armada como tal.

Entonces, para comprender el triunfo de Lugo en 2008 fue necesario abordar la transición a la democracia como proceso englobante, y para acercarnos a esta transición fue imposible evadir la "representación" de democracia que la elite política (necesariamente partidaria en el caso de Paraguay) tuvo en ese período y cómo esta se plasmó legalmente y se sostuvo discursivamente (incluso hasta la actualidad).

El corpus de análisis que dio arraigo empírico a este trabajo lo constituyeron, además de una gran compilación de bibliografía clásica y actualizada, un conjunto de discursos dados por los presidentes a lo largo del período analizado seleccionados estratégicamente en momentos de clivaje o en campañas electorales, entrevistas en profundidad a los líderes políticos de diferentes partidos, las actas de los debates parlamentarios sobre leyes y normas relevantes a lo largo de los años de la "transición", programas y propuestas de gobierno[1], datos cuantitativos del Tribunal Superior de Justicia Electoral (organismo encargado de la organización de las elecciones, conteo de votos y legalización de candidaturas y partidos o coaliciones) y las publicaciones de autores autónomos que escriben sobre sus partidos de pertenencia[2].

Consideramos a estas últimas parte del acervo de publicaciones partidarias por diferentes motivos, primero, solo pueden comprenderse y analizarse dentro de los debates dados por las diferentes facciones partidarias o dentro de la "liturgia" partidaria; segundo, fueron escritos por "letrados" militantes y si bien se publican por editoriales privadas, reproducen (o se oponen a) los contenidos que se editaban al mismo tiempo desde las editoriales de los Partidos; y finalmente, mantienen en sus ediciones la simbología, los colores e incluso el nombre del Partido sobre el que escriben. Esta práctica fue muy habitual dentro de los militantes de la Asociación Nacional Republicana en el poststronismo.

Las entrevistas mencionadas anteriormente se realizaron entre los años 2010 y 2015. Entre las más relevantes se encuentran las siguientes[3], *Nicanor Duarte Frutos* (Asociación Nacional Republicana-Partido Colorado), *Mirta Vergara de Franco y Julio César Ramón Franco* (Partido Liberal Radical Auténtico), *Luis Alberto Wagner* (Partido Liberal Radical Auténtico), *Roberto Campos Ortiz* (Partido Patria Querida), *Hugo Richer* (Partido Convergencia Popular Socialista), *Najeeb Amado* (Partido Comunista Paraguayo), *Aníbal Carrillo* (Movimiento Popular Tekojoja), *Ramón Medina* (Organización de Lucha por la Tierra-OLT), *Julio López* (Partido de los Trabajadores), *Miguel López Perito* (Movimiento Popular Tekojoja) y *Lilian Soto* (Movimiento Avancemos). Pudimos dialogar con un alto cargo del Partido Unión de Ciudadanos Éticos (PUNACE) y un representante de los grupos empresariales que apoyaron económicamente la campaña de Fernando Lugo (siendo el entrevistado afiliado al Partido Colorado), con *Fernando Lugo* (Alianza Patriótica para el Cambio, Frente *Guasu*), cuando ya había sido removido de la presidencia, y con el diputado *Oscar Tuma* (ANR). También entrevistamos autoridades de gestión del Tribunal Superior de Justicia Electoral y autoridades del Partido Colorado y del Partido Liberal, del área de estadísticas, afiliación e información, para que a modo de "informantes claves" nos brindaran datos, facilitaran formularios y permitieran acceso a archivos y actas partidarias.

---

1 Serán reconocidos en el cuerpo del texto con la sigla DP (Documento Partidario).

2 Estos documentos específicos serán reconocidos en el texto al momento de ser utilizados con la sigla DA (Documento de Afiliado), para una fácil diferenciación del resto de la bibliografía.

3 Todas las pertenencias institucionales de los entrevistados se expresan según la adscripción que ellos mismos determinaron en el momento de la entrevista; sin embargo, las afiliaciones pueden haber cambiado dentro de alianzas partidarias posteriores.

Este libro pretende generar aportes empíricos, surgidos del estudio de un caso concreto, históricamente marginalizado de los estudios académicos regionales, con los beneficios en profundidad y precisión que esta metodología aporta; aportes teóricos al inscribirse dentro de los debates académicos en torno a la transición a la democracia en América Latina, analizando desde una perspectiva crítica las categorías y conceptos acuñados por la corriente de la escuela clásica y la corriente crítica latinoamericana; y aportes metodológicos y disciplinares, dado que además de combinar un conjunto de abordajes diversos provenientes de diferentes disciplinas, también critica las tendencias de estudios democráticos, cuya metodología solo resulta pertinente para profundizar la falsa creencia de que existen países que no pueden alcanzar estadios avanzados de democracia (utilizando como registro de comparación las democracias de los países centrales y económicamente poderosos).

La elección del "abordaje desde los gobernantes" es original para el caso paraguayo. Si nuestro interés fue reconocer la estrategia de construcción de la democracia en la transición, era necesario comprender cuáles "representaciones" de la democracia estaban disputando hegemonía a nivel nacional, para comprender cabalmente las negociaciones y las pujas que se realizaron en torno a ellas. Por esta causa, sin restar importancia a los estudios que toman como centro los movimientos sociales y la sociedad civil, propusimos un estudio desde "la voz de los que gobiernan" o gobernaron el Paraguay.

1. Aportes

Si bien acordamos con otros autores en que la especificidad del caso paraguayo no puede convertirlo en una excepcionalidad regional, y que de manera clara (y más aún en el período que analizamos) las experiencias y procesos regionales se interrelacionan e influyen y tienen consecuencias dentro de la frontera estatal, hay algunos procesos que necesariamente convierten a Paraguay en un "caso de estudio" diferenciable.

Si se nos pidieran ejemplos de esta afirmación (nuevamente aclarando que responde a un análisis de las ciencias sociales y a la creación científica de "clivajes y anomalías"), podríamos hablar de una transición a la democracia que fue iniciada por un líder del mismo partido que sostuvo la dictadura, y quien también era militar de las fuerzas armadas; o que esa "transición desde arriba" (o "pacto entre caballeros"), que se inició con una lenta liberalización y progresiva incorporación de otros sujetos en la arena política, derivó en más de 20 años de gobiernos colorados; o que las características propias de la dictadura de Stroessner impactaron y dejaron su huella en la Constitución sancionada con la "llegada de la democracia"; o que el apego irrenunciable a la fachada legalista del stronismo se resignificó en un apego al legalismo durante la transición. También podríamos mencionar las cíclicas amenazas a la institucionalidad democrática (denuncias comprobables de fraudes que no se investigaron, amenazas de golpe de Estado, acusaciones de conspiración y autoría intelectual del asesinato de un presidente que desencadenó una doble acefalía presidencial, etc.); o quizás caracterizarlo, como hicimos anteriormente, como una de las democracias actuales más débiles e inestables del Cono Sur.

Dentro de este contexto, el triunfo de Lugo dentro del período de la transición a la democracia fue, como ya se adelantó, un fenómeno diferenciado del resto del período seleccionado. A pesar de esto, los estudios en torno a la transición en Paraguay son pocos, muy parciales y no abordan el período con profundidad. Este trabajo pretende disminuir esa brecha de análisis.

¿Por qué es relevante el triunfo de Lugo? El interrogante nos obliga a pensar una respuesta (que se vuelve más compleja y completa a medida que avanzamos) que puede articularse, por ahora, desde dos grandes ejes. El primero hace referencia a los fenómenos que se activaron en 2008 y que dieron cuenta de una construcción de la institucionalidad democrática, por ejemplo que por primera vez se cambie de color partidario sin golpes de Estado ni luchas autoritarias por el poder, o que tras seis décadas de gobierno ininterrumpidos, el Partido Colorado pierda unas elecciones y "permita" que el candidato opositor tome el poder; o que se hayan incorporado nuevos actores con otras pertenencias partidarias y militantes a la política nacional.

El segundo eje para responder a esta pregunta nos invita a reflexionar sobre todo aquello que, desde que Lugo accedió a la presidencia, se produjo por una parte, desde las ciencias sociales y las "academias" de diferentes países, y por otro, desde los movimientos sociales que acompañaron este triunfo dentro de Paraguay, llenando de contenido la elección, y depositando en ella un variado conjunto de significados. Es decir, desde 2008 Paraguay y el Cono Sur vuelven su mirada hacia Paraguay, lo que aumentó las expectativas puestas en el nuevo Gobierno, así como las herramientas de análisis de este período y del período anterior.

Finalmente, si elegimos Paraguay, su transición a la democracia y el triunfo de Lugo podríamos preguntarnos qué sentido tiene estudiar la democracia en nuestros días, siendo que es uno de los ejes de estudio más elaborados en el mundo, sobre el cual se han escrito numerosos trabajos, libros y ensayos de excelente calidad y con perspectivas renovadoras y holísticas.

Consideramos que la pregunta sobre la democracia en la región ha adquirido recientemente una relevancia plena por variadas razones, de las que nombraremos solamente tres.

La primera, tras los denominados "nuevos gobiernos de América Latina" (categoría polémica, que utilizamos solo con intenciones descriptivas) entre los cuales se englobó también el proceso de ascenso de Lugo, la democracia y las instituciones, libertades y legitimidades democráticas se convirtieron en un eje articulador de los discursos políticos a lo largo de la región. La democracia se volvió un requisito fundamental de la unión regional y parte constitutiva de todas las intervenciones mediáticas que los diferentes presidentes hicieron a lo largo del período analizado. Asimismo, y como contrapartida, los partidos opositores reclamaron (y reclaman en la actualidad, cuando los "nuevos gobiernos" ya tienen más de una década en el poder) para sí la defensa de la democracia, retomando este concepto polivalente, llenándolo de un contenido diferencial.

La segunda nos remite a sucesos relacionados con "la desestabilización" democrática y las amenazas de golpe de Estado (o, en efecto, la ejecución de un golpe parlamentario en Paraguay) que evidencian de manera más notoria la necesidad de dar estos debates. Las "nuevas formas" de interpretación de la democracia se vieron acompañadas de "nuevas formas de golpes de Estado", que nos obligan a repensar, tanto desde las ciencias sociales como desde la militancia política, categorías, procesos y formas de resistencia. El vuelco legalista que tomaron las desestabilizaciones políticas de la región nos interpelan sobre lo "legítimo" y lo "legal" en la política y las diversas formas de legalidad que pueden generarse en (o en contra de) la democracia y/o la legitimidad.

Finalmente, como ya mencionamos, la de la democracia paraguaya es una de las representaciones más inestables según lo que planteaban aquellas apreciaciones realizadas al calor de las dictaduras, convertidas luego en el consenso democrático posdictatorial.

Si bien pueden existir tantas representaciones de la democracia como votantes dentro de los presidencialismos, todas ellas siempre conservan rasgos en común que tienen que ver con la formalidad (la forma, el procedimiento): el "pueblo" elige al presidente; las elecciones son periódicas, libres, abiertas y tolerablemente transparentes; existe división de poderes al interior del Estado y la forma de canalizar las demandas son instituciones estables dispuestas a estos fines. Cada una de estas características (que conforman una plataforma o una base innegociable de la democracia procedimental) en algún momento del período de la posdictadura en Paraguay han sido violentadas. Y este es un rasgo que se mantiene desde 1989 hasta la actualidad.

Entonces, reflexionar en torno a la democracia en Paraguay nos permitirá al mismo tiempo repensar el concepto de democracia y sus "consecuencias" en la praxis política en Paraguay, como constituir un disparador para pensar la democracia en la región.

2. Lo que creímos y lo que creemos...

Este libro tiene su germen en una investigación de más de diez años que dio lugar a una tesis de doctorado (López, 2013a) y a un conjunto de artículos en los que revisamos constantemente nuestras interpretaciones a la luz de nuevos acontecimientos y nuevos abordajes. En el proceso de investigación fuimos hilando redes de conocimiento para acercarnos al caso paraguayo, al tiempo que nos volvimos parte de estas y de sus debates historiográficos, políticos y teóricos.

En el año 2008, cuando tras escribir un artículo sobre el potencial triunfo de Lugo entendimos que su acceso a la presidencia era indetenible, comenzamos a preguntarnos sobre las causas que determinaron este suceso: ¿por qué ganó Lugo? Fue la primera pregunta-problema que inició este proceso.

En aquel momento, una hipótesis parecía indisoluble: el triunfo de Lugo significaba un "paso" más dentro del afianzamiento de la democracia procedimental paraguaya, pero su mero triunfo no explicaba, como muchos autores sugirieron, que se consolidara un régimen democrático en sentido amplio ni que la democracia paraguaya fuera indiscutible. El mismo Fernando Lugo lo declaró en su discurso de asunción presidencial:

> Es importante que vuestro Presidente deje en claro un dato: el cambio no es una cuestión electoral [...].
> Por lo tanto no se trata de un proceso que tiene vencedores ni vencidos ni propietarios exclusivos. Este cambio es la oportunidad que tenemos unos y otros en nuestra querida nación para asumir la copropiedad del proceso que no requiere otra cosa que intención de producir aportes desde la gestión que ejerciéramos para sostenerlo, lo cual es la propia cancelación de la interminable transición y nuestra incorporación plena al universo de democracias consolidadas del mundo (Fernando Lugo. *Discurso del Presidente en su asunción al mando*. 15 de agosto de 2008).

El poder yacía en actores políticos y económicos ligados históricamente a la estructura del Estado y beneficiados tanto en dictadura como en democracia por gobiernos y partidos que seguían teniendo una presencia notoria en la escena política nacional (presencia confirmada fuertemente con el desplazamiento de Lugo de la presidencia en 2012 y el acceso de Cartes al sillón al año siguiente).

Si Paraguay provenía de un pasado signado por los 35 años de la dictadura stronista, la triangulación de poderes entre el Estado, el Partido Colorado y las Fuerzas Armadas –los tres encabezados por el General Alfredo Stroessner, quien detentaba una concentración extrema del poder– y por la persecución y acallamiento de las oposiciones y movimientos contestatarios al régimen, podemos acercarnos a responder el interrogante sobre "de dónde venimos" en relación a la transición a la democracia. Distinto es cuando lo que nos toca es responder "hacia dónde vamos". ¿Cómo se podía responder esa pregunta? El primer intento podría ser "hacia una democracia" y allí preguntarnos, entonces, cómo se construye un orden democrático e ir de a poco desarmando este título.

Pero el problema al que nos enfrentamos, tal como indicamos anteriormente, es que la asociación entre "construir" un orden democrático y lo que queremos que ese orden sea o creemos que ese orden debe ser es indivisible. Se trazarán las líneas (institucionales, políticas, económicas, legales), se pujará alrededor de intereses contrapuestos y se negociará alrededor de los mismos para la creación de un régimen en función de lo que se represente como tal. Entonces, la hipótesis respecto a la democracia paraguaya, al igual que la pregunta, devino más compleja.

La democracia en Paraguay es ante todo inestable y desigual, a pesar de haberse producido desde 1989 una consecución no interrumpida de procesos electivos de autoridades, por lo que su condición de consolidación y afianzamiento (tantas veces afirmada por diversas investigaciones y por discursos políticos) no puede ser asumida como dada, lo cual (muy a nuestro pesar) se confirmó en el 2012 con el juicio político a Fernando Lugo.

No puede "medirse" la democracia (su consolidación y/o afianzamiento) desconociendo cuál fue el modelo de democracia que la elite política paraguaya intentó construir a lo largo de la transición, cuando planificaron las leyes electorales, sancionaron la constitución, construyeron la dimensión y organización de la administración del Estado, establecieron las formas de relacionamiento con la sociedad, estipularon la condición de desarrollo del capital y de la economía, organizaron las elecciones, entre otros factores.

CAPÍTULO I

PROCESOS SOCIOPOLÍTICOS Y CONCEPTOS TEÓRICOS: LA CREACIÓN DE UN "OBJETO DE ESTUDIO" A PARTIR DE LA HISTORIA POLÍTICA RECIENTE DE PARAGUAY

No es el fin de este capítulo debatir el trasfondo epistemológico y de la ética de las ciencias que subyace detrás de la construcción de un "nodo de estudio". Tampoco queremos responder a la genérica pregunta de cómo se construye un objeto de estudio o quién determina su importancia. Sin embargo, sí querríamos saber, por ejemplo, cómo fue el proceso por el cual la "historia reciente" o "historia contemporánea" del Paraguay se convirtió en tema de atención de las ciencias sociales y la historia.

Para Foucault (2008), los historiadores, o por extensión todas las ciencias humanas, se focalizan casi obsesivamente en torno a los procesos largos, buscando continuidades y certezas en lo holístico, en la totalidad, en la historia de los ganadores, de las grandes batallas y de los héroes. Nos hemos focalizado mucho más en las duraciones que en los quiebres, en los relatos épicos que en la historia de lo que subyace detrás. Foucault es crítico al reconocer que "se han multiplicado los niveles de análisis: cada uno tiene sus rupturas específicas, cada uno comporta un despiezo que solo a él le pertenece; y a medida que se desciende hacia los zócalos más profundos, las escansiones se hacen cada vez más amplias" (2008: 11).

La historia de las Guerras Patrias (la Guerra de/contra la Triple Alianza[4] y la del Chaco), la historia de las independencias, la de las familias funda-

---

4 El cambio de nombre corresponde al lado de la frontera desde el cual se defina el enfrentamiento bélico. Respecto a esta diferencia denominativa es importante resaltar que esta utilización en las preposiciones "de" y "contra", que responden a una construcción intencional de sentido para describir el mismo fenómeno, confirma la idea de que los sucesos históricos son construidos desde la academia con valoraciones propias a cada campo según la pertenencia nacional, no solo teórica o metodológica.

doras de los Estados, la de las grandes cruzadas por la defensa de la libertad. Quizás uno de los mayores peligros de las ciencias humanísticas sea este: la focalización disciplinaria y la insistencia en el estudio de las continuidades en los grandes procesos con pretensión de neutralidad, que evaden las capilaridades de la historia, incluso cuando no hay continuidades, incluso cuando los grandes procesos son construcciones de teóricos e incluso cuando no existe tal neutralidad, porque ya hemos escuchado que "no existe sujeto neutral, somos necesariamente el adversario de alguien" (Foucault, 1996: 59).

¿Cuándo es importante un tema? ¿Cuándo devino relevante la historia política reciente del Paraguay?

Paraguay quedó excluido comúnmente de los trabajos regionales realizados tanto en América como en Europa sobre política en América Latina, un ejemplo más que paradigmático es la excepción del caso paraguayo del gran libro compilado por Alcántara Sáez y Cabezas Rincón (2013), o el inicio del ciclo de los gobiernos en 2009, dejando el caso de Lugo de 2008 afuera (Alcántara Sáez y Tagina, 2011), así como de la compilación de O'Donnell, Schmitter y Whitehead (1988), Tomo 2 "Casos latinoamericanos", habiendo referencias en la introducción pero sin profundizar sobre el país en ningún capítulo, donde sí se abordan los casos argentino, boliviano, brasilero, uruguayo, chileno, entre otros; lo mismo sucede con el emblemático libro de Montaño (1975) o la compilación de Favela Gavia y Guillen (2005).

Esta crítica podría ser extendida a innumerable cantidad de libros que bajo títulos de referencia directa a América Latina o América del Sur refieren únicamente a un conjunto de países de la misma, o mencionan la totalidad en el inicio, es decir en la introducción, para luego presentar solo casos de la región, sin explicar las causas de dicho recorte o la variable precisa de selección de países, y en muchos casos sin siquiera explicar que se presentarán solo algunos países. Hay desde hace algunos años, sobre todo al iniciarse el ciclo de los denominados "nuevos gobiernos de América Latina", una inclinación en algunos circuitos académicos a escribir sobre América Latina como un todo homogéneo (muchas veces forzado), en el cual algunas partes representan perfectamente al resto. Entonces, bajo títulos como los nombrados, encontramos que, por ejemplo, la democracia en AL será explicada desde cuatro o cinco casos que, generalmente, se eligen entre los países sobre los que más producción científica hay, reproduciendo así la histórica diferencia en cuanto a producción científica en países de la región. Chile, Argentina, Uruguay, Brasil y México, a los cuales se puede sumar (con la asunción de Hugo Chávez y la de Evo Morales) Venezuela y Bolivia, serán los países más elegidos siendo Paraguay habitualmente excluido.

Sin embargo, a pesar de la invisibilidad en estudios internacionales, destacamos que los estudios cuyo objetivo sea la condensación de saberes referidos a Paraguay abarcan una apertura temática amplia, y el campo de los estudios sociales sobre Paraguay insiste en sobrevivir el embate. Desde hace muchos años se mantiene una modesta pero sostenida en el tiempo carga editorial de libros y artículos con resultados muy estimulantes.

En este capítulo se describe en primer lugar la historia política del período, remontándonos para ello a 1940, fieles a la práctica de movernos a través de la cronología y de buscar continuidades y rupturas explicativas que nos permitan superar las limitaciones de los años elegidos para el análisis. En segundo lugar, conjuntamente, daremos cuenta de los debates teóricos y el bagaje conceptual surgido en torno a los procesos analizados. De esta manera, podemos ver desde qué paradigmas y con qué herramientas las ciencias sociales comienzan a nombrar lo sociopolítico en Paraguay.

Podemos afirmar que la así llamada "atipicidad" paraguaya (construida artificialmente también, en "comparación con" y "en contraposición a" otros procesos anteriores o concomitantes a nivel regional o mundial) volvió a la política paraguaya un objeto de estudio específico –"la dictadura más larga de la región", "el pasado autoritario más persistente en las instituciones del Estado", "el mismo Partido-Estado a la cabeza de la Dictadura y de la Democracia", "el exobispo presidente"– y esta es, quizás, una de las causas que explican la construcción de este tema como un tema de relevancia para las ciencias sociales.

No obstante, hubo algunos abordajes a nivel regional que lo incluyen dentro de sus páginas, sobre todo en lo referido a la transición, porque a pesar de su construida "rareza", Paraguay no dejó de ser país dentro de una región donde la idea hegemónica de democracia atravesaba todos los debates: no solo políticos, sino académicos; por eso el acervo bibliográfico paraguayo y, por ejemplo, argentino para esta época está teñido de los mismos horizontes de sentido y presupuestos democráticos.

No obstante, fieles a nuestro espíritu crítico, no podemos dejar de señalar que a escala regional, Paraguay estuvo bastante relegado de los abordajes más holísticos y muchas veces bajo títulos tan abarcadores como "la democracia en América Latina", las referencias sobre Paraguay eran nulas o realmente escasas.

Se combina, entonces, una construcción de "disimilitud" por una parte, con una incorporación rezagada a nivel regional.

Esto fue levemente revertido a partir de 2008, cuando lo atípico se combinó con lo pretendidamente rupturista (y se lo asoció a los "nuevos gobiernos de América Latina"), y la producción en torno a Paraguay se volvió más dinámica.

En consecuencia, si repreguntamos qué construye a Paraguay como objeto de estudio, podríamos responder que han sido dos fenómenos en paralelo: las condiciones socio históricas de producción científica (internas y externas) y la construcción de la atipicidad paraguaya, sobre la que se debe estudiar, es decir: ser "la isla rodeada de tierra" de la que habló el escritor Augusto Roa Bastos, o "el cementerio de todas las teorías socio políticas" como lo llamó Francisco Delich.

La dictadura de Stroessner, la transición (o la posdictadura, o la salida del autoritarismo, según quién haya abordado el tema), o el triunfo de Lugo, que pueden ser estudiados desde una perspectiva que analice "las dictaduras en el Cono Sur", "las transiciones hacia la democracia en América Latina" y "los nuevos gobiernos del Mercosur/Unasur", también pueden ser estudiados, al dificultarse su inserción en estas generalizaciones regionales, como "el estronato", "la transición endeble" o "perenne" y "el exobispo que fue padre y ahora es presidente".

Finalmente, es aquí donde se inserta este libro. En los debates en torno a la transición, la salida de la dictadura y el "cambio" que se dio por sentado que el triunfo presidencial de Lugo Méndez traía aparejado. Se inscribe aquí y se complementa o debate con estudios previos o paralelos, intenta evitar las generalizaciones regionales, para dar cuenta de un estudio de caso que por sus especificidades constituye su central de análisis. A su vez, e insistimos, por la temática de la transición a la democracia que fue efectivamente un consenso regional, también intentamos evitar la creación de una atipicidad que impida ver coincidencias discursivas, tanto políticas como académicas, con otros países del área.

1. Lecturas del pasado: continuidades, rupturas y periodización

Si quisiéramos buscar continuidades en la historia política del Paraguay, tendríamos que mencionar indudablemente la relevancia que han tenido, desde su creación en el año 1870, los dos partidos históricos, tradicionales o hegemónicos: la Asociación Nacional Republicana (ANR o Partido Colorado) y el Partido Liberal (que tras subdivisiones y reunificaciones adquirió el nombre de Partido Liberal Radical Auténtico, PLRA, que conserva hasta la actualidad).

Incluso en la breve irrupción del febrerismo[5] en la vida política paraguaya o durante la autodenominada "dictadura sin partidos" del General Moríni-

---

5 El Movimiento Febrerista (MF devenido posteriormente Partido Revolucionario Febrerista, vigente hasta la actualidad) irrumpió en la escena política paraguaya tomando el poder entre los años 1936 y 1937, interrumpiendo el bloque de años de presidencias liberales, más precisamente del Presidente Eusebio Ayala. El Movimiento respondía a Rafael Franco, un General de los triunfantes en la guerra del Chaco. Para un abordaje muy minucioso sobre la conformación y la institucionalización del MF se recomienda la lectura de Céspedes (1983).

go, los partidos (Liberal en el primer caso y Colorado en el segundo) lograron reimponer sus intereses o negociar, enfrentamientos armados mediante.

Incluso en la actualidad, donde "modernidades líquidas" y "pérdidas de identidad partidaria" sumadas a la crisis de representación ponen en vilo la democracia a nivel internacional, ambos partidos políticos –no ajenos a la pérdida de convocatoria y la dificultad para lograr cooptar votos nuevos que afecta a sus pares de otros países– se mantienen dentro de las estructuras de poder del Estado a donde llegan con el voto popular.

Haciendo análisis de largo aliento, buscando algunas continuidades y algunas rupturas, podemos resumir que el Partido Colorado se erigió en el poder entre 1886 y 1904[6], el Partido Liberal gobernó al país entre los años 1904 y 1940 (con las interrupciones de 1912; la guerra civil entre 1922 y 1923; y una Revolución Febrerista en 1936 y 1937), entre 1940 y 1948 gobernó Morínigo (como se describirá más adelante), quien finalizó su mandato con una Guerra Civil que lo alía a las fuerzas del Partido Colorado, derrocando a los "rebeldes" comunistas, febreristas y liberales e iniciando el ciclo de gobiernos colorados. Finalmente, la Asociación Nacional Republicana gobernó el Paraguay entre 1948 y 2008, incluyendo períodos democráticos (1989-2008) y dictatoriales (dictadura de Alfredo Stroessner entre 1954-1989), además de períodos que algunos autores han llamado "cuasi-democráticos" (Abente Brun, 1990) caracterizados por el recambio inestable de presidentes y la inconsistencia de las instituciones políticas (1947-1954).

Sobre esto, es relevante remarcar algunas cuestiones: primero, que al interior de estos grandes "bloques" de gobierno partidario se conformaron, dentro de cada partido, diferentes facciones y subdivisiones que explican los matices que adquiere la política paraguaya y los enfrentamientos que surgen dentro de cada agrupación. Esto sucede tanto en los tempranos gobiernos del coloradismo y del liberalismo como durante la dictadura stronista, e, incluso, en los años posteriores[7]. Es decir, los partidos no presentaron frentes homogéneos de intereses similares a lo largo de todos sus años de gobierno.

---

6 Este período se corresponde con un momento de agitación política extrema, los debates tanto dentro de los partidos como en la política extra partidaria se dividían, como consecuencia de la Guerra contra la Triple Alianza, entre partidarios de Brasil o de Argentina, partidarios de la ocupación, antiocupacionistas, etc. Lo mismo sucede con gran parte del período posterior. Para más detalles se recomienda enfáticamente la lectura de Brezzo (2010).

7 Como ejemplo de esto, podemos mencionar las facciones de Natalicio González y de Epifanio Méndez Fleitas dentro del Partido Colorado, enfrentadas posteriormente a Stroessner (quien al asumir el poder "exilia" laboralmente a González y obliga a la emigración a Méndez Fleitas). Para más información sobre este período leer Scavone Yegros (2010); Pérez (2004) y Ashwell (1998). Asimismo, Natalicio González fue parte de otra disputa interna dentro la ANR durante el período de gobiernos liberales: "abstencionistas" y "participacionistas" que debatían sobre la pertinencia de la participación en las elecciones.

Segundo, que las planificaciones políticas eran monocolor, es decir, excepto que alguna situación externa acaeciera (golpes de Estado, intervenciones militares, revoluciones, guerras civiles) la política era monocromática (por eso resulta sencillo dividirla en "bloques de presidencia por partidos"). Y, si bien muchas veces el Poder Legislativo funcionaba combinando legisladores de otros colores partidarios, el mismo se encontraba "atado" a una fachada de división de poderes y de democracia que no tenía efecto alguno en la realidad política del país.

Tercero, la inexistencia de antecedentes democráticos en el país, donde las rivalidades políticas impusieron estrategias autoritarias de sucesión de cargos, Golpes de Estado y enfrentamientos armados. No existió en Paraguay un antecedente de cambio de color partidario de la presidencia de manera pacífica hasta el triunfo de Lugo en las elecciones nacionales. Al respecto, Nickson (2008: 7) afirma que en el año 2008, "sorprendentemente, es la primera vez desde 1887 [...] que una fuerza política le cede el poder a otra en una elección pacífica, en lugar de tomar el poder mediante un golpe militar".

En palabras de Abente Brun (1990: 180) "desde su Independencia en 1811, el Paraguay ha experimentado dos prolongados períodos autoritarios (1816-1865 y 1940-1989), intercalados con un intermedio cuasi democrático (1870-1940)".

Haciendo un repaso de largo plazo, recordamos que ambos partidos fueron fundados en 1887, junto con los coletazos de la Guerra contra la Triple Alianza y en un Paraguay no solo devastado por el enfrentamiento bélico, sino también ocupado como consecuencia de la derrota en el mismo. En este contexto fundacional, los partidos se convirtieron en portavoces de sectores e intereses específicos y desde 1887 hasta la actualidad han tenido una relevancia indiscutible dentro de la escena política nacional.

Sin embargo, la antigüedad de las instituciones y el derecho al voto no impactan directamente en una garantía del equilibrio democrático en el país, sino que podría afirmarse lo contrario. A modo de ejemplo, podemos mencionar que no hubo hasta 1989 elecciones limpias, (aceptablemente) transparentes, completamente abiertas a todos los partidos y agrupaciones para elección de Poder Ejecutivo o Legislativo.

En los tempranos 1900 las elecciones no eran universales y se votaba de manera directa en las parlamentarias (cuando existían), y de manera indirecta las presidenciales, como la de 1916 que utilizó el sistema de colegio electoral. Habiendo habilitado el voto secreto en 1917, en 1928 se incorpora el sistema de lista cerrada plurinominal y se plantea que solo los dos partidos mayoritarios en votos tendrían derecho a los escaños parlamentarios (este acuerdo entre la ANR y el Partido Liberal permitió que la primera se prestase a participar en las elecciones y saliera del abstencionismo, al que volvería a entrar en 1932). En Paraguay hubo elecciones presidenciales con competencia interpartidaria por primera vez en 1928. Luego, recién se llamó a elecciones incluyendo a otro partido para un plebiscito en 1943, con la intención de ratificar la presidencia de Morínigo pero, en un contexto de dictadura, estas elecciones no contaron con las necesarias garantías. La siguiente "elección" que incorporó al Partido Liberal (además del Colorado) se desarrolló durante el stronismo en el año 1963, con la vigencia constante de estado de sitio que solo se levantaba el día de las elecciones y bajo un régimen de gobierno represivo, dictatorial y violatorio de todos los derechos sociales, políticos y económicos.

Entre 1947 y 1954, como se explicará seguidamente, se sucedieron distintos presidentes, todos pertenecientes al Partido Colorado, que lideraron diferentes facciones del mismo y se reemplazaron en el poder por medio de estrategias no democráticas de recambio de autoridades. Ninguno de los presidentes del período terminó un mandato completo.

El concepto "elecciones generales competitivas" fue cercenado a lo largo del período dictatorial, pero tampoco tuvo vigencia en los períodos previos. El escenario político paraguayo previo a 1989 careció incluso de las características de la democracia formal o procedimental.

> Desde la fundación de los primeros partidos políticos paraguayos, en 1887, la historia del país no registra ningún caso de recambio pacífico de un partido en el Gobierno por otro. El Partido Colorado fue desalojado violentamente por los liberales en 1904. Su retorno al poder político en 1947 tampoco se debió a las urnas, sino a su victoria en la peor guerra civil que padeció el país en este siglo (Arditi, 1991: 5).

2. Entre dictaduras estables y democracias débiles. Cambios políticos en el Paraguay del período 1940-2017[8]

El período abarcado en este trabajo se extiende entre los años 1989 y 2013, en los cuales se desarrollaron consecutivamente "gobiernos democráticos con cierta estabilidad institucional" (hipótesis con la que posteriormente debatiremos). Sin embargo, resulta imposible referirnos a la transición y a la demo-

---

8 Algunas versiones preliminares de este capítulo fueron trabajadas en López (2010a).

cracia sin caracterizar el período previo, es decir la dictadura stronista entre los años 1954 y 1989[9]. Asimismo, para explicar el contexto de ascenso del General Alfredo Stroessner y el rol central que ejecuta el Partido Colorado (del cual se hablará en extenso en el siguiente capítulo) a lo largo de este período, creemos que es conveniente introducir el período 1940-1954 para comprender las pujas internas dentro de la ANR; y la relevancia que tuvieron, tanto la Guerra Civil de 1947 (denominada por dicho partido como "revolución colorada"), como el triunfo colorado en el enfrentamiento, para entender el desarrollo socio político posterior.

Sobre los temas que abordaremos a continuación, la bibliografía es muy extensa y se han realizado numerosos estudios de mucho valor. Sin embargo, proponemos una lectura desde algunas de dichas producciones, con un recorte intencionado.

2.1. ¿De la "dictadura sin Partidos" a la "dictadura del Partido"? (1940-1954)

Se dijo anteriormente que el ciclo de gobierno liberal fue interrumpido en 1936 por la llamada Revolución Febrerista (también llamados "franquistas"), surgida como consecuencia indirecta de la Guerra del Chaco.

El movimiento febrerista respondió a un proceso iniciado tras el retorno de las fuerzas del frente de batalla, cuando habiendo ganado el enfrentamiento, los militares regresaron con ansias de algún tipo específico de reconocimiento. Como sostiene Scavone Yegros (2010: 244):

> habían integrado una organización eficaz que consiguió expulsar al enemigo del territorio en disputa, gracias a los esfuerzos de toda la población. Resultaba natural que se sintieran artífices potenciales de la grandeza de la patria, y que confiasen en que, después de la conflagración, había llegado la hora de las grandes transformaciones.

Sin embargo, estos deseos no tuvieron correlato con las políticas tomadas por el Gobierno, que reajustó el gasto público para dar respiro a una economía extenuada y cesanteó oficiales y soldados sin pago alguno.

Dentro del Ejército, los comentarios de descontento se hicieron más visibles. En respuesta a esta amenaza, el gobierno Liberal, de cara a las eleccio-

---

9 Torrents (2012) realizó un detallado compilado de bibliografía sobre el período stronista, donde incorpora una parte importante de la producción científica del período, publicada durante el mismo o posteriormente. Se recomienda su lectura para un rápido panorama de algunas de las obras más relevantes.

nes presidenciales de 1936, decidió detener y expatriar al prestigioso Coronel Rafael Franco, a cargo de la Asociación de Excombatientes y director de la Escuela Militar, así como a otros oficiales a los que se acusó de conspiración (Scavone Yegros, 2010). Esto desencadenó una serie de negociaciones entre los militares que terminaron en una "revolución" iniciada el 17 de febrero que derrocó a Ayala de la presidencia y encarceló a varios funcionarios liberales (entre ellos Estigarribia, héroe de la Guerra Chica). Días después, coronaron a Rafael Franco como primer mandatario de Paraguay iniciando un gobierno autodenominado Revolución Libertadora[10] que se sostuvo en políticas tendientes a la represión y la persecución de la oposición, la prohibición de la actividad política y sindical, además de un fuerte anticomunismo y antiliberalismo. En contrapartida, algunos autores sostienen (Scavone Yegros, 2010; Stefanich, 1946a y 1946b; Speratti, 1984) que se implantó un modelo de Estado "interventor" tanto en las problemáticas sociales como en el plano económico; aunque quizás la obra más fundamental de esta Revolución, o, para ser más específicos, aquella que tiene una consecuencia visible hasta nuestros días, es su proceso de reconocimiento y "restauración histórica" (como lo llamaron) de la imagen de Francisco Solano López, muy destruida *a posteriori* de la derrota de la Guerra Grande. El Febrerismo reconoció al Mariscal como "Héroe" y habilitó un panteón donde yacería él junto a otros "próceres beneméritos de la Nación": Rodríguez de Francia y Carlos Antonio López.

Esta estrategia resignificó el concepto de Nación y de Patria, al tiempo que estableció nuevos sentidos de pertenencia a los lazos sociales paraguayos. La reinterpretación de la figura de López ocuparía gran parte de los debates entre Cecilio Báez y Juan O'Leary, así como serviría de fuente de inspiración a Natalicio González y su "nuevo ideario del Partido Colorado". Además, esta encarnación de los López y de Francia (sumado a la figura de Bernardino Caballero, fundador del Partido Colorado) será utilizada como fuerte argumento discursivo de interpelación a la sociedad durante la dictadura iniciada en 1954. Alfredo Stroessner será la continuación de esta "gran Familia paraguaya" como lo denomina Soler (2007).

La lectura que realizó el liberalismo de lo ocurrido en 1936 fortaleció el repudio a las fuerzas febreristas y se sostuvo en la conformación de un ideario que consolidaba al PL como el defensor del proceso civilizatorio paraguayo. En este sentido, en las declaraciones se sostuvo:

---

10 Además de la Asociación Nacional de Excombatientes, eran parte del Partido de la Revolución La Liga Nacional Independiente, los liberales disidentes y movimientos libres de la sociedad (obreros, estudiantes, entre otros). Para mayor profundidad sobre esto, se recomienda la lectura de Scavone Yegros (2010).

En el año 1936, específicamente el 17 de febrero, afloraron en el panorama nacional las fuerzas totalitarias que estaban en acecho y así se interrumpió el proceso civilizador emprendido por el liberalismo paraguayo. Se debe poner de resalto que quienes no conocen la historia de nuestro país, es decir por ignorancia algunos y otros por mala fe, afirman que en el Paraguay no se vivió en libertad ni se practicó la democracia. Esto es absolutamente falso. Durante el período de la Guerra del Chaco el espíritu liberal impregnaba la vida paraguaya y ninguna libertad fue coartada. La preparación democrática del pueblo fue el factor preponderante, juntamente con el espíritu liberal, para la gran victoria. (Oddone y Pesoa, 2001: 157. DA-PLRA).

En agosto de 1937, con fuertes rupturas internas dentro del movimiento Febrerista, crisis económicas insistentes y un creciente rechazo al liderazgo de Franco, las Fuerzas Armadas se rebelaron contra Franco con el fin de instaurar nuevamente las bases sólidas de una "democracia" liberal. Nombraron presidente a Paiva, quien había sido de las filas del Partido Liberal y con la abstención de los colorados, llaman a elecciones legislativas en 1938, dejando ambas Cámaras conformadas exclusivamente por miembros del PL.

Para las elecciones posteriores (1939-1943) se candidateó a José Félix Estigarribia en quien confluían tanto el apoyo de los liberales como el beneplácito de los militares. A pesar de una apuesta hecha en torno a la figura de Estigarribia, y de la estabilidad que ella debiera haber traído, la crisis no tardó en desencadenarse. El presidente exigió una reforma ministerial que finalizó con la renuncia total de la dos Cámaras y una quita del apoyo del Partido al General. En este contexto, el Ejecutivo elaboró una nueva Constitución que fue sometida a la revisión de los Ministerios y luego, para mantener un intento de legitimidad, se sometió a un plebiscito que no significó (por sus condiciones y su desarrollo) ningún tipo de avance democrático ni de espacio de debate.

Ese mismo año, Estigarribia falleció en un accidente aéreo; el ministro de Guerra y Marina Higinio Morínigo se hizo cargo del gobierno, y unos meses después desplazó de sus cargos a los ministros liberales y se rodeó exclusivamente de militares y tiempistas (intelectuales católicos que rechazaban activamente los partidos tradicionales y exponían sus opiniones en el periódico *El Tiempo*). Estos últimos se retirarían del gobierno en 1944 por diferencias con los primeros.

Con una ideología claramente fascista –y siendo fiel a los sentimientos antipartidarios que bullían al interior de las Fuerzas Armadas–, Morínigo instauró una *"dictadura sin partidos"*[11], bajo el lema de "Orden, disciplina y jerarquía".

---

11 La posterior dictadura stronista, que se asienta sobre las bases de poder del Partido, del Estado y las Fuer-

Con la fundación de un régimen al que denominó "Nuevo Orden Nacionalista Revolucionario", destituyó de sus cargos a los liberales que habían trabajado con Estigarribia y desconoció la Constitución de 1940[12]. En marzo de 1941, el Ejército y la Marina juraron lealtad al nuevo Gobierno y acordaron en un documento que "los políticos profesionales que ese régimen nefasto [el sistema liberal individualista] engendró deben ser reducidos a la impotencia" (Documento de los Jefes y Oficiales del Ejército y la Marina, 1941, en Scavone Yegros, 2010). En un decreto posterior, Morínigo declaraba que la Revolución no permitiría la intermediación de los partidos entre el Estado y las masas ciudadanas, dado que la actuación de los partidos políticos tiene "como trágica secuela, la prostitución de las austeras costumbres cívicas del país, la anarquía disociante y el endeudamiento y el atraso antinacionales e injustificables de la República" (*Decreto de Convocatoria de plebiscito*. 1943).

En consecuencia, se inició una persistente persecución a los partidos políticos (que fueron proscriptos, disueltos o impedidos en su desenvolvimiento) que luego se extendió tanto a los movimientos estudiantiles y a los sindicatos, como a la prensa.

En el plano internacional, se asoció a Estados Unidos, renunciando a sus relaciones comerciales con el Eje, en la Segunda Guerra Mundial[13], lo cual le trajo aparejado no solo un apoyo político sino una dinamización marcada en el campo financiero (Scavone Yegros, 2010 y Seiferheld, 1986), y esto le fue funcional para sostener su política de gobierno que excluía claramente la participación ciudadana mientras se recostaba en políticas autoritarias y el apoyo firme de las FF.AA. Scavone Yegros (2010) señala que en este año se firmaron, además, acuerdos de cooperación y tratados comerciales con facilidades con Argentina y Brasil y se condonaron las deudas del Paraguay por la contienda perdida contra la Triple Alianza (algo que erróneamente es atribuido a la época stronista).

En 1943, Morínigo convocó a una votación nacional (en forma de plebiscito como se adelantó) para dirimir su continuidad o el fin de su Gobierno, en vez de llamar a elecciones presidenciales.

---

zas Armadas, le otorga al nombre "dictadura sin partidos" una significación especial. Frente a este tipo de régimen autoritario, el stronismo se consolida como "la dictadura con el apoyo del partido".

12 Rivarola (1988) afirma que una de las características del régimen moriniguista fue la exclusión de toda actividad partidaria. Sin embargo, sostenemos que su relación con el Partido Colorado es quizás uno de los más claros indicios sobre cómo el líder entendió la política del momento; negociando con el Partido Colorado podría depurar las Fuerzas Armadas al interior y, a su vez, prolongar su estadía en el poder. Esta última fue una predicción desacertada.

13 Se recomienda la lectura de Seiferheld (1985 y 1986) para comprender cómo las ideas internacionales, el fascismo y el nazismo hicieron escala en el Paraguay de la época y tuvieron sus ecos locales, tanto antes como durante la Segunda Guerra Mundial.

Durante la "dictadura sin partidos" el Estado ejecutó un rol muy importante en intervención económica, acuñó la moneda nacional vigente hasta la actualidad: el guaraní, y dictaminó algunos beneficios laborales como el salario mínimo. La mayor parte del ingreso monetario derivaba de la exportación de productos agropecuarios y forestales.

En 1946, el Ejecutivo decidió dar inicio a la normalización del Estado y abrir el juego político. Tras haber perdido mucho apoyo dentro de las Fuerzas Armadas (que atravesaban crisis internas y competencias entre facciones), Morínigo conformó su gabinete integrando por civiles. Nombró como Ministro de Hacienda a Natalicio González, líder de una de las facciones más activas del Partido Colorado ("los guiones rojos").

El interés del gobernante de facto por la corriente colorada radicaba en el *Nuevo ideario del Partido* que González había propuesto en 1938. En ese documento, más allá de defender la idea de un Poder Ejecutivo fuerte, González sostenía que a las Fuerzas Armadas se les debía atribuir, además de sus competencias militares, otras de índole económica. Esta idea, combinada con la de un partido con ideología autoritaria, que sobredimensionaba el orden como factor de intervención social, acercó a ambos y dio lugar a un gobierno dictatorial con participación colorada.

Con una visión que supera al plano nacional e ideológico, Pérez (2004) encuentra la explicación del fenómeno de asociación entre la dictadura y el partido en el fin de la Segunda Guerra Mundial. Para el autor, la finalización de esta contienda determinó un replanteo dentro de las fuerzas que gobernaban, decidiendo la destitución de algunos de los representantes del nazi-fascismo dentro del Estado.

Dichos cambios estratégicos fueron llevados a cabo por los sectores militares que demostraban más apego a los funcionamientos de las instituciones democráticas, sectores conocidos como los "institucionalistas". Morínigo recurrió entonces a un gobierno de coalición colorado-franquista y dejó solo dos carteras en manos de los militares[14]. Se formó un gobierno de coalición entre febreristas, colorados y militares (Pérez, 2004 y Scavone Yegros, 2010).

El 9 de enero de 1947, Morínigo redistribuyó las carteras para lograr la "paridad ministerial" entre el Ejército y los partidos. En respuesta, los febreristas se retiraron de las filas gubernamentales. Posteriormente (el 14 de enero), tras la salida de estos, el Partido Colorado se hizo con el poder formal del

---

14 Por el Partido Colorado: Natalicio González (Hacienda); Guillermo Enciso Belloso (Educación); Federico Chávez (Obras Públicas). Por el Febrerismo: Miguel A. Soler (Relaciones Exteriores); José Soljancic (Salud Pública); Arnaldo Valdovinos (Agricultura e interino de Industria y Comercio). Por los militares: Gral. Juan Rovira (Interior) y el Gral. Amancio Pampliega (Defensa Nacional) (Pérez, 2004: 83).

Estado, conservando a Morínigo como la figura presidencial. El entusiasmo "aperturista", que había significado la destitución del ala más conservadora del Ejército, se vio violentamente mermado cuando se entregaron más carteras a los militares y se desplazó al ala cívica. El retiro del franquismo, forzado por la decisión del Ejecutivo, significó un fuerte cisma dentro de las estructuras de las Fuerzas Armadas, dado que una parte significativa de los bajos mandos simpatizaba con el Movimiento Febrerista y comenzó a organizar levantamientos en diferentes puntos del país. A estos alzamientos, rápidamente se unieron el mismo Franco y otros líderes del PL y del comunismo.

La oposición –conformada entonces por los partidos Febrerista, Comunista y Liberal, junto a un sector de las Fuerzas Armadas enfrentadas a Morínigo–, ahora desterrada de las cúpulas de poder, decidió organizar un golpe de Estado, dando inicio al proceso conocido como "guerra civil paraguaya" que finalizó con un claro triunfo del coloradismo[15]. Las fuerzas "gubernistas" y las del Frente Revolucionario se enfrentaron durante meses, siendo Concepción el lugar central de esta guerra.

El desenlace de esta guerra inició el proceso ininterrumpido de 61 años en el poder de la ANR. Al respecto, Natalicio González expresaba "las fuerzas coaligadas de liberales, franquistas y comunistas realizaron un esfuerzo supremo para conquistarla [a Asunción] a fin de apoderarse del poder y consumar su confesado propósito de asesinar a los más brillantes y representativos conductores de la nacionalidad" (González y Morínigo, 1947: 3). El autor sostuvo que quien defendió al Gobierno de los comunistas y liberales fue el pueblo (sobre todo el "pueblo pobre" o los *pynandies*[16]), que se armó para defender su libertad, generando así una fuerte asociación discursiva entre "pueblo" y militantes del Partido Colordado (una sinonimia forzada que adquirirá efectos de verdad, en términos foucaultianos, durante la dictadura stronista). Finalmente, refiriéndose a la "responsabilidad" política del enfrentamiento, Natalicio González (1947a: 41) escribe:

> La subversión surgió sin padres. Es el hijo de la esclusa, un niño expósito. Los liberales, los franquistas y los comunistas lo atribuyeron a los militares sublevados. Después aparecieron como cabezas visibles los líderes comunistas; unas

---

15 Este triunfo colorado en la guerra civil paraguaya, generó una reinterpretación partidaria de este suceso, fuertemente enfatizado por Natalicio González, que comienza a llamar a este enfrentamiento con el nombre de Revolución Colorada.

16 Palabra en guaraní que significa pies descalzos y era parte fundamental de la visión de la sociedad paraguaya de Natalicio González. Eran para él la columna vertebral de su movimiento "guiones rojos". La participación de los pynandies fue fundamental en el triunfo de los colorados en la Guerra Civil. Pérez (2004) explica que fueron represores de la ciudadanía y cerrados anticomunistas. Scavone Yegros (2010) los llama "milicianos colorados".

semanas más tarde los franquistas reclamaron la paternidad; ulteriormente aparecieron los liberales como los verdaderos padres clandestinos. Pero nada se aclaró. Pues el liberalismo se limita a calumniar al Paraguay desde el extranjero, sin hacerse presente en los campos de lucha.

Sin embargo, prosigue el autor, a esta "revolución hija de la esclusa" se le enfrentó "el valiente y altivo pueblo colorado [que] está escribiendo con su sangre roja y con sus músculos fidedignos la página más brillante y trascendente de la democracia americana" (González, 1947: 7).

Hemos repasado más de cerca el pensamiento de J. N. González porque fue uno de los presidentes que lideraron la República en los años posteriores a la Guerra Civil.

Desplazado Morínigo, comenzó un período de profunda inestabilidad: la arena política se dirimiría por los resultados variables de las luchas internas de las facciones por controlar el Partido Colorado y, por ende, el Gobierno Nacional. Las dos facciones más importantes eran los ya mencionados Guiones, fieles a Natalicio, y los Democráticos, seguidores de Federico Chaves, otro dirigente tradicional. Yore (1992), en su tesis de Licenciatura en Ciencia Política, sostiene que Guión Rojo era un movimiento populista de derecha con un corte nazi-fascista mientras que los Democráticos representaban a los intereses de la tradicional oligarquía partidaria conservadora con adhesión a la democracia formalista.

Entre 1948 y 1949 (tras obligar a Morínigo a renunciar a su cargo por sospechar que daría un golpe que impediría el establecimiento del Partido Colorado en la presidencia), cinco presidentes pertenecientes todos a la ANR dominaron desequilibradamente la escena nacional: "los colorados estaban divididos más que por diferencias ideológicas profundas simplemente por ambiciones de poder recíprocamente excluyentes de sus elites que frustraron intentos a favor de la unidad" (Yore, 1992: 54-55).

Juan Manuel Frutos, presidente de la Corte Suprema de Justicia en el período anterior, logró ser nombrado presidente entre el 3 de junio y el 15 de agosto de 1948. Fue posteriormente forzado a renunciar para la asunción de quien había sido "electo" presidente y lo continuaría en el cargo, Juan Natalicio González (cuyo cargo se extendió entre el 15 de agosto de 1948 y el 30 de enero de 1949). Ya en su primer año de gobierno, González sufrió un levantamiento que pudo sofocar, pero al siguiente fue obligado a renunciar a la presidencia por un movimiento de conformación colorada y militar.

La Asamblea Nacional nombró al General Raimundo Rolón –Ministro de Defensa del desplazado gobierno– como nuevo presidente, quien estuvo en funciones en enero y febrero y fue depuesto por otro movimiento cívico/colorado-militar que impuso un candidato único, Felipe Molas López, y una sola lista para las elecciones posteriores, que dieron como resultado el poco sorprendente triunfo de Molas. Este asume la presidencia el 27 de febrero, aunque constitucionalmente su mandato se inicia en mayo y finaliza en septiembre, cuando el Partido le quitó el apoyo, y fue reemplazado por Federico Chaves, logrando así la supremacía del sector Democrático por sobre el resto. Chaves gobernó el Paraguay hasta 1954, cuando Stroessner lo forzó a renunciar. Posteriormente, Romero Pereira, presidente del Partido, adquirió la presidencia del país por unos meses y llamó a elecciones en las que la ANR impuso a Stroessner, que asumió el cargo el 15 de agosto.

El gobierno de Chaves fue el primero en lograr una estabilidad relativa y durante el cual algún conjunto de medidas políticas y económicas pudo ser aplicado y sostenido en el tiempo. Se estableció un sistema político de partido único y se fortalecieron las exportaciones gracias a un tratado con Argentina. Como explica Scavone Yegros (2010) luego de la "pacificación espiritual" era necesario el fortalecimiento económico y la reconstrucción del país antes de restablecer las libertades públicas.

A lo largo de este período, el panorama político demostró que las disputas plasmadas en la presidencia no eran más que los enfrentamientos entre las diferentes (e incluso contrapuestas) corrientes del coloradismo, y las decisiones sobre las autoridades que se nombrarían respondían a la lógica de la competencia interna en detrimento de las elecciones transparentes y democráticas que no existieron. En este sentido, Pérez (2004) explica que "la pelea ahora se da entre los colorados que busca implementar su propio proyecto político [...] cada uno de estos no pudo llevar a la práctica ningún proyecto político. Las peleas tenían solamente como protagonistas a los colorados. La oposición no existía".

La alternancia vacilante entre mandatarios líderes de las distintas vertientes de la ANR, es completamente revertida por los 35 años de régimen autoritario de Alfredo Stroessner (1954-1989). Este militar, que se había afiliado al partido apenas unos años antes de llegar al poder, logró capitalizar la imperiosa necesidad política y social de conformar un gobierno estable.

De las tres etapas que nombra Abente Brun (1990) para caracterizar la realidad política paraguaya (el autoritarismo de 1816-1865; el período cuasi-democrático de 1870-1940 y el autoritario posterior de 1940-1989) la dictadura de Stroessner abarcó casi la totalidad de la segunda era conservadora.

2.2. "Con Stroessner, por Stroessner y para Stroessner" (1954-1989)[17]

Apenas tres años antes de acceder a la presidencia, Alfredo Stroessner Matiauda se afilió al coloradismo y dado que no contaba con poder real al interior del partido, debió formarlo.

En la conformación de este poder, a) exilió (o envió en tareas consulares al exterior) a los grandes líderes de la ANR Natalicio González, Federico Chávez y Méndez Fleitas –a quienes era necesario neutralizar para evitar otro levantamiento colorado-militar–; b) se posicionó como cabeza de la tríada esencial de gobierno (el Partido, las Fuerzas Armadas y el Estado); c) estableció un minucioso control de actividades políticas, sindicales[18] y sociales que se estructuraban en torno a la represión, la persecución, el exilio político, la dependencia económica del Partido para poder ejercer casi cualquier trabajo y un permanente estado de sitio que se levantaba solo en los momentos de elecciones; d) se apoyó sobre una estructura económica agro productiva, además de alentar las relaciones comerciales con Brasil y planificar/ejecutar una de las obra más grandes del país: la Represa de Itaipu; e) sostuvo a lo largo del tiempo una fachada democrática con la que pretendía legitimar su dictadura y mediante la cual se llamaba a elecciones periódicamente pero en condiciones antidemocráticas (con partidos proscriptos o candidatos únicos o padrones ficticios o ejerciendo persecución a la oposición, etc.); f) logró una extensión territorial del Estado que no se había logrado previamente, sobre todo con la ejecución de obras de infraestructura (que si bien no fueron suficientes, mejoraron la condición de vida de un país extremadamente pobre y desarticulado en su geografía); g) alentó una mayor injerencia de las seccionales coloradas en la vida de la ciudadanía en el interior del país; y h) fortaleció los lazos del Partido Colorado, y más específicamente sus lazos propios –en una construcción

---

17 Hemos discutido algunas de estas ideas previamente en López (2016b).

18 Cardozo Rodas (1990) explica cómo las luchas sindicales se desarrollan en el período dictatorial. El autor explica que la experiencia sindical paraguaya era vasta y que contaba con agrupaciones sindicales históricas, como la Sociedad de Obreros y Carpinteros y Afines, la Federación de Artes Gráficas, la Sociedad de Resistencia de Obreros Cocheros (primera Central Obrera del Paraguay) todas del 22 de abril de 1906. Entre 1906 y 1920 se fundaron varias organizaciones sindicales del país como la Federación de Ferroviarios Unidos y la Liga de Obreros Marítimos (que triunfó en una huelga de más de 14 meses en 1920). Al inicio, la dirección de los sindicatos estuvo dada por el Partido Socialista (que llegó a meter en 1923 un diputado-sindicalista que no fue aceptado por el partido Liberal) pero a partir del '30 y '40 el movimiento se fortaleció por la fundación del Partido Comunista. Sin embargo, con una tasa de sindicalización cercana al 22% en 1957, la Central Paraguaya de Trabajadores fue cooptada por los militantes colorados stronistas a partir de 1958 en respuesta a una huelga para exigir reivindicaciones económicas y democráticas. A partir de allí, la participación sindical se "partidizó" y fue fuertemente controlada. En paralelo, la Organización Republicana Obrera (ORO) cobró fuerza, siendo un sindicato armado en 1946 por los guionistas con el fin de combatir la influencia del comunismo (Nickson, 2010). Con estos sucesos, para 1991, expresa Céspedes (1991) menos del 5% de los trabajadores urbanos se encontraba sindicalizado.

fuertemente paternalista– con la sociedad, la cual dependía en muchas áreas de su relación con el Partido. "Caudillo-General-Presidente, no dudó en utilizar a las masas cuando ciertos sectores de presión intentaron poner en cuestión su poder" (Laterza, 1989: 124).

A lo largo de tres décadas y media, Stroessner encabezó un gobierno autoritario, sostenido sobre un modelo paternalista con un fuerte aparato represivo[19], ejerciendo su poder desde un triángulo de jerarquías: era la cabeza máxima del Partido, del Estado y de las Fuerzas Armadas. Este fenómeno generó la partidización de las Fuerzas Armadas y "la militarización del Partido" como expresan Soler (2009b), Yore (1992) y Riquelme (1989).

Laterza (1989) y Lezcano (1989) definen al régimen como patrimonialista, porque además de centralizarse en la persona del tirano, todo el sistema distributivo y prebendario, se articulaba en torno a la lealtad política que se brindaba a cambio del favor o dádiva[20]. Estos privilegios eran administrados por el partido, por lo que Lezcano (1989: 124) afirmó que el Colorado ejerció el papel de partido de patronazgo:

> [...] era necesaria la afiliación colorada para el ingreso a las instituciones de enseñanza militar y policial; también era requerida la afiliación colorada para cualquier puesto público, así como para el acceso a determinados niveles de enseñanza superior y a becas de perfeccionamiento. Por otro lado, en operaciones económicas privadas era necesario el alineamiento político oficialista, sobre todo cuando se trataba de contratos con el Estado.

Por su parte, Riquelme (1989) también llamará al régimen "patrimonialista autoritario", siguiendo la tipología de Linz, por poseer alguna de las características con las que se describe a este gobierno: el pluralismo limitado (muy restringido espacio público destinado a la oposición), la ausencia de ideología coherente (apelación a lo emocional y no a lo racional), la desmovilización social y la concepción del gobierno como una extensión del gobernante.

Para Nickson (2010), los pilares del régimen eran la fachada democrática (dada por el partido y la vigencia de las fingidas elecciones), el sistema eficaz de represión (generado no solo por las Fuerzas Armadas sino por los *pyrahué*, civiles organizados para el control y delación de la sociedad), una corrupción institucionalizada, la fuerte ideología nacionalista y el apoyo de los Estados

---

19 Para más información sobre la estructura represiva del stronismo se recomienda la lectura de Yore (1992).
20 Laterza (1989: 124) explica que caracteriza al "régimen controlado por el Gral. Alfredo Stroessner como patrimonialista porque estaba centrado en su persona y todo el sistema de distribución de prebendas fue articulado sobre la lealtad política que se le concedía a cambio".

Unidos. Roa Bastos (1984), reconocido poeta y escritor paraguayo, se refirió al stronismo como "una dictadura con retórica democrática".

De esta manera, el binomio partido-líder se retroalimentó y sirvió para ejercer una hegemonía absoluta sobre la sociedad.

Es Arditi (1991) quien señala que la simbiosis Partido-Estado-Ejército habilitó al Partido Colorado a convertirse en un gran partido de masas desde el gobierno, pero tuvo que sacrificar su autonomía y reconocer un lugar subordinado en la tríada, sosteniendo que ocupó el lugar de socio menor de la corporación militar y del personalismo del General. Sin embargo, en un documento del Partido, Ynsfrán, líder colorado, aseguraba que desde 1954 "el Partido Colorado contrajo el compromiso histórico de restaurar la tradición republicana y democrática, y proseguir la reconstrucción nacional que se truncó en 1904 y abismó al país en la anarquía y en el estancamiento" (Ynsfrán, 1956: 33. ANR. DP.), dándole un lugar central a la organización.

No obstante, Arditi (1991: 13) acepta que la ANR tuvo un papel vital en la reproducción del núcleo de decisión real, ya que "fue responsable de formar la base de sustentación política de la dictadura, proporcionar cuadros al aparato estatal, movilizar a las bases para apoyar la gestión del gobierno y administrar redes de prebendas, clientelas y privilegios a través del manejo privatista de recursos estatales". El partido se encargó de la organización, la conformación de la elite gobernante, la movilización, tareas asistencialistas y de cobertura de necesidades básicas, pero también de la represión y la instalación generalizada (en toda la geografía del país) de una vigilancia a los opositores.

Yore (1992) afirma que Stroessner inauguró un nuevo tipo de intervención militar, dado que además de asegurar su poder de facto buscó legitimarlo con el apoyo de un partido con amplia base popular. Para ella, el Partido Colorado devino un socio menor en el nuevo esquema de poder estatal, donde las grandes ganadoras fueron las FF.AA.

Caballero (1988) definirá a la ANR en el período como un "partido hegemónico autoritario" tomando la caracterización de Sartori.

> El partido hegemónico no permite una competencia oficial por el poder, ni una competencia de facto. Se permiten que existan otros partidos, pero como partidos de segunda… no se les permite competir con el partido hegemónico en términos antagónicos y en pie de igualdad. No solo no se produce de hecho la 'alternación'; no puede ocurrir, dado que ni siquiera se contempla la posibilidad de rotación en el poder (Caballero, 1988: 101).

Riquelme (1989), siguiendo a Linz, sostiene que el régimen stronista fue neosultanista (gobierno personalizado y centralizado en donde los funcionarios se reclutan por la lealtad que profesen al gobernante).

Para Arditi (1992) el stronismo fue un sistema de poder personalista, hermético e inmutable: un Estado omnívoro. "El stronismo, montado sobre la base política brindada por el Partido Colorado, desarrolló la doctrina de la unidad granítica del coloradismo, esto es, la tesis de la unanimidad forzada que no acepta disidencias internas: toda resistencia al líder implicaba traición y expulsión en el seno partidario" (Arditi, 1992: 10).

Para Soler (2012) la vigencia de los mecanismos de la democracia formal significó la existencia de un espacio político diferenciado y diferenciable del resto de los regímenes dictatoriales. La autora sigue la categorización de Delich y describe al Paraguay stronista como una "República despótica" porque no hay negación de lo político, sino un asentamiento sobre ello, sobre todo mediatizado por el Partido.

La escritora sostiene que lo que caracterizó al stronato fue la ejecución de una modernización conservadora. La misma

> consistía en desarrollar la economía por medio de la iniciativa del Estado, a la vez que se preservaba formas de vida y valores tradicionales. Generalmente, los procesos exitosos de esa modalidad de cambio social fueron llevados a la práctica mediante el empleo de formas autoritarias de regulación del sistema político y cooptación de clases sociales o elites políticas. Para ello claro está, debió reconstruir el monopolio de la violencia de la decisión política, en disputa con fracciones partidarias y de las fuerzas armadas desde finalizada la guerra del Chaco. La revolución debió ejercerse desde el Estado ante la ausencia de una clase social o sectores sociales con capacidad para llevar adelante los cambios sociales en cuestión (Soler, 2012: 169).

Ante la ausencia de una burguesía que pujara por la modernización económica, las operaciones económicas privadas dependían de un alineamiento político oficialista, lo que incrementó la cantidad de industrias "protegidas" bajo el ala del Estado dictatorial.

En cuanto al plano internacional, Abente Brun (1989) analiza el rol que cumplieron históricamente tanto Brasil como Argentina en la vida económica y política del Paraguay y cómo esta tradición explica el desarrollo económico del stronismo. Argentina apoyó en 1904 a los liberales cuando vencieron a los colorados, quienes fueron respaldados por Brasil. Ambos países siempre priorizaron su relación comercial con Paraguay, priorizando muchas veces esta sobre las condiciones democráticas del país. Con el ascenso de Perón, Stroessner se encontró con la división entre peronistas-antiperonistas y con las vicisitudes de los reiterados golpes de Estado en Argentina, lo que causó que sus relaciones se afianzaran más con el Brasil de Kubischek. De esta forma, conexiones militares, financieras y energéticas unificaron a los dos países[21]. Yore (1992) complejiza este análisis puesto que incorpora el histórico intervencionismo norteamericano en Paraguay, dadas la fuerte presencia e influencia estadounidenses en el Golpe perpetrado en 1954.

Por otra parte, desde el plano ideológico, el régimen autoritario stronista se caracterizó, muy dentro del clima de la época, por pregonar "nacionalismo a ultranza, anticomunismo primario, persecución política a todos los que no comulguen con la ideología oficial" (Flecha, 1991: 76) y por el control, mediante la coacción-represión, prohibición-proscripción o la "seducción clientelista" de todos los sindicatos, movimientos sociales y agrupaciones de resistencia:

> Las dictaduras y los dictadores persiguen más la uniformidad que el consenso, toda vez que este solo puede construirse efectivamente mediante confrontación, partiendo del disenso [...] las dictaduras despojan de ciudadanía, desciudadanizan (si se me permite la expresión) a hombres y mujeres a los cuales quieren convertir en meros titulares de obligaciones como los súbditos de los Antiguos Regímenes (Ansaldi, 2006).

Confirmando esta tesis de Ansaldi, Rivarola (1988) sostiene que lo que se logró desde la más alta esfera fue eliminar todo espacio de disensión, apagando tanto la voluntad de cambio como la creatividad necesaria para encontrar una salida y conseguir algún grado de concertación.

Abente Brun (1990) explica que todo ese conjunto de mecanismos para desarticular políticas e imposibilitar el ejercicio de los derechos se justificaba en "la paz interna", en tanto era un reclamo histórico de la sociedad. Al respecto, Stroessner declaró en 1983:

> La paz está asegurada. Toda tentativa contra el orden y la Ley será desbaratada con energía, porque las gloriosas Fuerzas Armadas de la Nación cumplen dignamente su deber constitucional como custodios de nuestra soberanía y preservan con patriotismo la vigencia creadora de nuestra paz, a la que contribuyen con una dinámica y fecunda acción cívica. En cada soldado paraguayo, alienta la acerada mística nacionalista que enseñó con su vida preclara y con su muerte gloriosa, el Mariscal Francisco Solano López (Stroessner, 1983. *Mensaje al Ejército*).

---

21 Para este autor, tanto en dictadura como en períodos democráticos el factor externo y las relaciones internacionales son elementos nodales para comprender el desarrollo político doméstico paraguayo (Abente Brun, 1989).

Si bien continuó con el accionar de las dictaduras más clásicas –corrupción, represión y persecución de los grupos opositores, vejación de los derechos humanos, "depuración ideológica" dentro de las Fuerzas Armadas–, recurrió a la sanción de una Constitución para que las acciones presidenciales quedaran "protegidas" de la acusación de ilegalidad y para conservar la "fachada democrática" del régimen.

Con ese fin, y apelando entre otras prácticas al clientelismo y el fraude, llevó adelante elecciones presidenciales y, modificando el sistema electoral, sostuvo el Poder Legislativo, pero asegurándose dos tercios de las bancadas.

Arditi (1995: 79) describe el stronismo como un híbrido entre "los modelos fascista y estalinista, por una parte, y los proyectos autoritarios –tradicionales o modernizadores– de los países vecinos, por otra". Para el autor no fue solamente una dictadura militar (porque el ejército no gobernó de manera directa), ni solo una dictadura de partido (porque a pesar de ser el sostén político, el coloradismo funcionó como socio menor domesticado por los mandatos del líder, subordinado a él). En la misma línea de pensamiento, Caballero (1988) compara la matriz stronista de constitución de los actores con la matriz fascista de Mussolini en Italia.

Martini (1999) diferencia al régimen autoritario, hijo de la Guerra Fría y anticomunista de Stroessner del resto de las dictaduras que se implantaron en el Cono Sur posteriormente, por el rol central que tuvo un partido popular y de masas preexistente, un partido conservador populista con retórica agrarista que le facilitó la permanencia en el mando.

Sobre las diferencias entre esta dictadura paraguaya y la de otros países de la región, Laterza (1989: 145), afirma que:

> En el Paraguay de esta última mitad de siglo [s. xx] no se produjo una ruptura de la institucionalidad en el mismo sentido en que se realizó en los países vecinos. No se sustituyó la legalidad política liberal-democrática por otra que resultara más funcional con la doctrina dominante. No se atacó la legitimidad de las venerables instituciones como los partidos políticos y el parlamento.

Con esta aseveración, el autor busca comparar el régimen stronista con las dictaduras iniciada en los años setenta en el Cono Sur[22]. En estas se recurrió tanto a la creación de partidos desde arriba como a la suspensión de las sesiones legislativas –ocupando el Congreso con comisiones temáticas que avalaran

---

22 El escritor agrega que "la incorporación de la Doctrina de Seguridad Nacional en el régimen de Stroessner no supuso de una nueva institucionalidad. Se conservaron las mismas normas y las mismas instituciones, mechadas con textos y disposiciones" (Laterza, 1989: 147).

los decretos del Ejecutivo– y a la intervención del Poder Judicial, eliminando también cualquier actividad política. Además, dichos regímenes se apoyaron en partidos (conservadores) y sectores sociales ubicados ideológicamente en la derecha. Es Yore (1992) quien realizará un análisis pormenorizado de los mecanismos de dominación stronista, así como de las relaciones con el exterior, tanto Estados Unidos como América Latina y la Doctrina de la Seguridad Nacional (DSN). La autora expresa:

> "El Paraguay de Stroessner no se mantuvo ajeno a la influencia y prácticas establecidas por la DSN, aun cuando el régimen stronista ha sido clasificado por los autores, entre las dictaduras caudillistas o personalistas [...] de tipo tradicional, que entre los regímenes "burocráticos autoritarios" instaurados por las instituciones armadas en sociedades más desarrolladas [...] (Yore, 1992: 173).

Para la autora, si bien el régimen compartió con estas dictaduras la DSN como formato ideológico, la violación sistemática de derechos humanos o la negación de derechos políticos, en realidad desarrolló cuatro diferencias sustanciales a esos regímenes: el poder estaba centralizado en Stroessner (no en los militares como institución); existió una identificación visible de las Fuerzas Armadas con el Partido Colorado; un partido político fue el pilar del régimen siendo central en la organización y en el control; y, finalmente, el régimen de Stroessner nunca se reconoció como de excepción, sino como una democracia con legitimidad.

En uno de los estudios más completos y originales del período, Nickson (2010) sostiene que de todas las denominaciones variadas que ha recibido este período, la única cuestionable es la de caudillista y agrega que a pesar de la tentación de emparentar estas dictaduras con las de Argentina, Brasil, Chile y Uruguay bajo el nombre de regímenes burocráticos autoritarios, esto no sería del todo cierto.

Específicamente el golpe y el gobierno stronista fueron sustentados por un partido tradicional de larga historia en la escena política[23]. Apelando a los principios republicanos de una endeble división de poderes[24], se recurrió a la sanción de una Constitución para que las acciones presidenciales quedaran "protegidas" por la ley máxima.

Al tiempo con los mecanismos de la violencia, la desaparición, el exilio, la tortura y otras violaciones a los derechos sociales, políticos y económicos

---

23 Justamente basado en este argumento, Rivarola (1988) dice que el caso del Paraguay se asemeja más al caso priista que al del resto de América Latina.

24 Aunque es importante remarcar que los tribunales mantuvieron una función subordinada durante el régimen stronista, como detalla Laterza (1989).

que el régimen stronista ejerció sobre la sociedad paraguaya[25] –especialmente en contra de los opositores y los líderes de movimientos sociales y políticos disidentes–, también se puso en marcha una serie de estrategias que buscaban "legitimar" esas acciones, amparándose en la necesidad de un orden, para revertir el desequilibro y la inestabilidad de la vida política paraguaya reciente. Así es como, en palabras de Rivarola (1988: 180) "para evitar ser considerado autoritario o dictatorial, el oficialismo stronista apeló a mecanismos democráticos"; estos eran la exaltación de la democracia y la estructuración de un sistema pseudoinstitucional que diera al régimen una apariencia legalista.

Esta estrategia de legitimación puede analizarse claramente en el discurso dado por Stroessner en razón de su elección como candidato presidencial en 1983, cuando sostiene:

> Acepté la candidatura presidencial para un nuevo período gubernativo, porque jamás he rehuído el cumplimiento de mis deberes. Mis correligionarios me expresaron su deseo de que yo siguiese siendo el depositario de sus esperanzas y me sometí a esa voluntad partidaria, dispuesto a continuar trabajando con máximo esfuerzo y con el temple de todos los momentos por el progreso y la felicidad de la Nación (…) Les puedo asegurar que con el voto de ustedes por el gran Partido Colorado, Partido Nacional Republicano, seguirán imperando la democracia, la libertad y la justicia social (Stroessner, 1983: 4-6. *Mensaje al Ejército.*).

Nickson (2010) se propone dividir al "stronato" en tres etapas centrales: la fase de consolidación (1954-1967), la fase de expansión (1968-1981) y la de descomposición (1982-1989). La primera abarca la "depuración" interna de la ANR, la cooptación sindical, la persecución a la oposición (dentro del Partido y de las Fuerzas Armadas), la disolución del Congreso para acallar a los legislativos que criticaban las medidas de "seguridad" y el Estado de Sitio junto con la profundización de la persecución y represión[26]. En lo económico, este período se caracteriza por un crecimiento escaso (a pesar de la ayuda proveniente de Estados Unidos dentro del programa Alianza para el Progreso). Las exportaciones –base de la economía agropecuaria paraguaya– se estancaron y cayó la pro-

---

25 En este sentido, es interesante agregar a la lista de las víctimas más perseguidas por la dictadura, además de los comunistas, los liberales, la resistencia colorada que se enfrentaba al régimen y los movimientos campesinos, a la comunidad homosexual. Sus miembros fueron maltratados, humillados públicamente, torturados y despedidos de sus trabajos por "recomendación" del Ejecutivo.

26 En este período se funda desde Buenos Aires (luego de ser deportados) el Movimiento Popular Colorado (MOPOCO) que luchará desde el exilio por la caída de la dictadura, así como otros movimientos no relacionados a la ANR. Entre los más relevantes, también con su sede de organización en Argentina, podemos mencionar al Frente Unido de Liberación Nacional (FULNA) conformado mayoritariamente por comunistas y al Mov. 14 de Mayo que agrupaba a los liberales disidentes.

ducción para el consumo local. Sin embargo, el Estado mantuvo una inversión (sostenida en préstamos externos) destinada a la "integración física del país, a través de la construcción de rutas y escuelas, y a la provisión de electricidad y servicios sanitarios" (Nickson, 2010: 269).

En otro discurso, Stroessner afirmó:

> Mi gobierno se honra en proclamar que su contacto permanente con el pueblo, su práctica de democracia, y su consagración al cumplimiento de los deberes del patriotismo, consiste en inaugurar, día a día, escuelas, hospitales, templos, puentes y caminos; en izar nuestro pabellón en los mástiles de nuevas embarcaciones; en hacer funcionar usinas proveedoras de luz y de energía [...]; en construir aeródromos; en asociar las actividades de nuestra aviación al tráfico que reclaman nuestras poblaciones y nuestro comercio, en complemento de las que se cumplen por nuestras rutas y por nuestros ríos; en convertir al Paraguay, de ese modo, en el amplio escenario de la libertad que haga factible las más nobles conquistas de los hombres (Stroessner, s/d: 8).

El Partido intervino en cada una de estas obras, obteniendo réditos significativos de la corrupta ejecución de estos fondos[27] y, al igual que las Fuerzas Armadas, participaban de los ingresos ilícitos del "contrabando", que era uno de los más dinámicos sectores de la economía subterránea[28]. La falta de voluntad política de iniciar un proceso de industrialización y una reforma agraria[29], beneficiando a la Asociación Rural del Paraguay (cuyos intereses fueron resguardados por la ANR) impulsó más aún el proceso de emigración de paraguayos hacia el exterior, que se mantuvo muy alto desde la Guerra Civil[30].

Siguiendo el análisis propuesto (Nickson, 2010), la segunda etapa incluyó un salto económico por la construcción de la ya mencionada represa de Itaipu, lo cual trajo como consecuencia que entre 1973 y 1980 el crecimiento económico se mantuviera en 9%, siendo el más alto de la región. La colonización iniciada en el período anterior trajo aparejada una creciente suba de

---

27 Sobre el uso de los fondos y los desvíos, coimas y corrupción, se recomienda Yore (1992).

28 Durante el stronismo, el "contrabando era el precio de la paz" como Stroessner y su círculo de confianza reconocían.

29 Al respecto del proceso económico fortalecido en estos años, Céspedes (1991: 125) afirma: "la sociedad paraguaya se caracteriza por una modernización tardía, acelerada en la década de 1970 y carente del período de industrialización por sustitución de importaciones que no produjo una clase obrera industrial como en los países del área. El modelo de desarrollo implementado desde la década de 1960, de "crecimiento hacia afuera", condujo a una estructura de exportaciones basada en el algodón y la soja".

30 Nickson (2010) explica que en la década del '60 se inicia un tímido y subfinanciado programa de colonización de nuevas tierras, pero hacia la frontera este, para evitar realizar la reforma agraria en la zona central, más rentable y de mayor valor.

las exportaciones y un creciente ingreso de colonos brasileños[31]. Los granjeros brasileños y las corporaciones agrointernacionales focalizaron la producción al algodón y la soja, desplazando a la tradicional carne y al tabaco. La soja pasó de tener una participación nula en 1970, a alcanzar el 33,1 % en 1984, mientras que el algodón fue de 6,3 a 46,7% según los datos del Banco Central del Paraguay (Arditi, 1992).

La bonanza económica impulsó una mayor aceptación del régimen, que logró cooptar o reprimir los descontentos sociales y políticos.

En 1976, las Ligas Agrarias Cristianas[32] (movimiento campesino que contó con el apoyo de la Iglesia católica y que se sostenía sobre el reclamo de una justa distribución de la tierra) fueron destruidas, y se logró acallar a la resistencia organizada que había logrado un poder de amenaza contra el régimen, sosteniéndose sobre el actor campesino, históricamente protagonista de las luchas populares paraguayas. Al respecto de las Ligas Agrarias, un exsacerdote sostuvo en una entrevista personal:

> Y se juntó un grupo como de unos 30 sacerdotes paraguayos que fue... pocas veces la Iglesia paraguaya tuvo una elite tan bien formada como ese grupito de 30 o 40 personas. Ese grupo empezó a reaccionar, a tomar consciencia de la dictadura, de la opresión, del problema social, etc. Una parte de ese grupo adoptó como técnica de análisis de la realidad al marxismo: el Padre Carabia, es Padre Ferrer; unos cuantos jesuitas y unos cuantos paraguayos. Y empezamos a trabajar, sobre todo con los campesinos, no había obreros... estamos hablando del año 65-66: no había obreros pero había campesinos. Y se empezaron a crear las "Ligas Agrarias Cristianas". Yo era un sacerdote urbano pero de repente empezamos a estar estructurados y a pensar unirnos para mejorar el futuro político de nuestro país, sacerdotes, puros sacerdotes, pero éramos todos jóvenes y nuestros obispos no sabían lo que estaba pasando. Entonces empezamos a discutir y entonces dijimos "tenemos que crear un partido socialista fuerte en el Paraguay", a esa conclusión llegamos allá por el 66. (...) Pero entonces, los más –digamos que– de izquierda, los más seriamente de izquierda y los más comprometidos con los campesinos fueron a crear las Ligas Agrarias Cristianas, mientras tanto algunos quedamos en la ciudad (Carrón, J. M. Exsacerdote, exsenador por el PEN. *Entrevista personal*. 2010).

---

31 Estos serán parte de los "brasiguayos" que se establecerán en el norte de Paraguay y generarán un circuito económico propio, así como consumos culturales e idiomáticos más relacionados con Brasil que con Paraguay. Para un abordaje demográfico de esta corriente, se recomienda la lectura de Arrúa (2011); para un estudio de las consecuencias del establecimiento de estos productores en la zona de Concepción, se recomienda Pereira (2013); y para un análisis desde la perspectiva de los brasileños, se recomienda Schneider Fiorentin (2012).

32 Para un estudio de las Ligas Agrarias, se recomienda Telesca (2004).

Couchonnal (2012a: 168) expresa que la violencia, una de las "formas" de control social ejercidas durante el stronismo, nunca dejó de sentirse fuertemente en el campo.

La mayor parte de la violencia era ejercida en el interior del país sin miramientos, y sus noticias llegaban a la capital más bien por la vía del rumor. A su vez, se ejercía un control social tenebroso también en el interior, a través de todo un sistema de premios y prebendas que fortalecían una clientela política sumisa y dependiente de la autoridad. La circulación por fuera de estos circuitos era vigilada con el despliegue y recompensa de la delación. Finalmente, se habilitaron algunas vías económicas de descompresión de la tensión social tales como el desarrollo de infraestructura, la apertura de la frontera agrícola y la migración a la Argentina, factores íntegramente calculados en un ejercicio detallado de la prebenda como mecanismo político. Este esquema se sustentaba a nivel internacional en el discurso de la guerra fría, y encontraba en la polarización una propaganda suficiente de legitimación. De allí recibía también una importante ayuda en préstamos y cooperación internacional.

La última fase que Nickson reconoce es la de la descomposición, que combinó el agotamiento del modelo económico sostenido en el *boom* de Itaipu con la caída de los precios internacionales de los productos agrarios. La decisión de abandonar una tasa de cambio guaraní-dólar fija, sostenida desde 1960, hizo que se devaluara el guaraní y la inflación comenzara su ciclo ascendente. Asimismo, la estabilidad económica se perdía, y el lema "Paz y progreso" que sostuvo al régimen se comenzaba a resquebrajar. 1981 se convierte en el primer año desde 1975 en el que el Producto Bruto Interno se desacelera.

Llegando al ocaso del stronismo, a mediados de la década de 1980, se suman a la crisis económica, la crisis política interna del Partido Colorado, así como el desgaste de la figura del líder, que generaron resquebrajamientos en la cúpula conductora.

Lezcano y Martini (2008) sostienen que la caída del sistema económico financiero y el desconcierto respecto a quién sería el sucesor de Stroessner, socavaron las dos bases más sólidas del poder autoritario, a saber: el clientelismo patrimonialista y el liderazgo personalista.

Desde 1984, en cada convención del Partido, las nuevas facciones van apareciendo y enfrentándose a las anteriores. Los militantes organizados alrededor de Stroessner iban extremando progresivamente sus posturas.

En la Convención Nacional del Partido Colorado de 1987, los militantes stronistas irrumpieron violentamente y tomaron el control[33], desplazando a los numerosos "tradicionalistas". Este hecho fue condenado dentro de los círculos cívicos y militares de la ANR, y reavivó el estado de malestar de los coroneles de las Fuerzas Armadas, quienes no habían sido ascendidos a cargos superiores porque estos serían ocupados por personajes del entorno stronista. Complicando aún más este contexto, la insistencia en imponer la candidatura de Gustavo Stroessner, hijo del anciano general, como sucesor, despertó resquemores entre los correligionarios.

El paso a retiro forzoso de los más altos cargos del Ejército, incluyendo a su consuegro, el general Andrés Rodríguez Pedotti, fue la última decisión desacertada que tomó Stroessner, puesto que entre el 2 y el 3 de febrero de 1989, Rodríguez encabezó un golpe por medio del cual se dio fin a la dictadura más larga del Paraguay, deportando al líder defenestrado a Brasil.

Al respecto, Lezcano (1989) afirma que la *crisis de legitimidad* fue compuesta por la *crisis económica* que desencadenó una *crisis de sucesión* de Stroessner. Por su parte, Abente Brun (1989) afirma que una de las causas más notorias del derrocamiento de Stroessner fue la falta de mecanismos claros para resolver lo referente a la sucesión del dictador. Lezcano y Martini (1994: 38-39) sostienen que lo que desencadena el golpe fue "la deformación estructural del escalafón militar y el intento de copamiento de la militancia stronista de todo el aparato del Estado, incluyendo las FF.AA. Y esta estrategia implicaba el desplazamiento de Rodríguez, quien no formaba parte del equipo político de la militancia stronista". Arditi (1992: 96) describe minuciosamente la crisis económica iniciada en la última década del stronismo, caracterizándola como una crisis ingobernable: "el elemento económico de la crisis, al mediatizarse por sus impactos sociales, vuelve a revertir a lo político: la creciente insatisfacción de la demanda de servicios sociales deviene en un problema político".

Esta sociedad perseguida, silenciada, exiliada o cooptada durante más de tres décadas, comienza a moverse tímidamente, en torno a reclamos generados, sobre todo, por la crisis económica de 1986[34] (Céspedes, 1988; Herken Krauer, 1988).

Martini (1999) opina que la principal fisura en el pacto cívico militar, generada por el aislamiento internacional y la crisis económica interna son las causas que explican el cierre de esta etapa.

---

33 Abente Brun (1990: 182) relata más detalladamente estos sucesos, explicando que el lema de los militantes era "Con Stroessner, por Stroessner y para Stroessner".
34 Para un análisis detallado de la situación social y sindical en estos años, se recomienda la lectura de Céspedes (1988).

Desde un paradigma distinto, Schvartzman (1989) plantea la caída del stronismo como una situación de mito y duelo. La caída del mito de Stroessner fue la pretransición y la realización del duelo, la transición propiamente dicha:

> En la lucha antriestronista se elaboró el mito de la transición sobre los supuestos de la muerte del dictador y el vacío de poder. Los hechos demostraron otra cosa. Stroessner, desde el punto de vista "legal" ni siquiera se rindió. Renunció y con este gesto (no importa que fuera impuesto) abrió el camino a la recomposición institucional. La caída del mito tuvo que haber desconcertado, inconscientemente, a la oposición. Les embargó la euforia y creyeron tener el mundo en sus manos (Schvartzman, 1989: 154).

Consideramos importante el análisis de Nickson (2010), quien plantea que existen creencias con una fortaleza explicativa muy grande dentro del análisis de la historia reciente del Paraguay. En términos foucaultianos, podríamos decir que son presunciones que funcionan con efectos de verdad. Una de ellas es la que niega la gran base de apoyo popular que tuvo el régimen stronista; otra es la que sostiene que el Partido Colordado fue "dañado" a lo largo de este tiempo por respaldar a Stroessner (lo cual se desmiente en las elecciones democráticas posteriores); la tercera es la que instala la creencia de que el manejo económico durante el stronato fue positivo (se condensa en la frase "era feliz y no lo sabía"), cuando a pesar del *boom* económico en términos generales, el crecimiento fue bajo y la corrupción y los manejos partidarios dilapidaron recursos, así como transfirieron grandes ganancias a manos privadas. Finalmente, la cuarta y última creencia que plantea el autor es la de enfatizar el rol decisivo de las movilizaciones sociales en la caída de la dictadura (muy visible dentro de los estudios de las ciencias sociales, como el de Soler, 2012; Caballero, 1988; Céspedes, 1988; Herken, 1988) que busca asemejar el nivel de descontento y protesta popular con el del resto del mundo tras el final de la Guerra Fría. Al respecto, Nickson argumentó:

> El movimiento de protesta durante la segunda mitad de 1980 fue relativamente reducido con respecto a la cantidad de personas movilizadas y estuvo concentrado casi exclusivamente en Asunción [...] Si el golpe militar hubiera sido consecuencia de un descontento social extendido, es difícil imaginar que Stroessner hubiera podido ir al exilio y que los oficiales del aparato represivo de la DNAT hubieran podido continuar en sus puestos durante tres años más. De hecho, la caída de Stroessner, tiene mucho más que ver con los esfuerzos por restablecer la alianza entre las Fuerzas Armadas y el Partido Colorado (Nickson, 2010: 292).

En coincidencia con esta lectura, hemos analizado cómo el desgrana-miento del apoyo interno del Partido Colorado –proceso que Arditi (1992 y 1995) denominó "del granito al archipiélago"– y el descontento generado dentro de las Fuerzas Armadas, así como el descenso de los ingresos surgidos en torno al *boom* económico de Itaipu, los problemas para implantar un sucesor respetado que "reintegre" todas las facciones en disputa dentro de un mismo bloque de poder y, como consecuencia de esto, un resquebrajamiento en los basamentos más fuertes del orden impuesto dieron el punto final a una de las dictaduras más largas de América Latina.

2.3. "Un Golpe nos devolvió la Democracia" (1989-2013)

En el año 2008, Juan Bautista Ibáñez, líder de una de las facciones internas de la ANR y candidato a presidente en las internas del Partido, confesó en la televisión –quizás con tono extrañamente despreocupado– lo que se volvería, al igual que en el período previo a la dictadura, una realidad indetenible:

> El Partido Colorado siempre fue protagonista de todos los grandes hechos del Paraguay, por eso la masiva afiliación de los paraguayos al Partido Colorado. (…) Yo quiero ser presidente de la República del Paraguay, hace muchos años que quiero ser. Hay que ganar las internas, y una vez que uno gana las internas seguro es Presidente de la República. Nadie le puede ganar a un candidato del Partido Colorado (Juan Bautista Ibáñez, 2008. ANR).

El golpe del 2 y 3 de febrero contó con amplio apoyo, puesto que si bien la democracia no sería recuperada en forma "legal", se haría bajo un acuerdo de legitimidad social. Para conseguirlo, aunque el golpe fue por las armas, se le exigió a Stroessner que emitiera una renuncia, para evitar desplazarlo de su cargo sin ningún respaldo legal.

En el primer comunicado que emite el general triunfante, expresa:

> Queridos compatriotas, apreciados camaradas de las FFAA. Hemos salido de nuestros cuarteles en defensa de la dignidad y del honor de las FFAA; por la unificación plena y total del coloradismo en el Gobierno; por la iniciación de la democratización del Paraguay; por el respeto de los derechos humanos; por la defensa de nuestra religión cristiana, católica, apostólica, romana. Esos son los que yo les estoy ofreciendo con el sacrificio del soldado paraguayo a nuestro querido y valiente pueblo paraguayo y espero que los camaradas de las FFAA me acompañen en esta circunstancia, porque estamos defendiendo una causa noble y justa que redundará en beneficio de nuestro heroico y noble pueblo

paraguayo. Gracias (Andrés Rodríguez Pedotti, 1989. *Primera Proclama Insu-rreccional de Andrés Rodríguez 3 de Febrero*).

Rodríguez llamó a elecciones guiado por el conjunto de premisas que mencionó en esa primera proclama y salió ganador de las mismas, pues, como explicaron Lezcano y Martini (2008) contaba con el aparato administrativo del Estado, la estructura del Partido Colorado y financiamiento a través del caudal de dineros públicos.

De esta manera, la misma organización política que había dado formato legislativo a la dictadura, ahora iniciaba y sostenía la transición a la democracia. Además, era un miembro de las Fuerzas Armadas el que desplazaba al anterior dictador. En este sentido, otro líder del Partido Colorado y de las Fuerzas Armadas, enfrentado a Stroessner, utilizó la estructura de todo el sistema gestado y fortalecido en los 35 años anteriores para llevar adelante la "transición desde arriba", ganar las elecciones y garantizar la hegemonía de estas instituciones.

Pero este golpe no significó un cambio en la matriz económica ni en la elite de gobierno, ni tampoco repercutió en una solución a los problemas materiales de los paraguayos.

> El golpe del 3 de febrero no resolvió la crisis política permanente que afecta a la formación social paraguaya desde sus orígenes. Esta crisis consiste en la incapacidad constitutiva de la burguesía paraguaya para dirigir la *sociedad civil*. A cambio de ello, la burocracia y los aparatos de coerción, es decir, la *sociedad política*, asumió la *hegemonía civil* (Schvartzman, 1989: 153. Resaltado en el original).

Rodríguez Pedotti inició el camino hacia la "democracia", haciendo un urgente llamado a garantizar el respeto a los derechos humanos y a la Iglesia católica (Abente Brun, 1990).

Como se dijo anteriormente, si bien desde principios de los ochenta, las movilizaciones sociales en protesta contra el régimen reinante y las posturas críticas respecto al mismo fueron multiplicándose, tomando mayor fuerza a fines de la década, no fueron lo suficientemente fuertes para voltear al régimen stronista. Sin embargo, la sociedad organizada vivió un proceso de generación de expectativas en la democracia que se abría y festejó el golpe con la esperanza de que, por medio de este, paradójicamente, la democracia se instalara finalmente en el país.

Laterza (1989) insiste en recordar que el gobierno paraguayo no dejó de ser autoritario en febrero de 1989. Si bien el hecho fue respaldado por la voluntad colectiva, no rompió con la modalidad golpista y, por la tanto, ilegal. Sin embargo, el posterior y pujante interés de Rodríguez por declarar una Constitución sí responde a la necesidad de legitimar el Gobierno.

Posteriormente, en otra proclama, Rodríguez Pedotti llama a olvidarse de las diferencias surgidas en torno al depuesto mandatario y a dejar de lado las peleas facciosas dentro del partido, para lograr la unidad nacional:

> Pienso que para hacer la unidad nacional debemos comenzar por la unidad total, sin límites ni restricciones del Partido Colorado, a cuyo efecto debemos echar un manto de fraterno olvido a algunas rencillas que en las luchas cívicas pudieron haber sucedido; por ello hago un llamado a todos los colorados de la República a que colaboren con mi Gobierno (Andrés Rodríguez Pedotti, 1989. Discurso pronunciado por presidente Gral. De Div. Andrés Rodríguez, luego de prestar el juramento ante el pueblo. 3 de febrero).

Lara Castro (1995: 225) expone que "la democracia aparece en la coyuntura del golpe en una doble dimensión política: como respuesta a la crisis del régimen dictatorial y como objetivo político de la transición. [...] Dos elementos significativos aparecen en la proclama: la exigencia de unificar al Partido Colorado y el anuncio de una fase de 'iniciación de la democracia en el Paraguay'". Ambos elementos pueden verse en los recortes discursivos de Rodríguez que propusimos.

Rodríguez, en otras de sus proclamas (muy habituales en el año en el que realizó el golpe), tras afirmar que si ganaba en las urnas se sentiría orgulloso de gobernar, explicó que lo fundamental era garantizar un ejemplo de "pluripartidismo, a objeto de llevar a feliz término las reformas constitucionales y legales que den al Paraguay una imagen respetada en la comunidad universal de las naciones" (Rodríguez, 1989. Discurso pronunciado por el presidente de la República Gral. de Div. Don Andrés Rodríguez ante los miembros de la Honorable Junta de Gobierno del Partido Colorado, 10 de marzo). En esta presentación del presidente, confluyen dos necesidades acuciantes: las reformas legales que le darán legitimidad, y la legitimidad y constitucionalismo que le darán aceptación internacional.

Laterza (1989: 148) agrega que la invocación inmediata a la Constitución y a la legalidad y su reiterada y expresa voluntad de someterse a ella, representó un acto ritual y que "representó para el nuevo régimen, además de otra fuente de legitimación menos discutible que la fuerza desnuda, un mensaje que reclama el consenso *ex post facto*".

Simón (1989) dividió la transición venidera en tres períodos, considerándolos como etapas de un proceso a desarrollarse: la primera desde el Golpe hasta las elecciones del primero de mayo (constitucionalización y legitimación política del régimen); la segunda, se extendió hasta las elecciones municipales de 1990 (en donde el proceso post y pre electoral debe ser limpio y transparente); y la tercera se desarrollaría hasta 1993, donde se abriría un auténtica competitividad democrática.

Abente Brun (2010) plantea que la contradicción generada por la continuidad del Partido Colorado en el poder se superó con una agenda de liberalización que no necesariamente implicó democratización. Esta agenda incluyó el levantamiento del estado de sitio, el reconocimiento y habilitación de derechos civiles y políticos y de los partidos, las elecciones y la Constituyente de 1992.

Las elecciones se realizaron con un padrón sin depurar, con la vigencia de las leyes de la dictadura y con un tiempo muy escaso que imposibilitó que la oposición se organizara tras prácticamente 35 años de inactividad. Uno de los estudios más completos de estas elecciones lo realizó Abente Brun (1990) en un informe para la Latin American Studies Association. En el mismo, caracterizó el escenario general, explicando que además de las irregularidades anteriormente enumeradas, hubo desigualdades en el financiamiento de las campañas electorales, la información fue escasa, el conteo de votos tuvo notorios problemas, las instalaciones eran inapropiadas o faltas de privacidad, algunas listas constaban solo con el número de identidad pero no tenían nombres; también se ejecutaron intentos declarados de fraude electoral o alteración de resultados.

Laterza (1989: 152) afirma que el desarrollo histórico de la posdictadura, iniciado en 1989, describió un esfuerzo por partidos, organizaciones sociales, individuos influyentes y corporaciones por "transferir el poder legitimador desde la voluntad caprichosa de los individuos poderosos hacia la instituciones. Esto es un intento de retorno a la normalidad jurídico institucional".

Este poder legitimador se transforma en votos, en el actor electoral que establece al nuevo presidente. La democracia se apoderó de los discursos del presidente (o a la inversa), aunque este concepto se llenará de significados y expectativas de manera disímil, cambiante y difusa.

Lara Castro (1995: 226) explica posteriormente que la democracia electoral no solo vino a "legitimar la autoridad del protagonista del golpe de Estado, sino que además contribuyó a restaurar el orden político sobre la base de la unidad del Partido Colorado y las Fuerzas Armadas, unidad legitimada a su vez, por el liderazgo militar en la conducción del proceso de transición".

Abente Brun (2010) caracteriza a Rodríguez como un *primus inter pares*, es decir, entre otros militares de alto rango que se vieron, como él, amenazados por la purga stronista, pero a los que debía satisfacer durante su gobierno. Sin embargo, dentro del mismo partido, en el ala tradicionalista y civil, Luis María Argaña era un referente con gran peso, otro *primus inter pares* que no compartía con el presidente electo un plan común. Esto los empujó a buscar aliados tanto fuera como dentro de la estructura partidaria. Por su parte, Rodríguez Pedotti comenzaría por darle un lugar privilegiado a Lino César Oviedo, un coronel con un poder creciente y un papel "heroico" en el golpe que derrocó a Stroessner. Cuando Argaña conquistó a los sectores más fieles al depuesto líder y el ala más conservadora del Partido, Rodríguez sostuvo la asociación entre la ANR y el Estado (factor que, agregamos, se ha mantenido firme hasta la actualidad, solo modificándose en graduación).

Schvartzman (1989) critica notoriamente la postura de la oposición que, atrapada en una sobre estimación de su fuerza, se divide en lugar de exigirle a la transición lo que Rodríguez había prometido en la proclama del 3 de febrero.

Rodríguez, durante su gobierno, mostró una cara aperturista, firmando el tratado del Mercosur y ratificando la Convención Interamericana de Derechos Humanos. En el plano económico, consolidó el apoyo de la nueva burguesía forjada bajo el amparo estatal del stronato y mientras reformó el sistema impositivo, salió a la búsqueda de inversiones y habilitó un cambio libre y fluctuante. Al respecto, en una conferencia dada en 1991, Argaña atacó al presidente y a la sanción del Estatuto Electoral, sugiriendo que obedecía a un lobby empresarial y de izquierda; asimismo, criticó al "rodriguista" Wasmosy (uno de los "Barones de Itaipú", exliberal advenedizo colorado, parte de la selecta clase política y económica que se vio altamente beneficiado por el stronismo) por sus negociados corruptos y se opuso al Mercado Común del Sur, sugiriendo que Paraguay se volvería la Colonia del mismo. Finalizó su intervención solicitándole a su facción, el Movimiento de Reconciliación Colorada, a tomar el mando de la resistencia.

En medio de estas disputas partidarias, se llevaron adelante tres elecciones en tres años consecutivos: 1) se atraviesa la "prueba de fuego" de las elecciones de 1991. En estas, se realizó por primera vez la selección de Intendentes por voto directo, quedando la jefatura del municipio de Asunción en manos de Carlos Filizzola, líder del autónomo Movimiento Asunción Para Todos, ajeno a los dos partidos tradicionales. 2) En 1992 se realizó la Constituyente, organizándose la Asamblea, conforme el resultado de las votaciones. 3) En 1993, llegarían nuevamente las elecciones generales.

Para decidir un candidato para las nacionales, el Partido Colorado debía realizar elecciones internas en diciembre. En las mismas, Argaña triunfó por una pequeña diferencia, pero la intervención de Galaverna y Oviedo, operadores de la campaña de Wasmosy, (intervención que incluyó secuestro de actas de escrutinio, entre otras cosas) dejó a Wasmosy como el ganador de la contienda[35]. En 2008, en una nota en vivo para la Radio Ñanduti, "Cale" Galaverna reconoció esta acción y declaró: "recordaba sobre 1992, en que sí, sí. Yo fui parte de los responsables de esa estupidez que hicimos en la manipulación de los resultados electorales y asumo sus consecuencias morales, éticas y si hubiera alguna consecuencia de orden judicial también estoy dispuesto a asumirla" (Juan Carlos Galaverna, 2008. *Entrevista radial*, 15 de mayo).

En el siguiente capítulo, se podrán comprender mejor los entramados de relaciones surgidas en este período y cómo estas facciones explican el suceso conocido como Marzo Paraguayo de 1999.

Respecto a los otros partidos, por el PLRA se presentó Laíno, un reconocido opositor al stronismo. Por otra parte, surgido el Encuentro Nacional en torno a la figura del empresario Caballero Vargas y sin conciliar una fórmula con el liberalismo, se presentó una lista propia de este nuevo movimiento (posteriormente Partido).

Como Abente Brun (2010) señala, las elecciones de 1993 fueron libres y competitivas, pero no fueron limpias. La Junta Electoral Central (aún no se había creado el Tribunal Superior de Justicia Electoral, formado bajo el Gobierno de Wasmosy vigente hasta la actualidad) estuvo controlada totalmente por el wasmosismo. Los resultados nunca fueron chequeados, aunque con la intervención de Jimmy Carter (que había actuado de veedor externo) los candidatos acordaron aceptar el triunfo de Wasmosy comprendiendo este proceso como un paso hacia la democratización final del país. Es por esta causa, que Abente denomina al período de Rodríguez como "la transición a la transición".

Wasmosy fue el primer civil que gobernó después de 40 años de gobiernos militares, pero pertenecía al círculo de civiles cercanos al stronismo y enriquecidos por las obras de infraestructura realizadas durante la dictadura.

El Poder Legislativo, como señalan Rivarola (2009) y Abente Brun (2010), quedó conformado con minoría de la facción de Wasmosy y la oposición unida, conquistó más bancadas que la ANR (25 senadurías de las 45 y 42 bancadas de Diputados de las 80).

Asimismo, Wasmosy no solo era "débil" en el Parlamento, sino también frente a las figuras que colaboraron activamente en su campaña, como Lino Oviedo. Durante su estadía en la casa presidencial se renovó el Código Electo-

---

35 Brítez y Morínigo (1993) abordan esta información de manera detallada y sostienen que el resultado de las internas fue una repartición de votos según el siguiente cálculo: Argaña 47.33%, Wasmosy 42.75%, Díaz de Vivar 6.81% y Fretes Dávalos 0.20%. Sin embargo, con anulación de actas, presiones al Tribunal Electoral y otras estrategias fraudulentas, lograron imponer al candidato.

ral (Ley Nº 834/96), confirmando la organización establecida por Rodríguez en 1990 y 1992, así como el sistema D' Hondt como método para convertir los votos en escaños. También se reorganizó la Corte Suprema de Justicia, con nueve miembros nuevos, y se creó la Contraloría General de la Nación, tal como lo establecía la Constitución de 1992. Por otra parte, se sancionó la ley de desafiliación de las FF.AA. de la ANR, vigente desde el stronismo.

Desde otro plano, enfrentó una marcada crisis económica (la peor crisis del siglo, en palabras de Abente Brun, 2010), que "negoció" con Estados Unidos, quien mediante un multimillonario crédito del Banco Interamericano de Desarrollo, logra que Paraguay sea parte del llamado "Consenso de Washington" que reinaba en la región.

El acuerdo involucró privatizaciones (de Aerolínea de Bandera, Líneas Aéreas Paraguayas y la Flota Mercante, dejándole al "mercado" la decisión del costo de salida al exterior de un país mediterráneo), una nueva Ley de Bancos, la creación de un mercado de capitales y otras leyes financieras.[36] Sin embargo, ninguna de estas medidas sirvió para contener el coletazo de la crisis económica, que tiene su máximo pico en 1995 con la crisis bancaria que consumió los ahorros de miles de paraguayos. Dicha crisis fue la consecuencia de "deficiente y corrupto sistema de supervisión bancaria. Bancos y financieras se embarcaron en una 'orgía' de negocios turbios con empresas relacionadas y en un sistemático vaciamiento de sus activos" (Abente Brun, 2010: 302).

En abril de 1996, Wasmosy sufre un frustrado intento de golpe de Estado por parte de Lino César Oviedo –Comandante del Ejército–, quien desobedeció al presidente, rechazó la destitución y se atrincheró en su cuartel. Para detener esta maniobra, las diferentes naciones del MERCOSUR intervinieron, constituyendo una de las primeras veces en las que la cláusula democrática de dicho Mercado tuvo aplicación efectiva; también intervinieron la OEA y el Parlamento Paraguayo, que declaró su apoyo al presidente en funciones. Una vez controlada la situación, Wasmosy no sancionó a Oviedo, y este, a pesar de terminar su carrera militar, abre paso a una protagónica carrera política, volviéndose una personalidad central para analizar los fenómenos políticos y sociales venideros.

Ya de cara a las elecciones de 1998, las internas coloradas se volvieron cada vez más complejas. El ganador de las mismas fue Lino Oviedo, pero tras su triunfo, el Gobierno decidió ejecutar el juicio por su participación en el intento de Golpe, el cual se venía postergando desde 1996 y el que terminó con una sanción de 10 años en prisión.

---

36 Para más información sobre los procesos económicos de todo el período, se recomienda la lectura de AA.VV. (2011), Abente Brun y Massi (2005), Borda (2001) y Borda y Massi (1998).

Raúl Cubas Grau, segundo en la fórmula de Oviedo, asume el triunfo y Luís María Argaña (quien en 1992 había sido el contrincante más fuerte de Lino César) toma la vicepresidencia por pertenecer a la segunda lista más votada. Frente a una alianza entre el PLRA y el PEN, triunfó la candidatura colorada de Cubas Grau y Argaña con más del 50% de los votos y una altísima participación electoral (como desarrollaremos en el capítulo IV).

Oviedo, desde la cárcel, había dado su apoyo incondicional a Cubas y había llamado a las fuerzas coloradas que lo seguían a votar por esa fórmula. Por esta causa, una vez que Cubas Grau accediera a la presidencia, la lealtad al líder preso debía ser demostrada. Progresivamente, se evidenció que el poder real estaba en manos de Oviedo, siendo Cubas su mano ejecutora fuera de la cárcel. Algunos autores llamaron a esto "poder dual" (Morínigo, 1999).

Morínigo (1999) sostiene que la transición paraguaya se caracterizó por: a) la ausencia de ruptura con el régimen dictatorial previo, siendo la misma elite la que conduce el aparato del Estado; b) conservar una estructura organizativa estatal precaria, con modelos arcaicos en los ministerios; c) la pobreza sostenida y el descreimiento en el régimen político; d) un nuevo orden legal y constitucional que no se condice con una cultura política impregnada de valores democráticos; y f) la descentralización política que generó una lenta activación social y que estas cinco características se hicieran mayormente visibles en este período de tiempo.

El "poder bifronte" explica la decisión de Cubas de conmutar la pena de Oviedo[37] y liberarlo de la cárcel, desoyendo las indicaciones de la Corte y el Parlamento. Como Bareiro (1999) expone, las instituciones democráticas se veían constantemente jaqueadas por acciones y discursos mesiánicos, por atentados específicos en contra de los opositores a Oviedo y por ignorar sistemáticamente las órdenes de la Justicia Electoral y del Poder Judicial.

El gobierno de Cubas tuvo fin después del Marzo Paraguayo[38], proceso marcado por una serie de movilizaciones sociales que se sucedieron entre el 23 y el 28 de marzo de 1999 y que dejó como trágico saldo a ocho manifestantes muertos y cientos de heridos. El 23 de marzo, Luis María Argaña fue asesinado a balazos, mientras, por causas propias del movimiento, diferentes sectores campesinos[39] se acercaban al Congreso. Por su parte, diferentes agru-

---

37 Oviedo se refugiará en la Argentina de Ménem, donde fue asilado políticamente, para luego ir a Brasil hasta su retorno a Paraguay.

38 Para profundizar sobre este suceso histórico, se recomienda la lectura de Céspedes (1999), Morínigo (1999) y Rodríguez (1999).

39 Bareiro (1999) detalla que eran alrededor de 32 mil campesinos que se acercaban a Asunción para pedirle a la banca estatal la condonación de sus deudas (marcha que se realiza desde 1993).

paciones de jóvenes marchaban hacia la plaza, congregadas por la muerte del vicepresidente.

Tanto los campesinos como los jóvenes se asentaron en diferentes plazas, lo cual se constituyó como una tradición dentro de los movimientos campesinos e indígenas en Paraguay. A lo largo de esa semana durante las acampadas en los espacios públicos, la unión entre los jóvenes (nucleados mayoritariamente en Jóvenes por la Democracia y otras agrupaciones) y los campesinos devino indetenible. De esta unificación surge la consigna de "juicio político al presidente y condenación de deuda campesina".

El día jueves, los Senadores, tras recibir los documentos necesarios de parte de la Cámara de Diputados, deciden dar inicio al juicio político al presidente. La protesta se reprodujo en diferentes lugares del interior, todos exigiendo una pronta estabilización democrática y un equilibrado funcionamiento de las instituciones y de la justicia. Los sindicatos (que habían llamado a huelga general indefinida luego del magnicidio) apoyaron las protestas.

Tanto el día 25, como el viernes 26, las fuerzas policiales y los oviedistas atentaron contra la integridad física de los manifestantes, recurriendo a la represión, los disparos y el maltrato físico para despejar la plaza. A altas horas de la noche del viernes se desataron los ataques de la línea oviedista, hiriendo a muchos manifestantes y asesinando a ocho de ellos.

La acefalía de poder –generada por el asesinato del vicepresidente y la renuncia y posterior huida del presidente hacia Brasil– fue cubierta por el entonces presidente del Congreso, Luis Ángel González Macchi (también del Partido Colorado), tal como indicaba la Constitución:

> Art. 234- De la Acefalía. En caso de impedimento o ausencia del Presidente de la República, lo reemplazará el Vicepresidente, y a falta de este y en forma sucesiva, el Presidente del Senado, el de la Cámara de Diputados y el de la Corte Suprema de Justicia. El Vicepresidente electo asumirá la presidencia de la República si esta quedase vacante antes o después de la proclamación del Presidente, y la ejercerá hasta la finalización del período constitucional. Si se produjera la vacancia definitiva de la Vicepresidencia durante los tres primeros años del período constitucional, se convocará a elecciones para cubrirla. Si la misma tuviese lugar durante los dos últimos años, el Congreso, por mayoría absoluta de sus miembros, designará a quien debe desempeñar el cargo por el resto del período. (*Constitución Nacional de la República del Paraguay. 1992*).

Al igual que Abente Brun (2010), consideramos que la decisión constitucional de establecer una línea sucesoria y no una elección en caso de acefalía presidencial y sí plantear una elección para el vicepresidente, complejizó el recurso de la legitimidad de este gobierno, aunque estuviera dentro de la legalidad: un presidente sin "legitimidad de origen" electivo y un vicepresidente elegido democráticamente debían combinarse en el mismo gobierno.

Julio César Franco, del PLRA (hermano de quien en el año 2008 sería el vicepresidente de la fórmula electoral de Lugo), ganó las elecciones con un margen muy bajo, frente a Félix Argaña, hijo del fallecido Luis María. El gobierno de Macchi se extendió hasta el año 2003 (en el que terminaba el mandato de Cubas), y se caracterizó por un sistema político altamente inestable, atravesado por tensiones tanto de los argañistas como de los liberales que habían ganado la vicepresidencia. El gobierno, que propuso y sostuvo una "unidad nacional", no logró avanzar en ningún aspecto relevante, a pesar de contar con el apoyo de todos los partidos. Por lo contario, "sucumbió a un acelerado proceso de feudalización estatal" (Abente Brun, 2010: 306). El tráfico de influencias, la corrupción y otros mecanismos similares se afianzaron aún más que en el período anterior.

Al igual que durante el gobierno de Lugo, las amenazas de juicio político se volvieron moneda corriente, y los votos se contaban una y otra vez en el Parlamento, mientras se hacían cálculos de aliados y opositores al Gobierno.

Franco renunció a la vicepresidencia a tiempo para poder candidatearse a presidente en las elecciones posteriores, según indica el Art. 229 de la Constitución:

> De la duración del mandato: El Presidente de la República y el Vicepresidente durarán cinco años improrrogables en el ejercicio de sus funciones, a contar desde el quince de agosto siguiente a las elecciones. No podrán ser reelectos en ningún caso. El Vicepresidente solo podrá ser electo Presidente para el período posterior, si hubiese cesado en su cargo seis meses antes de los comicios generales. Quien haya ejercido la presidencia por más de doce meses no podrá ser electo Vicepresidente de la República. (*Constitución Nacional de la República del Paraguay. 1992*).

Si en el plano político la situación era realmente inestable y desequilibrada, en el económico, la realidad era igual de acuciante. Entre 1996 y 2000, el crecimiento del PBI per cápita fue negativo (Abente Brum, 2010; Abente Brun y Massi, 2005; Borda, 2001). En el 2003 la economía atravesó su peor año, con un PBI inferior al de 1989 y con más del 40% de la población bajo la línea de pobreza.

En este marco de deterioro económico es que se llega a las elecciones presidenciales del 2003, en las que Nicanor Duarte Frutos triunfaría en las internas de la ANR, dentro de la cual un cisma generó la separación de los oviedistas, quienes se fueron fundando la Unión Nacional de Colorados Éticos (sobre la que se desarrollará en el capítulo siguiente).

El tercer espacio, que hasta ahora había pertenecido al PEN, se derivó a Patria Querida, un nuevo partido surgido en torno a la figura presidenciable del empresario Pedro Fadul. Por el PLRA la candidatura de Franco se impuso y el UNACE también presentó su candidato. Sin embargo, el Partido Colorado triunfó en las elecciones y entre 2003 y 2008, se desarrolló el último período de presidencia colorada ininterrumpida, de la mano de Nicanor Duarte Frutos, quien había ganado en el 2002 las internas del coloradismo por el Movimiento de Reconciliación Colorada, fundado por el difunto Argaña. Este personaje fue el primero en ganar las elecciones internas que provenía de las afueras del círculo stronista y era ajeno a la "esfera militar" y a la "empresarial" (De Riz, 2007).

En palabras de Bareiro (2003), "fue parte del seifarismo, opuesto a Stroessner desde 1984. Fue un destacado periodista y un ministro de Educación comprometido con la Reforma Educativa". Su acceso al poder se sostuvo con el menor caudal de votos recibido por el Partido desde los retornos de la democracia, pero fue acrecentando su base de apoyo social una vez adquirida la presidencia, como describe Lachi (2003).

Sus discursos fueron eclécticos: por una parte, apelaba a conseguir un consenso conservador, a aplicar medidas económicas neoliberales y a ejercer un rol paternalista sustentado en el clientelismo y el padrinazgo; por otra parte, siempre reivindicaba su origen humilde y su desligamiento de los sectores más conservadores y militaristas del coloradismo. Abente Brun (2010) sostiene que Duarte Frutos partidizó la administración pública en un proceso similar al ocurrido en el stronismo.

Su gobierno fue jaqueado por grandes crisis económicas (similares a las del resto de la región). CEPAL (2013) informó que para 2005 Paraguay tenía el 56,9% de su población viviendo bajo la línea de pobreza y el 27,6% en la indigencia; para el año 2011 esa cifra había pasado a 49,6% y 28% respectivamente. El "hombre" de la economía nicanorista fue el reconocido economista Dionisio Borda, a quien se nombró a cargo del Ministro de Hacienda (cargo que volvió a detentar en el período luguista posterior). Tanto este Ministerio (al cual Nicanor le dio el título de "zona libre de partidos") como el Banco Central fueron nodales en su gobierno, dado que necesitaba garantizar un dinamismo creciente en la economía y un equilibro fiscal. Si bien la economía logró comenzar un proceso creciente, la desigualdad no pudo ser detenida, sino por el contrario se profundizó. Borda fue reemplazado por otros economistas cuando intentó aplicar una reforma del Estado.

En una carrera personalista y de acumulación de poder se autodeno-mino "el *tendota*" ("el líder-quien va adelante" en guaraní), lo que le valió el seudónimo de "mariscal de la derrota" cuando, por primera vez en la historia, tuvo que cederle la presidencia a un candidato externo al partido.

Una de las características más notables de su presidencia fue la insisten-te estrategia para lograr la reelección prohibida constitucionalmente. Con este fin, intentó reinterpretar la Constitución y sometió al Poder Judicial, al cual había logrado reestructurar incorporando por primera vez a una mujer como miembro de la Corte Suprema de Justicia y realizando juicios políticos contra algunos de los jueces previos alineados a la oposición (como el caso del Lezca-no Claude, quien renunció antes de ser juzgado).

Duarte se candidateó a presidente en las internas del Partido con un permiso especial de la Corte y, tras triunfar en ellas, ejerció una extraña ma-niobra legal y presentó una medida cautelar contra la Constitución, porque le prohibía ejercer su derecho a ser presidente de la ANR tras haber triunfado en las internas (en la cual no podría haberse incluido como candidato por ser pre-sidente de la Nación). De esta manera, pretendía poner la Constitución bajo la lupa, para finalmente modificar el artículo que prohibía su re elección. Sin embargo, esta acción de juego intencionado con la ley, desencadenó una pro-testa social muy numerosa que detuvo la intención de modificar o enmendar la Carta Magna.

El presidente de la Nación decidió retroceder y, en las internas para las presidenciales del 2008, apoyó a la candidata Blanca Ovelar[40], quien había sido su Ministra de Educación a lo largo del período. Ovelar triunfó aunque la dife-rencia que la separó de Luis Castiglioni, vicepresidente de la Nación e histórico y bien posicionado líder colorado, fue menor a 4 mil votos y las denuncias de fraude no tardaron en llegar. A pesar de las sospechas, el Partido Colorado aceptó los comicios e impuso por primera vez una candidata mujer a las presi-denciales del Paraguay.

Blanca Ovelar disputó la presidencia contra el exobispo Fernando Lu-go (acompañado de un vicepresidente del Partido Liberal[41]), el exmilitar Lino

---

40 Las otras fórmulas están conformadas por Juan Bautista Ibáñez-Jesús María Argaña (Lista 2); Julio César Vera Arzamendia-Rubén Antonio Vera (Lista 3); Luis Alberto Castiglioni Soria-Javier Zacarías Irún (Lista 4); la lista 5 es la nombrada ut supra; José Blas Servín Ramírez-Francisco Elvio Álvarez Troche (Lista 6) y José Alberto Alderete Rodríguez-Mario Abdo Benítez (Lista 7). La existencia de tal cantidad de candidatos da cuenta de la negación de los mismos a alejarse del Partido, perdiendo su simbología. Es preferible perder en las internas coloradas permaneciendo en la estructura partidaria que alejarse de la misma y perder en la contienda electoral general.

41 Las internas liberales estaban previstas para el día domingo 9 de diciembre del 2008. Por motivos de diferencias y disputas al interior de la organización se pidió que interceda el Tribunal Electoral Independien-

Oviedo y el empresario Pedro Fadul en 2008. Finalmente, monseñor Fernando Lugo Méndez se impuso en las urnas con más del 40% de los votos, encabezando la Alianza Patriótica para el Cambio[42] (APC).

Palau (2007) sostiene que el proyecto de gobierno y la candidatura de Lugo siguieron el derrotero de una incompatibilidad ya conocida y previsible, puesto que como candidato Lugo guió su campaña por medio de promesas electorales que a corto plazo no podría cumplir –entre ellas: 1) recuperación de la soberanía energética del Paraguay; 2) administración de una justicia libre y soberana; y 3) promoción de un crecimiento justo y equitativo, que erradique el hambre y la pobreza, con una redistribución del ingreso más progresiva (López, 2010a)–. Lugo entendió que debía acercar la política al *pueblo* y para ello "debió construir un discurso apoyado en consignas universales y posibles de obtener legitimidad en los más diversos extractos sociales: repudio al hambre, la pobreza y la corrupción. Estuvieron ausentes los grandes relatos" (Soler, 2009a: 19).

El exobispo se autodefinió ideológicamente como un candidato del centro: "*mbytetepe poncho jurúicha*" (al medio como la abertura del poncho) y logró congregar a su alrededor a una veintena de partidos y movimientos, pero sobre todo logró conquistar el voto independiente, ese que fluctuó de elección en elección y no decidió quedarse en ninguna estructura tradicional ni en las terceras fuerzas que fueron apareciendo: ni en el PEN, que tuvo un período más relacionado a posturas progresistas, ni en el PPQ, cuya matriz de pensamiento siempre estuvo más relacionada a los intereses de los grandes portadores del poder económico no alineados a la ANR ni al PLRA.

Por su parte, Blanca Ovelar de Duarte, mujer del nicanorismo, tuvo que correr con una doble responsabilidad; por un lado, ser considerada la delfina del presidente saliente e intentar romper con esa presunción y, por el otro, sobrellevar las acusaciones de fraude electoral intentando no perder el apoyo del Partido. No pudo, finalmente, superar ninguno de los dos riesgos. A pesar de reiterar en muchas entrevistas que sería ella quien afrentaría el reto de ser presidenta y que lo haría con toda responsabilidad y que ella "honraría y representaría al país con su trabajo y su conducta", quedó muy asociada a Duarte Frutos e incluso en el acto de cierre de campaña, fue más importante su intervención que la de ella.

---

te, y las elecciones fueron suspendidas para poder regularizar las denuncias y cuestionamientos que fueron hechos. Al realizarse las mismas, el precandidato Federico Franco es el ganador y pasa a conformar la fórmula presidencial luguista.

42 Alianza Patriótica para el Cambio (APC), una heterogénea coalición que incluía a diversos partidos y movimientos, entre ellos el Partido Liberal Radical Auténtico, el Partido Encuentro Nacional (PEN), Partido Revolucionario Febrerista (PRF), Movimiento al Socialismo (P-MAS), Partido Demócrata Cristiano (PDC), Partido Demócrata Progresista (PDP), País Solidario (PPS), Partido Social Demócrata (PSD), entre otros.

El tercer candidato con opciones reales de triunfar fue Lino Oviedo quien reciclando su figura, forzosamente alejado de su pasado de militar en desobediencia, presentó una postura más conservadora y tradicionalista. Se apoyó en el voto del PUNACE (arrastrado de las estructuras del Partido Colorado cuando se separó la facción) y captó el voto de los colorados que sentían que habían sido traicionados en la interna de la ANR.

El triunfo de Lugo en estas elecciones se entendió como uno de los procesos políticos más relevantes de la historia política reciente del Paraguay (Nickson, 2008; Abente Brun, 2010; Lachi, 2009; entre otros). Haciendo especial hincapié en lo importante del cambio de color presidencial por la vía democrática y en la democracia procesual, esta victoria puede ser leída como un "avance" en la institucionalización de prácticas democráticas en un sentido formal.

Resumiendo, entre 1948 y 2008 hubo doce presidentes consecutivos que detentaron el poder con igual color partidario: dictadura y democracia fueron sostenidas por el mismo partido y algunos resabios de autoritarismo reaparecieron, una y otra vez, plasmados en las amenazas de golpes de Estado y de juicio político, en fraudes electorales, clientelismo, y el uso personalista de los recursos del Estado.

En 2012, un juicio político desplazó a Lugo[43]. El *impeachment*, popularizado como golpe parlamentario, se caracterizó por sus irregularidades tanto en la falta de evidencias como en la temporalidad judicial. La remoción de Lugo reorganizó el gobierno, dejando al Vicepresidente como primer mandatario y renombrando todas las carteras ministeriales.

La situación fue sancionada regionalmente y Paraguay obtuvo atención internacional. Lugo aceptó su destitución pidiendo por paz y desalentando las protestas, pero volvió como Senador en las elecciones generales de 2013, en las cuales el Partido Colorado recuperó la presidencia de la mano de Horacio Cartes.

Las elecciones del 2013 proveyeron de una institucionalidad democrática que se había puesto en pausa en 2012. El regreso a la legitimidad de los votos dio un nuevo impulso a la política nacional. Cartes, llegado recientemente al Partido Colorado, prometió un "nuevo rumbo" y una modernización, a pesar de hacerlo encabezando a uno de los dos partidos más antiguos del país.

---

43 Este tema será abordado en el capítulo VI.

2.4. Transición en Paraguay ¿desde cuándo y hasta dónde?

Los debates en torno a la conceptualización de la transición a la democracia en el Cono Sur han sido numerosos. Las producciones más cuantiosas han sido las de Chile, Brasil y Argentina. Dictadura-democracia, transición-consolidación, se volvieron binomios complejos para las ciencias sociales. Más allá de la decisión teórica de cada línea de investigación, un conjunto de premisas se mantuvieron constantes: elecciones libres, transparentes y abiertas; libertad política, sindical y de expresión; autonomía de los poderes; respeto a la Constitución y las leyes y apego a los derechos humanos, serían las variables necesarias para "medir" el fin de la tiranía.

Con esta plataforma, los sujetos políticos y movimientos sociales llenaron de contenido el concepto de democracia resignificándolo al calor de las experiencias recientes y de los debates contemporáneos. Asimismo, la relación que la economía y la política adquieren en este período "enlaza" los significantes de democracia con una realidad material marcada por la crisis y la inestabilidad (representada tanto por la hiperinflación, el endeudamiento y el desempleo, como por las amenazas de golpe de Estado y los levantamientos militares).

Como afirmaron varios investigadores, la transición tuvo mucho más que ver con un cambio de un régimen político a otro, que con una modificación en el modelo de acumulación capitalista (Hirschman, 1986; Linz, 1996; Garretón, 1987 y 1986). Sin embargo, las características deseadas del "régimen al que se quería arribar" eran disímiles e incluían de diferentes formas y graduaciones los derechos sociales y el desarrollo de la economía.

Respecto al inicio de la democracia y al fin de la transición –o comienzo de la consolidación, como lo llamaron en O'Donnell, Schmitter, y Whitehead en 1988, logrando establecerlo como nombre con consenso y apoyo en la comunidad académica–, cada autor lo atribuirá a diferentes momentos. Pero esta atribución no es azarosa, ni casual, sino que responde a una matriz teórica desde la cual (y mediante la cual) cada autor desarrolla sus estudios. Sin embargo, generalmente esta pertenencia no se subraya ni se remarca, sino que se deja pasar silenciosamente. Bajo argumentos fuertes, se sostiene que la transición dio paso a la democracia en una situación dada, porque hubo elecciones limpias y se respetó su resultado o porque en dichas elecciones salió seleccionado un candidato de otro partido y el mismo fue aceptado por el saliente sin ninguna estrategia fraudulenta, o porque se logró la conformación de los tres poderes que funcionan institucionalmente respetando las reglas legales, etc.

En el caso de la transición en Paraguay, no existe un estudio profundo en el que se aborden tanto las formas de analizar esta transición como sus características históricas. En artículos y compilaciones, encontramos que mientras que algunos autores consideran que el inicio de la democracia coincide con las primeras elecciones limpias (habiendo debates en torno a cuándo efectivamente estas se llevaron adelante), otros sostienen que la misma llegó cuando efectivamente se desplazó a la ANR (y esta respetó el cambio) en el año 2008. Lo que hay detrás de estas perspectivas es una idea institucional y procedimental de la democracia: la misma se describe y se caracteriza por un conjunto de instituciones democráticas y de procedimientos que convierten a un régimen político en un régimen democrático[44], estas características coinciden con la "plataforma" o el conjunto de premisas referidos anteriormente.

Algunas interpretaciones grafican mejor las posturas de los analistas de la transición paraguaya. Tratando de encontrar las primeras elecciones "limpias", Rivarola (2009: 18) sostiene que: "pese al control mantenido por la ANR sobre la Junta Electoral y a la escasa eficiencia de este órgano (el padrón no terminó de sanearse, se suspendieron los comicios en 30 distritos por retardos técnicos y procedimentales, el escrutinio oficial culminó dos meses más tarde, etc.), las municipales del '91 resultaron las primeras elecciones competitivas de la transición" y acuerda con Rodríguez (1993: 18) en que las primeras elecciones generales "libres, competitivas y casi del todo limpias" fueron las presidenciales de 1993. Arditi (1992b: 48) acuerda con Rodríguez diciendo que, a diferencia de las elecciones de 1989 (apresuradas y con el único objetivo de legitimar a Rodríguez), las elecciones de 1991 se realizaron con dos años de vigencia de libertades públicas, especialmente de prensa, asociación y reunión y con grandes transformaciones en la cultura cívica y en el sistema electoral.

Sobre "el inicio de la democracia" y el fin de la "transición" Rodríguez (1993: 18) agrega que en 1993 "el proceso de transición democrática, iniciado por el General Andrés Rodríguez en febrero de 1989, llega a su fin". De esta manera, el autor se posiciona dentro de la corriente teórica que considera que el fin de la transición y el inicio de la democracia está marcado por el hecho de atravesar una elección nacional transparente, libre y abierta a todos los partidos que cumplan con los requisitos legalmente establecidos.

Con la reglamentación del funcionamiento de la Justicia Electoral, Rivarola (2009: 23) cree que las elecciones municipales de 1996 fueron las primeras en ser completamente democráticas. En este sentido, apoya la hipótesis de Martini (1996: s/d) quien afirma que

---

44 Se dará cuenta de una parte de la discusión en torno a la definición de transición en el capítulo siguiente.

todos los comicios de la transición adolecieron de irregularidades diversas (instrumentalización del Poder Judicial y de las Fuerzas Armadas, padrones sin credibilidad, tribunales electorales parciales, entre otras). Los comicios municipales del 17 de noviembre fueron los primeros en que se cumplieron, casi escrupulosamente, con todos los requisitos para considerarlos los primeros democráticos. Se tiene una Justicia Electoral imparcial, los padrones más limpios de toda nuestra historia, las Fuerzas Armadas y el Poder Judicial no fueron usados a favor de partido alguno. La alta participación, incluso en términos internacionales, que superó el 80% a nivel nacional y el 91% en Asunción, se explica en parte por el sistema de inscripción (el ciudadano votaba en el mismo lugar donde concurrió a inscribirse, generalmente cerca de su domicilio) y por la alta competencia entre las distintas fuerzas en pugna.

Y agrega luego que la transición es una apretada agenda electoral que se mantendrá hasta las elecciones presidenciales y generales de 1998, remarcando la importancia de que desde 1989 la clase política paraguaya no pasó más de un año sin atravesar algún tipo de elección. En este sentido, para el autor, la continuidad y periodicidad de las elecciones, así como la superación de crisis internas partidarias (el autor ejemplifica con las internas del Partido Colorado en 1992) dan cuenta de un período transicional que se cierra y abre una democracia.

Abente Brun (2010: 304) considera que la transición finalizó y la democracia se inició *stricto sensu* en 1998, porque en dicho año "culminó el proceso iniciado con las elecciones municipales de 1991 y tuvieron lugar las primeras elecciones generales libres, limpias y competitivas".

Desde una perspectiva diferente, Rivarola (2009: 32) expresa que tras el triunfo de Lugo en 2008 "la alternancia culminó esta prolongada transición, abriendo un tiempo distinto a la democracia electoral paraguaya".

Por su parte, Arditi (1995) señala que la transición se abre en el momento en el cual Rodríguez da el Golpe en 1989, terminando con la guerra invisibilizada y unilateral que se desarrollaba en el Paraguay y se cierra en 1993 cuando se regresó a las urnas para seleccionar nuevamente al presidente, renovar Congreso y elegir (por primera vez) a los gobernantes y a las juntas departamentales. En esta elección, el PLRA tuvo una diferencia muy pequeña con el triunfante Partido Colorado.

Para él, en realidad, a diferencia de otras experiencias, no se trataba de rehabilitar instituciones destruidas por la dictadura, sino de construirlas:

En el Paraguay, las tareas democráticas no se limitaban a reencauzar o restaurar instituciones pervertidas por la dictadura. Es cierto que toda transición exige algo más que una mera restauración, pero en el Paraguay esa exigencia era más radical puesto que no había nada que restaurar. Era necesario implantar instituciones democráticas allí donde estas nunca habían existido. La expresión 'transición a la democracia' designaba pues un momento fundacional: el de la instauración de un régimen político democrático *ex nihilo*. Además, la transición debía desmantelar la estructura de poder heredada del viejo régimen. Ambas tareas debían ser abordadas simultáneamente (Arditi, 1995: 80).

En este sentido, Arditi (1995) discute con otros autores que plantearon que la transición paraguaya será un intento frustrado dado el nivel de falta de cultura política democrática de la sociedad (Lewis, 2007). Descarta todos los enfoques que él llama "deterministas y ortodoxos" (como los que plantearon importar modelos europeos y estadounidenses o los que sostenían que era imposible que la transición se inicie con un golpe perpetrado por uno de los miembros del círculo cercano a Stroessner[45]) y plantea la necesidad de pensar de manera heterodoxa, entendiendo a la política como una estrategia y no como un cálculo algorítmico. Para él, "es determinante la evaluación subjetiva de la situación por parte de actores políticos clave" (Arditi, 1995: 90).

Schwartzman (1989) sostiene que el quiebre transicional comienza cuando se construye el mito de la transición y, con la muerte del mismo (o la confirmación de su no realización) se produce el duelo, o el proceso social de adaptación a lo real emergente. El mito de la pretransición que se destruye es, como se dijo anteriormente, el que planteaba que Stroessner caería por la muerte del tirano o por el vacío de poder.

El mito del vacío de poder traducía en lo real, el vacío programático y organizativo de la oposición. Por eso, no pudo elaborar el duelo de la pérdida del dictador. La participación en las elecciones y la aceptación de sus resultados tienen la significación de haber aceptado la ruptura. Si la hubiera aceptado, tuvo que haber elaborado el duelo en el sentido de afirmar la voluntad de iniciar, a partir del 3 de febrero, una etapa institucional cualitativamente distinta en relación a a) modificaciones en el sistema de poder, fundamentalmente a través de la neutralidad de las FFAA, b) ruptura del antiguo orden 'constitucional', y establecimiento de bases jurídicas y políticas para el inicio de un nuevo período presidencial, y c) establecimiento de condiciones para el desarrollo de las fuerzas políticas, en lugar de su regimentación al solo efecto de la participación electoral, y en consecuencia, al solo efecto de prestarse a la legitimación del restablecimiento del esquema de poder (Schvartzman, 1989: 155).

---

45 Esta postura es la que plantea la dificultad de "instaurar una democracia sin demócratas". Sin embargo, el autor sostiene que una transición, es justamente la creación de reglas democráticas y el planteo de "formas de negociación para la negociación". Entonces sí se podría.

Mientras que Arditi (1992) expresa que la transición es el momento funcional de las reglas democráticas y de la instauración de un acuerdo de negociaciones posteriores, Schvartzman (1989: 103) explica que "la transición supone la emergencia del duelo y, por lo tanto, la delimitación de objetivos más claros del tránsito a la democracia".

El primero propone una lectura constructivista de las reglas, desde una perspectiva de la ciencia política, sosteniendo que cada transición es particular a cada contexto y sentido histórico, invitando a dejar de usar adjetivos que acompañen la expresión transición (pactada, desde arriba, etc.) y que den un marco descriptivo "cautivo" a algo que debería ser producto del consenso y negociación. El segundo, pretende un abordaje desde la sociología y el psicoanálisis donde la creación social de marcos de interpretación, aceptación y resolución de la situación por parte de los actores sociales se vuelve central.

Por su parte, Martini (1999) define que la transición paraguaya, iniciada con el golpe, tiene un punto de clivaje con el asesinato de Argaña (último de los caudillos civiles del Partido desde 1947). En la semana del Marzo Paraguayo explotó un modelo de transición que había tenido una total continuidad con el pasado autoritario, tanto en líderes como en estrategias políticas. Se rompe el pacto cívico-militar (o la conexión entre el partido y las FF.AA).

También tomando en cuenta etapas y clivajes, Becker (1999) divide la transición en dos períodos, pero a diferencia de Martini no es el Marzo Paraguayo el que marca esta división, sino los gobiernos de Rodríguez primero y el de Wasmosy después. Para él, es definitoria para el desarrollo de la democracia la relación entre el Ejecutivo y el Parlamento que se genera a partir de las elecciones de 1993. Wasmosy, por primera vez, debió negociar con una minoría en el Congreso, dado que la "mayoría" le pertenecía al Encuentro Nacional sumando bancadas con el Partido Liberal Radical Auténtico. A partir de allí, comienza a consolidarse la democracia, que según Gustavo Becker, tendrá aspectos negativos y positivos. Entre los primeros, señala la falta de valores democráticos en el cuerpo social, la carencia de un "proyecto de país" que incluya a una mayoría, la ausencia de estrategia estatal, la descoordinación institucional, el predominio histórico de los grandes partidos en el conjunto social. Entre los positivos, argumenta que se ha mantenido la institucionalidad, hubo avances en la construcción del Estado de Derecho, se estimula el diálogo para la resolución de conflictos y mejora la imagen del país en el exterior.

Se puede observar que los "malos aspectos" del autor, se relacionan en conjunto a la construcción de hegemonía en la sociedad y a la cultura política mientras que los buenos son los que refieren a las instituciones y a la construcción de una democracia más formal. Sin embargo, apenas unos años después, en 1999, estas características positivas se ven reducidas a la nada: tanto el respeto a la institucionalidad (con el manejo del Ejecutivo con el Judicial por el caso Oviedo) como la utilización del diálogo como forma de solucionar enfrentamientos (asesinato de un vicepresidente y posterior movilización pacífica reprimida) desaparecen. Ya para 2012, la suspensión de Paraguay de MERCOSUR y UNASUR por el juicio político realizado de manera exprés demuestra que las vulnerabilidades de la democracia paraguaya, eran más fuertes que las virtudes de la misma.

Hemos girado en torno a una división de aguas que no solo reaparece una y otra vez en estas páginas y en el estudio de las transiciones, sino que además divide a la ciencia política. Qué se denominará transición, desde cuándo a cuándo y desde qué momento comenzará la democracia "propiamente dicha" son discusiones que han ameritado libros, conferencias y discusiones acaloradas.

Los llamados *transitólogos* de los '80 decidieron y consensuaron que las ideas revolucionarias habían caído en la batalla frente a las dictaduras previas y que lo que había que consolidar era una red de instituciones democráticas que permitan, de la mejor manera posible, transmitir las voluntades, reclamos y exigencias populares hacia los representantes. Como dijimos anteriormente en este capítulo, surgirían así los "mínimos indispensables" de la democracia, que tendrían estricta relación con el momento del voto, es decir, con la democracia como formato de selección de autoridades; en otras palabras, la "democracia liberal".

En el siguiente capítulo describiremos el itinerario de algunos partidos y algunos líderes durante la transición, con la intención de analizar los discursos de campaña y el lugar de construcción de liderazgo de Fernando Lugo. Sin embargo, para trabajar estos ejes, consideramos necesario realizar primero un breve estudio de lo que la transición fue, según los textos que la "caracterizaron" en la región y cuál será nuestra decisión epistemológica del uso de dicha categoría.

3. Caracterización socio-económica de Paraguay

Hemos analizado la historia política reciente del Paraguay pero no hemos aún caracterizado el perfil económico del Paraguay contemporáneo. La democracia, como sistema de gobierno, se ve atravesada por múltiples tensiones que la complejizan. En América Latina, y más específicamente en Paraguay, una de las tensiones centrales tiene que ver con su combinación con sistemas económicos específicos, asociados a grados de desigualdad marcados, cargas tributarias regresivas, y pobreza extendida de muy difícil descenso. El binomio democracia y economía demarca una coexistencia conflictiva.

Es importante dar un breve repaso sobre la estructura productiva y económica paraguaya porque generalmente, debido a extender una fotografía vieja del Paraguay, se establece erróneamente que es un país pobre, que no ha desarrollado un crecimiento sostenido y que su matriz productiva es deficitaria.

La realidad indica que Paraguay es un país con una tendencia paulatina y sostenida al crecimiento económico, lo cual se traduce en un PBI en alza moderada. Ha sido una de las economías con mayor empuje y crecimiento regional en los últimos años (CEPAL, 2013), llegando a un crecimiento del 14,7% en agosto de 2013 (BCP, 2013), superando el récord del 2010 de 14,5% (también el más alto de la región) (PNUD, 2013). Sin embargo, la pobreza se sostiene y la desigualdad, también.

La pobreza se mantiene en niveles muy altos y, según la EPH de 2012 (EPH-DEEC, 2012), alrededor del 20% de la población se encuentra imposibilitada de acceder a los alimentos necesarios.

Las actividades económicas centrales son las del sector primario (agro ganadería de exportación) y la venta de energía hidroeléctrica (especialmente a través de las dos grandes represas: Itaipu y Yacyreta). El agro es un gran generador de ingresos con saltos productivos de gran magnitud (la agricultura representa más del 18% del PBI desde 2010, a excepción de 2012, mientras que la ganadería ronda el 5% desde 2008. Según el anexo estadístico del Banco Central del Paraguay, entre los años 2012 y 2013, la agricultura pasó de una variación porcentual del -28,3% a un 57,5%), pero del que se derivan muy pocos aportes tributarios. Es decir, el enorme crecimiento en el sector agropecuario beneficia a los grandes productores relacionados con el mercado externo y la exportación de materias primas que no tributan lo suficiente para lograr una redistribución social de los ingresos.

La economía excluyente empuja trabajadores rurales al área urbana donde no son recibidos por ninguna red industrial. Es una gran informalización del trabajo con bolsones de empleo precario y desempleo.

A pesar de todos los números en positivo y el PBI creciente, la redistribución sigue siendo regresiva y el mercado laboral hostil para el trabajador, la creación de empleo y la aparición de empleos de calidad (denominado "Trabajo Decente") no afectará a la mayoría de trabajadoras/es que están en este momento en una situación laboral precaria (PNUD, 2013).

Según datos de la EPH de 2016, el 93% de la población asalariada de 10 años o más no pertenece a ningún sindicato ni a ninguna asociación ni mutual. Solo un 4,2% de los mismos pertenece a algún sindicato, solo el 2,5% a una asociación y apenas el 0,2% está afiliado a ambas. La mayoría de las 81.507 personas asalariadas afiliadas a un sindicato pertenecen al ámbito urbano (83%) y se desempeñan en la actividad pública (82,4%). En tanto que, de todos los asalariados públicos, el 20,6% está sindicalizado; en el sector privado el 97,9% no se encuentra ni sindicalizado ni asociado a ninguna organización laboral.

Respecto a los movimientos de asentamiento rural, como bien demuestran Fogel (1986, 1990, 2006), los informes de CODEHUPY (2007, 2010 y 2011) y Riquelme (2003), la persecución en dictadura y en democracia, los asesinatos por parte de sicarios contratados para eliminar a los líderes de la resistencia campesina, la tortura como forma de "adoctrinamiento" de estos sectores fueron parte de un proceso de control y represión, que se combinó muchas veces con una contracara de cooptación y llamado a la despolitización.

PBI (Miles-dólares) Paraguay. Período 2006-2015

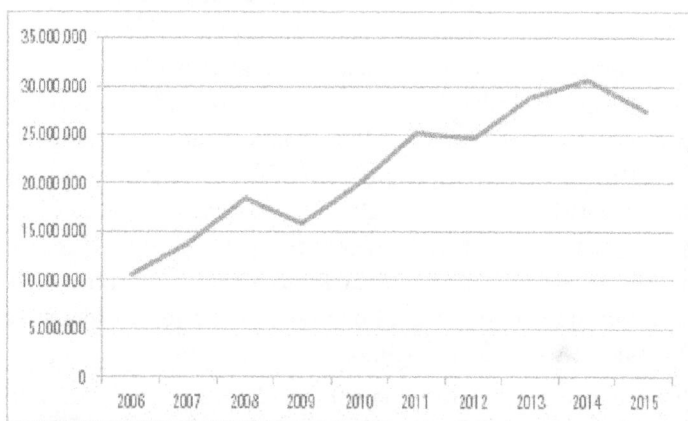

Fuente: Elaboración personal en base a datos de Cuentas Nacionales BCP y Ministerio de Hacienda.

Siguiendo la EPH de 2015, Paraguay registró un 19,03% de subocupación y un 5,34% de desempleo abierto. El porcentaje de ocupación de varones es de 55,12% en la zona urbana mientras que en la rural es 64,19%. Y los salarios percibidos como ingreso mensual son notoriamente más bajos en el área rural.

Pobreza Extrema, No Extrema y Total en Paraguay. Período 1997-2016

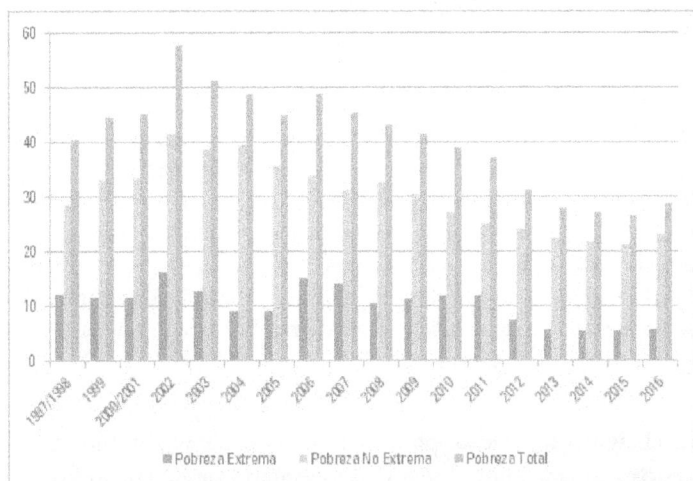

Fuente: Elaboración personal en base a datos de la Dirección General de Estadísticas, Encuestas y Censos.

Como se puede observar en el cuadro anterior, a pesar del crecimiento económico del país, la pobreza no ha disminuido de 26% y en los últimos años se ha mantenido estancada en sus tres tipos (extrema, no extrema y total).

La pobreza en las áreas rurales es mayor y las consecuencias del desplazamiento interno de las poblaciones forzadas a migrar al área urbana no son amortizadas por ninguna política estatal –ni laboral ni educativa ni económica ni de acceso a servicios de salud–. Las condiciones de inserción en las ciudades son complejas y escasas, dado que no se ha generado una demanda de empleo industrial suficiente para compensar el efecto de estas migraciones internas.

Si seguimos la información del Censo Agropecuario Nacional (CAN) de 2008, podemos ver que de 946.040 trabajadores temporales contratados en 1991, se pasó a 238.674 en 2008.

El CAN de 2008, que estableció parámetros de comparación con el realizado en 1991, remarca que todas las superficies utilizadas para cultivos, labranzas y pasturas se han ampliado: las dos primeras estuvieron cercanas a duplicarse mientras que la tercera creció en más de 5 millones de hectáreas. La superficie destinada a la soja aumentó sustancialmente llegando a superar la cuadruplicación (de 552.657 a 2.463.510 hectáreas). Entre 1991 y 2008, la cantidad total de espacios productivos decayó, pero mientras las unidades menores a 100 hectáreas disminuyeron, las que tienen entre 100 y 500 hectáreas aumentaron casi un 35%, y las mayores de 500 hectáreas, un 56,9%. Paraguay transita un proceso de latifundización de las tierras.

La cantidad de fincas es menor (-5,7%), mientras las áreas cubiertas con producción aumentaron (30,5%). Casi el 90% de las áreas productivas pertenecen a las fincas de más de 200 hectáreas, y casi la mitad de estas son mayores a 10 mil. En contrapartida, estas tierras pertenecen a 3,3% de propietarios. Es decir, menos actores poseen más tierras y más población es empujada fuera del sector rural. La producción de soja, mecanizada y tecnologizada, devino en una de las actividades más rentables dentro de esta rama productiva y entre 1991 y 2008 la tierra destinada a esta producción creció 345,8% (Censo Agropecuario Nacional, 2008). Paraguay no cobra impuestos a la producción de soja y las retenciones a la producción del campo son tan bajas, que en el año 2014, incluso el Banco Mundial realizó un informe recomendando a Paraguay que eleve los impuestos a la producción agropecuaria. El Estado nacional ha desoído las recomendaciones (López, 2016a: 219).

En el siguiente cuadro, podemos observar cómo cambió la percepción de impuestos abonados por el sector agropecuario desde el año 2010 al 30 de noviembre de 2017. La información marca una evolución en números brutos, pero si se analizan los porcentajes que estas tributaciones aportan a la economía general, el aporte es muy bajo comparado con los amplios márgenes de ganancia del sector.

Recaudación de impuestos al sector agropecuario. Período 2010-30/11/2017

Año	IVA al sector agropecuario	IMAGRO	IRAGRO	TOTAL ingresos SET
2010	-	30.113	-	5.314.617
2011	-	59.788	-	6.318.416
2012	-	66.108	-	7.062.613
2013	-	71.813	-	7.809.010
2014	338.126	143.613	133.544	9.688.248
2015	353.238	3.078	280.323	10.249.179
2016	375.907	729	255.290	11.734.846
30/11/2017	382.978	288	320.024	11.680.124

Fuente: Informe de Gestión 2013-2017. Subsecretaría de Estado de Tributación. Año 2017.

* Impuesto a la Renta de las Actividades Agropecuarias. A partir de la sanción de la Ley 5061/2013, el IRAGRO reformuló la tributación agraria, reemplazando progresivamente al IMAGRO. El nuevo sistema grava las ganancias obtenidas en el ejercicio fiscal y divide a los aportantes en tres grupos: pequeño contribuyente rural, contribuyente rural y régimen simplificado para contribuyentes mayores.

La gestión de Cartes señala que en los cuatro años de gobierno de Lugo se recaudó apenas más de 5 mil millones de dólares, mientras que en el mismo período de la gestión cartista alcanzó los 8.668.801.093. Es decir, un incremento en el 96,4%. Esto responde, entre otros factores, al aumento de la producción agropecuaria.

En cuanto a la evolución de la economía en un país dependiente como Paraguay, otro factor de plena relevancia es el uso de endeudamiento externo como herramienta para disminuir el desequilibrio económico interno.

En este sentido, la deuda externa paraguaya comenzó un proceso de despegue a partir del año 2012. Entre 2004 y 2011 se había mantenido entre 2400 y 2700 millones de dólares, pero en 2012 sube a 3537 y continúa en ascenso hasta 2017 donde alcanza 6997.

Evolución por año de la deuda externa en millones de dólares. Período 2004-2017

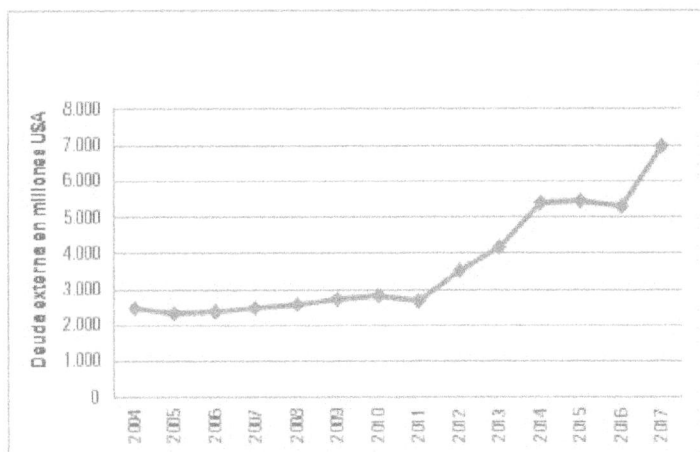

Fuente: Elaboración personal en base al Informe de las Finanzas Públicas de la República del Paraguay. Proyecto de Presupuesto General de la Nación 2018. Ministerio de Hacienda bajo la conducción de Lea Giménez, presidencia Horacio Cartes.

La adquisición de deuda no ha significado una drástica mejora en las condiciones de vida de la población. La inflación en Paraguay no es problemática, el mayor inconveniente sigue siendo la falta de un sistema de aportes laborales y previsionales, el subempleo, la desigualdad distributiva y tributaria, la brecha de género en la economía, entre otros.

La apertura del período democrático en Paraguay resolvió innumerables problemáticas y dinamizó el sistema político sacudiendo la estructura estática de la dictadura stronista. Sin embargo, no pudo solucionar algunos problemas radicados en el pasado y profundizados en la dictadura: la desigualdad, la pobreza, la precariedad laboral y la expulsión sistemática de un sector de la sociedad del mundo económico.

Como veremos más adelante, esta separación del ideal de justicia y redistribución no fue casual y sobre la misma se debatió y se construyeron consensos. Es por esta causa que debemos revisar las categorías de transición y democracia en Paraguay, para entender cuáles requisitos permanecieron inherentes a estos conceptos y cuáles fueron ignorados o puestos en un lugar marginal.

"DISCULPE LAS MOLESTIAS, DEMOCRACIA. ESTAMOS TRABAJANDO PARA SU COMODIDAD". TRANSICIÓN, PARTIDOS POLÍTICOS Y LIDERAZGOS[46]

Hemos presentado una exposición sobre la historia política, económica y social reciente de Paraguay (desde 1940 hasta 2008) y algunas de las categorías con las que la ciencia social se refirió a dichos procesos. Abordamos pormenorizadamente cómo los autores que escriben sobre Paraguay comprendieron y definieron, específicamente, la transición. Sin embargo, en la labor de los cientistas sociales se priorizaron algunas perspectivas sobre otras, a la vez que los mismos debates metodológicos se desarrollaban en otros países.

En los análisis presentados en el capítulo anterior, el inicio de la transición fue prácticamente para todos el mismo: el golpe de Estado del 2 y 3 de febrero de 1989; y su final, también casi por unanimidad, estuvo asociado con algún fenómeno electoral (o las primeras elecciones limpias, o las primeras elecciones generales transparentes, o las primeras elecciones presidenciales con cambio de color partidario y aceptación de los resultados). Esta forma de entender la transición se relaciona con una forma de entender la democracia (tema sobre el que debatiremos más adelante), que tiene que ver con los procesos formales de su institucionalización.

En este capítulo haremos un rápido repaso del papel jugado por los partidos y líderes durante este período, pero antes que ello, creemos que es necesario presentar algunos rasgos generales sobre la teoría de la transición para dar cuenta del abordaje conceptual que hemos elegido para definirla. No daremos cuenta aquí de toda la bibliografía que hay al respecto, entendiendo que tanto

---

46 Una versión de este capítulo fue discutida previamente en López (2015b).

transición como *democracia* (como se trabajará más adelante) son conceptos en torno a los cuales, afortunadamente, los debates no se agotan y la pelea teórica se sigue dando desde diversas trincheras.

Entonces, utilizaremos algunos disparadores para, por oposición o por cercanía, definir lo que consideraremos *transición*, analizar cuál fue el rol que partidos y líderes desempeñaron entre 1989 y 2017, dando especial énfasis a la constitución del liderazgo de Fernando Lugo desde un análisis de sus discursos.

1. "Transición a la democracia": una categoría compleja o "de alguna forma hay que llamar" a lo que sucede entre un régimen y otro

Si bien hubo un acuerdo casi tácito entre los investigadores de la región en torno a qué denominaríamos *transición*, algunos trabajos dieron mayores explicaciones sobre el concepto, mientras que otros jugaron muchas veces con dar por sentado que todos entendíamos lo mismo. En términos políticos, se llamó *transición* al período de tiempo en el cual un régimen mutaba hacia otro. Diferente de la transición demográfica o la transición económica o la jurídica –que podía cambiar de un régimen a otro, en cualquier orden–, la *transición política* quedó, luego de los '80, solapada detrás de transición a la democracia, es decir, el período en el cual se estructuraba el poder, se organizaban las instituciones y se disponían las reglas de juego para cambiar de un régimen político (preferentemente dictatorial) a otro que sería democrático[47].

Cómo se llenarían de contenido ese "transcurso entre" y ese régimen posterior estaría completamente relacionado con el tipo de democracia que se quisiera alcanzar en el régimen de destino, así como el tipo de características sociales, económicas y culturales que atraviesan tanto al Estado que transita, como a su región y al entramado internacional de poderes.

> Por transición precisamente entendemos, el pasaje de un régimen político a otro; transición es transición política, es construcción de un nuevo régimen político. Podemos definirla como el período comprendido entre el nuevo comienzo del derrumbe de un régimen político y el establecimiento de uno nuevo (Respuela, 1996: 177).

Esta explicación, sumamente laxa y poco específica no responde a una decisión sobre esta investigación, sino a una postura teórica de los teóricos de

---

47 No haremos aquí un abordaje extensivo de los estudios sobre transición, aunque remitiremos a algunos que nos sirven de disparadores para pensar la transición en Paraguay.

la transición, o "los transitólogos" quienes dispusieron algunas claves interpretativas en torno a este fenómeno político y, también, algunos "manuales de uso" para implantar la democracia.

Se considera al alemán Dankwart Rustow como uno de los padres fundadores de la "ciencia de la transitología", que tuvo su nacimiento con el artículo publicado en 1970 denominado "Transitions to Democracy: Toward a dynamic model". En esos años, la disputa teórica giraba en torno a cómo sostener las democracias (o cómo consolidarlas) y a cuáles eran los prerrequisitos necesarios para que dicho sistema pudiera establecerse y afianzarse. En este sentido, los aportes de Rustow agregan una pregunta más: ¿cómo pasar de un gobierno autoritario a uno democrático?, abriendo el debate en torno a los modelos de la transición. En contra de las teorías que sostenían requisitos de orden económico (de autores como Lipset y Cutright), de los que planteaban la necesariedad de una "cultura política" previa al establecimiento de la democracia (tanto dentro de la población en general –Seligson– como de la elite política y gobernante –Dahl y McClosky), o de los que le atribuían la estabilidad democrática a ciertos factores "psicológicos" de los individuos (como Bahegot, Almond, Verba y Barker), el teórico alemán respondió a esta pregunta planteando que no eran necesarias condiciones económicas y culturales dadas, sino que la forma de establecer una democracia duradera se relaciona con la forma en la que se estableció esa democracia. En sus palabras:

> Casi todos los autores se hacen el mismo tipo de preguntas y apoyan sus respuestas con el mismo tipo de evidencias. La pregunta no es 'cómo se inició el sistema democrático', más bien apunta a saber 'cómo se puede preservar o profundizar la salud y estabilidad de la democracia, asumida como preexistente'. [...] Las propuestas centrales se expresan en el presente [del régimen] (Rustow, 1970: 339. Traducción propia).

El autor confiesa haberse inspirado en las "áreas no desarrolladas del mundo" (Medio Oriente, Sud Asia, África y América Latina) para poder llegar a la pregunta relevante, que es en primer lugar, cómo llegó a existir la democracia en sus territorios. Su propuesta es cambiar la indagación sobre las funciones por una sobre la génesis. Esta fue entonces una de las primeras invitaciones, dentro de las ciencias sociales, a pensar en torno al concepto de transición.

Rustow respondió su "pregunta por la génesis" explicando que la instauración de la democracia respondía a cuatro procesos que debían darse concatenados. El primero, la unidad nacional[48] (que será, según el autor, la única con-

---

48 En el original: "the model starts with a single background condition-National Unity" (Rustow, 1970: 350).

dición precedente al régimen democrático), esto significa que la vasta mayoría de los ciudadanos en "una 'democracia a por ser', no deben tener ninguna duda ni reserva mental sobre la comunidad política a la cual pertenecen" (Rustow, 1970: 350. Traducción propia). Para el autor, el momento en el que se logre este sentimiento de unidad nacional no es lo relevante, sino su existencia previa a las demás fases necesarias para conquistar la democracia. Rustow considera a la unidad nacional mucho más como el resultado de la complementariedad y la sensibilidad social hacia las opiniones y actitudes, que como la consecuencia de compartir dichas percepciones, y este sentimiento puede ser el resultado de un consenso, pero es mejor cuando es aceptado silenciosamente y "dado por hecho".

Una primera crítica que puede surgir en torno a esta apreciación del autor es su forzamiento a la pertenencia nacional como prerrequisito y la idea de "complementariedad" de opiniones y actitudes que parece esconder la dominación o los intereses contrapuestos detrás de una intención de contemporizar y presentar estos enfrentamientos como "formas disímiles" pero compatibles.

Por otra parte, Rustow (1970) toma el concepto de *nación* de Deutsch, quien sostenía que la nación era el referente existente del sentimiento de unidad nacional y que surgía de la capacidad de complementar opiniones y hábitos a pesar de no ser compartidos por todos los ciudadanos de un mismo territorio, y que esta compatibilidad debe darse lo menos explícitamente posible. Si bien no compartimos esta visión de nación, creemos necesario explicar de dónde toma Rustow su idea de unidad nacional. Si quisiéramos presentar otra forma de explicar el concepto, podríamos hacer uso de la muy reconocida interpretación de Anderson (2007) quien, oponiéndose a las visiones más conductistas (que tienden a esconder la cuota de dominación que este concepto imagina) como la anteriormente descrita, sostiene que es "la comunidad política imaginada como inherentemente limitada y soberana". Es *imaginada* porque los miembros de dicha nación no conocerán jamás a todos sus compatriotas, pero en sus mentes vive la imagen de la comunión que los une (por encima incluso de todo aquello que los separa). Se imagina *limitada* porque tiene fronteras finitas y elásticas que la separan de otras naciones; y se imagina *comunidad* porque más allá de la desigualdad y la explotación, se recrea un compañerismo horizontal que hermana. Acompañamos más la definición de Anderson que la de Deutsch, entendiendo que da cuenta más acabadamente de los procesos que caracterizan a la nación como construcción imaginada.

Retomando el estudio de Rustow, el segundo proceso (la fase preparatoria) es la existencia de una enemistad marcada, que se desarrolle con la fuerza de una lucha política dentro de la cual los protagonistas representen posturas muy arraigadas y el eje de enfrentamiento sea altamente relevante para todos.

Este enfrentamiento será resuelto en el tercer proceso, la Fase de Decisión. En esta, una parte de los líderes políticos acepta la existencia de la diversidad dentro de la unidad y deciden institucionalizar algunos aspectos cruciales del proceso democrático (como aceptar el sufragio universal).

> La decisión a favor de la Democracia es el resultado del juego de fuerzas numerosas y diversas. Dado que algunas definiciones precisas deben ser negociadas y muchos riesgos a futuro deben ser tomados, un pequeño círculo de líderes tienen la capacidad de detentar roles desproporcionados. Por ello, los grupos de negociación y sus líderes deben ser los protagonistas de la lucha previa (Rustow, 1970: 356. Traducción propia).

La decisión tomada deberá ser extendida tanto a lo que el autor denomina políticos profesionales, como a los ciudadanos en general, quienes, en la cuarta fase (la Fase de Adaptación) lograrán acostumbrarse a la nueva decisión y a la nueva "institucionalidad democrática" que se planteó como la forma de resolver las diferencias y canalizar los malestares con el régimen.

Respecto a estas etapas, podemos sostener que la número dos es constitutiva de algunas naciones. Si consideramos que, por ejemplo, el establecimiento de los Estados nación modernos involucró un discurso unificador (una "comunidad imaginada") enviando al "subsuelo político" (Tapia, 2008), quizás silenciando, pero no por ello desapareciendo las fuertes disputas de pertenencia, territoriales, religiosas, sociales, culturales y étnicas de diferentes Estados. Entonces, la presencia de divisiones y luchas fuertes que atraviesen a la sociedad puede incluso ser más fuerte que la existencia de una unidad nacional (quizás el ejemplo de la comunidad vasca en España sea un buen parámetro de esto). Asimismo, el rol dado a los "líderes políticos" como una elite neutral de gobierno solapa el hecho de que también estos tienen sus propios intereses a los que, muchas veces, se resisten a renunciar, y su "adhesión" o no a un modelo democrático no tiene necesariamente que ver con dar una respuesta a una lucha intestina previa, sino muchas veces a acallar dicho enfrentamiento, disolviendo los reclamos dentro de discursos legalistas o de instituciones democráticas.

Más allá de contar o no con la buena predisposición de "las elites gobernantes" tampoco puede perderse de vista el rol de la sociedad organizada (movimientos sociales, sindicatos, agrupaciones estudiantiles, organizaciones indígenas, etc.) en el momento de institucionalización de la democracia y no solo, como plantea el autor, en el período previo. Además, nos negamos a aceptar que los políticos puedan tener un "rol" mayor del debido, a que esto debería ser aceptado, y por consiguiente, las precauciones al respecto se deban dar antes de llegar a esta instancia. Comprendemos la importancia de que la sociedad integre los procesos de decisión política y sean sus miembros los que expresen intereses (sea tanto en instancias institucionales, como mediante otras formas de puja social del poder).

Según el autor, como la política es la forma de resolver conflictos entre grupos humanos, un nuevo régimen político es una forma novedosa de tomar decisiones sobre lo desconocido; entonces, la decisión de instaurar un régimen democrático terminará siendo un proceso de ensayo-prueba y error. Las dificultades que la democracia tenga para resolver los problemas de la comunidad remarcan la importancia de la unidad nacional como una condición previa.

En este sentido, el análisis de Rustow es etapista y, agregaríamos, como la cinta de Möbius, termina reafirmando lo primero que planteó. Es un argumento tautológico que sostiene que la condición de preexistencia será la causa por la que todo el proceso se dé racional y exitosamente.

Era muy habitual en la época, e incluso lo sigue siendo ahora para los investigadores que siguen estos debates y escuelas, pensar en períodos o etapas y en una lista numérica de situaciones que debían darse para alcanzar la democracia. Por ejemplo, Dahl (1990) –el padre del concepto *poliarquía*, puesto que la democracia para él no tiene un correlato real– expone sus criterios para definir y medir el nivel de "democraticidad" de una sociedad, diferenciándola de los gobiernos autoritarios y de la transición[49]. En su libro, analiza los casos de democracias que se volvieron autoritarismos (Argentina en 1930, Austria en 1933-34, Chile en 1973, Colombia en 1949, Alemania en 1933, Brasil en 1964, Grecia en 1967, Italia en 1923-25, Perú en 1968, Portugal en 1926, España en 1936, Venezuela en 1948 y Uruguay en 1973), para poder realizar el camino inverso de la transición. Concluyó que: las democracias jóvenes tuvieron más peligros de convertirse en gobiernos autoritarios nuevamente; los regímenes derrocados por autoritarismos no eran democracias forjadas, sino un gobierno de la oligarquía tradicional parcialmente democratizada; la mayor parte de la elite dirigente de estos países era hostil a la igualdad política y a las ideas e instituciones democráticas; la aparición del autoritarismo fue acompañada de mucho apoyo público; y, finalmente, los países eran profundamente desiguales en lo económico y social. Por lo tanto, en el camino contrario, para asegurar que la transición sea exitosa es necesario tener una trayectoria de-

---

49 En un texto publicado en 1990, Dahl plantea la necesidad de pensar un modelo económico que ayude a "fortalecer la igualdad política y la democracia, reduciendo las desigualdades originadas por la propiedad y el control de las firmas en un sistema como el que ahora tenemos; un sistema al que, ante la falta de un término mejor, llamo capitalismo empresario" (Dahl, 1990: 12).

mocrática amplia, instituciones democráticas apoyadas por una sociedad civil caracterizada por un apego a las normas democráticas y una elite política con preferencia por lo mismo. Una de las primeras críticas que se nos torna evidente es que las condiciones propuestas por el autor no preexisten en sociedades en las que se sale de años de gobiernos autoritarios; de hecho, son prerrequisitos que ni siquiera se dan en muchos casos de regímenes democráticos más o menos estables. Parecería ser que cierta parte del globo está signada al fracaso con este régimen por no tener como condición previa aquello a lo que en realidad apunta a llegar como resultado.

O'Donnell, Schmitter y Whitehead (1988) hablarán de dos situaciones que pueden darse separadas y aisladas, pero que deben darse juntas para garantizar el paso de la transición a la consolidación democrática (Liberalización y Democratización). Esta división será muy utilizada en toda la bibliografía que comparta el paradigma más institucionalista.

En primera instancia, estos autores definen la democracia como el proceso que lleva:

> de determinados regímenes autoritarios a 'alguna otra cosa' incierta. Esa 'otra cosa' puede ser la instauración de una democracia política o la restauración de una nueva forma, posiblemente más severa, de régimen autoritario. También puede haber simplemente un desenlace confuso, con la rotación en el poder de gobiernos sucesivos que no logran dar una solución perdurable o predecible al problema de la institucionalización del poder político. Estos procesos de transición pueden dar lugar, finalmente, a amplias y violentas confrontaciones, y desembocar, a la postre, en regímenes revolucionarios promotores de cambios que trascienden en mucho al ámbito político (O'Donnell, Schmitter y Whitehead, 1988: 15).

Esta transición es guiada por el supuesto ideológico de que la instauración y la consolidación de una democracia constituyen, *per se*, un objetivo deseable y esta será una presunción asumida por muchos autores que escribirán sobre la temática.

Respecto al inicio y al final del proceso de transición, como observamos, los límites son laxos: comienza con la disolución del régimen autoritario y finaliza con el establecimiento de algún otro régimen (autoritario, revolucionario o democrático), lo que vuelve cada vez más indefinido este concepto y, en palabras de Sartori, gana en extensión y pierde en connotación (en un proceso llamado "estiramiento conceptual").

En este lapso, las reglas del juego político se hallan en constante flujo y cambio, y son objeto de pujas sectoriales. Estas reglas son centrales, puesto que en ellas se definirá quién y cómo detentará el poder:

> [...] los actores luchan no solo por satisfacer sus intereses inmediatos y/o los de aquellos que dicen representar, sino también por definir las reglas y procedimientos cuya configuración determinará probablemente quiénes serán en el futuro los perdedores y los ganadores. En verdad, estas reglas emergentes definirán en gran medida los recursos que legítimamente pueden aplicarse en la arena política y los actores a los que se permitirá participar en ella. (O'Donnell, Schmitter y Whitehead, 1988: 19-20).

Las reglas, en caso de existir previamente, se encuentran en manos de los gobernantes autoritarios, quienes conservan un poder discrecional importante. Estas reglas se pueden imponer por temor o por respeto de manera unilateral, o se pueden generar por convenios y pactos multilaterales. Agregamos que esta modificación puede darse para conservar su propio poder y terminar nuevamente en un régimen autoritario incluso peor que el anterior, por lo que, en este caso hipotético, la transición escondería en realidad una profundización del mismo régimen autoritario o su recrudecimiento.

A pesar de este cambio de reglas y la mutación de escenario, los autores son explícitos en sostener que los derechos de propiedad de la burguesía deberían mantenerse inviolables y que los partidos de izquierda deben aceptar esto para ser parte del tablero de ajedrez.

Más adelante, aceptan que esta decisión de cambio puede estar disparada por la relación con los otros países, la existencia de alguna guerra, un vuelco desfavorable en la economía o las restricciones ideológicas en el plano internacional que también afectan las percepciones de los actores sobre la viabilidad del régimen. "No hay ninguna transición cuyo comienzo no sea consecuencia, directa o indirecta, de divisiones importantes dentro del propio régimen autoritario, principalmente las fluctuantes divisiones que separan a los 'duros' de los 'blandos'" (O'Donnell, Schmitter y Whitehead, 1988: 37), siendo los duros los actores más asociados a la dictadura y a la estructura autoritaria de poder, mientras los blandos se acercan más al ala democrática. Al respecto de esta división, explican: "Si la transición desemboca en la instauración de la democracia, los 'blandos' no solo quedarán protegidos de la acusación de traición que podrían endilgarles los 'duros', sino que además la 'historia' les reconocerá el mérito de haber conducido al país hacia un futuro más honroso, aunque esto sea discutible" (O'Donnell, Schmitter y Whitehead, 1988: 45).

Dentro de la transición, dijimos, deben desarrollarse la *liberalización* y la *democratización*. La primera es el proceso de redefinir y ampliar derechos, haciéndolos efectivos para proteger individuos y grupos sociales ante los actos ilegales del Estado o de otros actores. La liberalización depende necesariamente del gobierno autoritario, que es quien debe habilitarla, "no obstante, si estas prácticas liberalizadoras no constituyen una amenaza evidente e inmediata para el régimen, suelen acrecentarse, se institucionalizan y por lo tanto incrementan los costos efectivos y percibidos de su eventual anulación" (O'Donnell, Schmitter y Whitehead, 1988: 21). La segunda es la ampliación de los individuos que perciben derechos y obligaciones, y de problemas e instituciones que antes no eran incorporados a la vida y debate ciudadanos; y la aplicación de normas y procedimientos de la ciudadanía a instituciones políticas antes regidas por otros principios.

Si bien estos autores no determinan el destino que se alcanzará, sí expresan que el siempre deseado punto de llegada es el régimen democrático. Para que la transición a la democracia política sea viable a largo plazo debe realizarse una contienda libre y franca y sus resultados ser registrados honestamente, pero estos no pueden ser demasiado precisos ni representativos de la distribución efectiva de las predilecciones de los electores. Es decir, los autores presentan la necesidad de "ayudar a los partidos de centro-derecha y de derecha para que tengan un buen desempeño, en tanto que los de centro-izquierda e izquierda no deben ganar por una abrumadora mayoría" (O'Donnell, Schmitter y Whitehead, 1988: 101). Es, efectivamente, una invitación a una organización política tal que los partidos prosistema obtengan mayor representación que aquellos que se encuentran alejados del centro.

Los autores plantean que puede existir una transición hacia una democracia política, sin existir democracia social y económica. En este sentido, explican que la existencia de estas tres juntas será llamada *socialización* y que, en realidad, continúa siendo solo una esperanza para los actores. Una de las críticas más fuertes que se le realizaron a este modelo, a la cual adherimos, es la dificultad que implica pensar en una democracia política efectiva, sobre la base de una desigualdad social y económica marcada. Crítica que al calor de las democracias del 2017 parece obsoleta, pero que no deja de ser relevante porque, aunque silencioso e implícito, este argumento de la existencia de una democracia formal por sobre las demás, atraviesa tanto los discursos políticos como los académicos de la región.

De la misma escuela que los autores analizados, Respuela (1996) define la temporalidad de la transición de una manera más simplista, acotando el término transición al cambio de cualquier régimen político hacia una democracia.

La transición, en este caso, implica ambigüedad e incertidumbre por desconocer el resultado final del proceso y el tiempo estimado de arribo hacia la democracia deseada:

> Las transiciones hacia la democracia están delimitadas por un lado, por el inicio del proceso de disolución del régimen autoritario, y por otro, por el establecimiento de alguna forma de democracia, existiendo siempre la posibilidad de un retorno al autoritarismo. Lo característico de la transición es que, en su transcurso, las reglas de juego político no están definidas (Respuela, 1996: 177).

Para esta autora, el traspaso del poder de una autoridad elegida constitucionalmente a otra elegida de igual manera es lo que demuestra que se finalizó la transición y se inició una democracia (si lo aplicásemos al caso paraguayo, sería con la elección presidencial de Wasmosy en el año 1993).

Posteriormente, Respuela (1996) propone características de las transiciones:

1. Hay modificaciones en las reglas y se traspasa el poder a una autoridad elegida democráticamente.

2. Las transiciones pueden ser desencadenadas por diferentes actores. Cuando son "desde arriba" las activa el mismo régimen autoritario, que decide retirarse por considerar su tarea realizada o por un resquebrajamiento interno del frente dictatorial. Cuando son "desde abajo" son iniciadas por la sociedad civil organizada o la oposición que aprovecha un momento de debilidad del poder autoritario. También existen, opina la autora, transiciones generadas por factores intermedios o externos al régimen y a la oposición como las guerras o la intervención extranjera.

3. Las transiciones pueden ser pactadas o por rupturas. La primera se relaciona con haber sido generada desde arriba y la segunda con un inicio desde abajo. La primera dará mejores arreglos *post facto* a los militares salientes y la segunda, a la sociedad civil, la oposición y el gobierno democrático entrante.

4. La transición siempre implica procesos de democratización, es decir de ampliación real de los derechos políticos y civiles; y proceso de liberalización, es decir, la vigencia efectiva de derechos que protegen a los individuos. En este sentido, asume la misma postura de O'Donnell, Schmitter y Whitehead (1988) mencionada anteriormente.

5. La transición o bien genera un retorno al autoritarismo, o finaliza en una consolidación democrática. Esta consolidación será definida de

distintas maneras por diversos autores. Por ejemplo, para O Donnell y Morlino, la consolidación es el afianzamiento y buen funcionamiento de la red institucional; para Schumpeter la consolidación consiste en dinamizar un proceso electivo, dado que la democracia es un método de selección de autoridades; para Sartori, es el congelamiento de estructuras democráticas que serán aceptadas como legítimas por toda la sociedad civil. Efectivamente, la idea de consolidar la democracia o de finalizar la transición tiene directa relación con las características que la democracia debe tener según nuestro abordaje de la misma.

Leiras (1996: 171) historiza el concepto de transición, y explica que en los años '50 y '60 definía al paso de la sociedad tradicional a la moderna, a partir de los '60 se asoció con el cambio del capitalismo al comunismo o socialismo y en los años '70 y '80, el término se conectó indisolublemente con la idea de transición a la democracia política.

Durante la transición, y en esto concuerda con O'Donnell, Schmitter y Whitehead y con Rustow, se instauran las normas y procedimientos democráticos mientras se coexiste con el andamiaje institucional del régimen autoritario previo. Mientras tanto, la consolidación de la democracia, que determina el fin de la transición, supone la "persistencia en el tiempo de las normas y procedimientos establecidos durante la primera etapa de instauración del nuevo régimen" (Leiras, 1996: 171), es decir, durante la etapa transicional.

Asimismo, establece cinco procesos para lograr la consolidación exitosa de una democracia (definiendo democracia como régimen democrático competitivo, pluralista, constitucional, con especial énfasis en el gobierno de la ley y sin hacer mención de democracia social o económica)[50]:

1. "Mantenimiento y puesta en marcha del compromiso democrático", esto es, el reconocimiento de la oposición, la existencia de igualdad política y una fuerte convicción de la necesidad de cooperación entre las elites políticas y no políticas (lo que podríamos llamar "un pacto de orden" o un "pacto interelites").

2. "Respeto de la legalidad, esto es la capacidad de las elites de gobierno y de los propios aparatos de colocarse como garantes del respeto de las leyes y de las decisiones asumidas aunque sea en forma aproximada y limitada" (Leiras, 1996: 171).

---

50 Leiras sigue la definición de democracia de Morlino (1988) quien la caracterizó como un conjunto de estructuras y procedimientos claros, explícitos y determinados a priori sobre la resolución pacífica de los conflictos recurrentes. La consolidación de este régimen se da con el proceso de reforzamiento del sistema, con vistas a mayor estabilidad, persistencia y previsibilidad/resolución de crisis.

3. Neutralización de los militares. Las elites civiles llevan a los militares a aceptar el nuevo ordenamiento político y luego los impulsan a respetar el compromiso democrático.

4. Respeto del orden y de la legalidad que permite la aceptación de la institucionalidad democrática, e interés por mantener el compromiso democrático.

5. "Un sistema de entre dos y cinco partidos con elites que acepten la división de roles de autoridad en el régimen, cuando no la alternancia parcial, garantiza una consolidación, aunque sea esta de carácter parcial" (Leiras, 1996: 171).

Linz (1996) por su parte, plantea un listado de requisitos que la democracia política debe detentar (la "definición mínima de democracia"), que permiten afirmar que se trata de ese régimen democrático y no ya de una transición hacia el mismo. Para este escritor, puede perfectamente existir una democracia política sin ningún tipo de democratización social o económica. El autor expresa que lo fundamental es: el derecho al voto; el derecho a ser elegido como autoridad; el derecho de los líderes a conseguir apoyo; la existencia de elecciones libres y universales sin fraude; la libertad de asociación y la de expresión; el libre acceso a la información oficial y alternativa y, por último, la organización del estado y de las instituciones para realizar políticas públicas en torno al voto o a expresiones de preferencia social (y no por decisionismo de los políticos gobernantes). Una vez que todos estos son alcanzados, entonces la democracia está consolidada y se supera el período transicional. Para el autor, la idea de alternancia entre partido que instaura el régimen y la oposición no es muy exigente. Sostiene que esto no es frecuente ni siquiera en sistemas con dos partidos.

> Lo que distingue a un régimen como democrático no es tanto la oportunidad incondicional para expresar todas las opiniones, sino la oportunidad legal e igual para todos de expresar todas las opiniones y la protección del Estado contra arbitrariedades, especialmente la interferencia violenta contra ese derecho. Nuestra definición de democracia no abarca a regímenes que pueden haber recibido el apoyo de una mayoría pero no han sido capaces de presentarse ante la sociedad para que esta lo revalidara. No precisa que los partidos se turnen en el poder, sino la posibilidad de que esto suceda, aún cuando esta alternación es evidencia *prima facie* del carácter democrático de un régimen. (Linz, 1996: 18).

1.1. Algunas críticas

Podríamos proponer críticas similares para las diferentes propuestas relevadas (muchas de ellas ya realizadas por otros estudios), o interpelar las afirmaciones de estos teóricos con las mismas preguntas, que surgen de esta visión tan cuantificable e institucional de lo que la transición y la democracia deberían ser desde sus abordajes.

La primera es el problema relacionado con la gradación. ¿Cómo definimos cuán transparente debe ser el proceso electivo?; ¿cómo sabemos qué tan fuerte es el sentimiento de unidad nacional para garantizar que tras la lucha por los intereses prime este?; o ¿cuántas reglas y cuáles –las centrales o las periféricas– deben cambiar los regímenes autoritarios y dictatoriales para que consideremos que empezó la transición?

Si se logran algunos requisitos y otros no, ¿aún así se puede dar por comenzada la democracia?, o ¿cuáles requisitos son innegociables y cuáles pueden llegar después como cola del proceso democratizante?

Por otra parte, todas estas definiciones de transición ¿hacia qué tipo de democracia apuntan?; ¿la garantía mínima de derechos sociales, económicos y culturales no serían requisitos necesarios para poder alcanzar un régimen democrático? La definición mínima de democracia, ¿no invita a países como los de Latinoamérica a naturalizar la desigualdad en pos de sostener una institucionalidad democrática vacía?

Podríamos agregar, ¿cambia algo al régimen si la transición fue iniciada desde arriba o desde abajo, siendo que posteriormente los procesos no fueron guiados por la sociedad sino por un partido o por una elite? La aceptación de la "relevancia" de las elecciones como forma de demostrar el fin de un camino y el inicio de la consolidación, ¿no confirma la primacía de la teoría liberal de la democracia, donde la misma es reducida a una forma de elección de candidatos?

Además, los autores que consideran que la democracia comienza cuando en elecciones nacionales libres se cambia de color partidario la presidencia ¿no tienen en cuenta que incluso en las democracias más reconocidas como estables durante períodos de tiempo muy largos el partido que gobierna es siempre el mismo? ¿Por qué se le exigen a la transición cosas que una vez alcanzada y consolidada la democracia dejan de ser requisitos importantes?

Consideramos (y es ese uno de los motivos por los que daremos cuenta de la percepción de los líderes políticos) que el rol de las elites durante la transición es fundamental; ahora bien ¿podemos dar por sentado que sus decisiones obrarán en función del establecimiento de la más democrática de las democracias?, y por otro lado, ¿no deberíamos indagar más en lo que dichas elites consideran que la democracia es, para saber sobre cuáles ejes se disputará en el proceso de construcción del edificio democrático?

Estas elites, que en parte fueron heredadas de la dictadura o incluso de períodos previos, ¿qué poder de representación tienen sobre la sociedad y qué capacidad de plasmar intereses "colectivos" detentan? ¿No sería necesario pensar en una forma de selección de estas autoridades que supere, o al menos interpele, a la teoría de la representación?

¿No es acaso relevante la jerarquía existente entre las elites para comprender sobre qué factores se dará priorización? ¿La elite económica (suponiendo que no está superpuesta a la política) dejará de lado sus intereses (defendidos en períodos anteriores de dictaduras) para consensuar en igualdad con actores de la sociedad civil?

¿Solo se necesita de la intervención de la sociedad civil en la etapa legalista en la que las leyes se planifican y se organiza la estructura del gobierno? Agregamos, ¿se cree que la sociedad civil tiene en su totalidad un mismo interés o una misma percepción sobre la democracia? Con el sentimiento de unidad nacional al que remiten algunos autores, ¿se intentan suplir todos los conflictos en torno a intereses contrapuestos que puedan surgir no solo entre dirigentes y dirigidos, sino hacia adentro de los grupos de dirigidos? La idea de esta unidad por sobre las diferencias ¿no remite, finalmente, al polémico concepto de voluntad general o interés supremo de la teoría clásica que tantos debates generó?

Finalmente, consideramos un error metodológico definir transición sin hacer una mención del régimen al que se transita. Si bien algunos autores dieron cuenta de esto y lo especificaron, en los casos en los que esto no se hizo, se ocultó el concepto, dejando implícitamente una caracterización de la democracia de tipo liberal.

Si, siguiendo a Lechner (1986b: 1), acordamos que "la política es a su vez objeto de la lucha política. Vale decir, la lucha política es siempre también una lucha por definir lo que es la política", sostenemos que lo mismo sucede con la democracia y con la transición. Estos conceptos son el resultado de una lucha política de significación, es decir, que establecer "lo que la democracia es" –y cómo podrá ser establecida en cada sociedad–, responde indefectiblemente a una lucha y a una puja de intereses. Definir que alguna elección precisa o que algún grado de institucionalización inician la democracia, es asumir silenciosamente la división marcada en 1988 por O'Donnell, Schmitter y Whitehead y aceptar que puede existir democracia política sin un correlato social y económico.

Estas críticas fueron hechas y sus autores intervinieron fuertemente en los debates teóricos de la década marcando la diferencia que se estaba generando en torno a la concepción formal-procedimental de la democracia y la democracia real o de fondo.

Desde esta perspectiva, algunos autores[51] (que fueron llamados muchas veces "los autores críticos"[52]) propusieron un cuidadoso análisis de las sociedades latinoamericanas y del problema de proponer un régimen democrático sin contemplaciones efectivas sobre las condiciones de reproducción material de las sociedades.

Hirschman (1986) sostuvo que necesariamente el pesimismo sería el punto de partida de cualquier pensamiento acerca de las oportunidades reales de consolidación que tiene la democracia en América Latina y dicho pesimismo tiene su causa principal en los antecedentes históricos. En la causa de la inestabilidad, mal endémico de la democracia de la región, intervienen todo tipo de factores, entre los que la vulnerabilidad económica es uno de los centrales. El autor, claramente en contra de las teorías mencionadas al inicio de este capítulo, explica que:

> es inútil establecer 'supuestos' para consolidar la democracia: esto solo serviría para montar un esquema completamente utópico orientado a cambiar todo lo que ha sido característico de la realidad latinoamericana y equivaldría, por lo tanto, a desear colocarse fuera de esa realidad. Una manera singularmente perniciosa de pensar en la consolidación de la democracia –una manera que podría transformarse en un obstáculo a esa consolidación y que de hecho lo ha sido en el pasado– es establecer condiciones estrictas que habrían de ser cubiertas para que la democracia tenga una oportunidad (Hirschman, 1986: 23).

El autor propone, por el contrario, pensar en cómo lograr la supervivencia de la democracia frente a situaciones totalmente negativas y hostiles, que son las que se han desarrollado en Latinoamérica, puesto que las fórmulas que planteaban que los requisitos estrictos para que la democracia se consolide eran irrenunciables (mejorar la situación económica, reafirmar autonomía nacional, fomentar el colaboracionismo entre partidos, reanudar el crecimiento de la economía dinámica, etc.) se volvieron obsoletas o cajas vacías para explicar los fenómenos políticos.

---

51 Entre ellos, Borón, 2003 y 2006; González Casanova, 1986, 1989, 2003 y 2007; Dos Santos 1991a, 1991b y 1988; Cueva, 1999; Quijano, 2003 y 2004; Portantiero, 1994; Nun, 1987; Castorina, 2007.
52 Para tener una imagen más completa del debate de la transición desde una perspectiva crítica, se recomiendan los debates de Lechner, Bobbio, Portantiero, Aricó y Hirschman en los primeros números de la revista de cultura socialista *La Ciudad Abierta*.

Complementariamente, Lesgart (2003) explica que el concepto de democracia surgió dentro de un clima específico de ideas y llegó a América Latina generando "transiciones teóricas", es decir, imaginarios tránsitos políticos y diseños de fórmulas que pretendían sintetizar de manera pedagógica tanto las experiencias como las expectativas políticas en torno a la democracia; es decir, se pensó en formatos más o menos estructurados desde los cuales implantar una democracia, a modo de receta lo suficientemente genérica para poder aplicarse en diferentes contextos con diversos antecedentes. "La idea de transición a la democracia se produjo antes que los procesos políticos" (Lesgart, 2003: 33), por lo que, deducimos, no tuvo estricta relación con el contexto de emergencia, sino con elucubraciones previas.

> Uno de los problemas de América Latina, además de su dependencia económica, es su dependencia político-cultural del modelo norteamericano[53]. Para mucha gente (y para gran parte de la ciencia política) el sistema político estadounidense con su presidencialismo, su bipartidismo, su separación de poderes, etcétera, representa el modelo de la democracia. Si uno no se aproxima a este modelo democrático, su democracia tiene que considerarse inferior (Schmitter, 1991: 108).

En este sentido, Lechner (1986a) explica que estas ideas de transición se trazaron en torno a un eje articulado de la discusión latinoamericana en los años '80, la democracia, que vino a suplantar a la revolución como centro del debate.

La democracia como núcleo de ideas (Lechner, 1986a) fue revalorizada en la región por el desempeño de un grupo de intelectuales y académicos que comenzaron a circular internacionalmente, llevando consigo la crítica al paradigma marxista de la revolución y la defensa de un orden que se oponga a la ruptura violenta (tanto de la revolución como de los golpes autoritarios). Esta nueva ola planteaba la contraposición de la lógica de la política a la lógica de la guerra[54] y la idea (muy cercana a la teoría de Arendt) de la pluralidad de sujetos, con intereses diversos, que serían incorporados, interpretados y canalizados por la democracia.

Por esta causa, la transición se pensó como un estadio de construcción de normas constitutivas de la actividad política (de esta nueva propuesta de

---

53 No nos parece menor la dependencia teórica de los círculos académicos e intelectuales europeos respecto tanto a la idea de democracia como la de transición.
54 Lechner recupera este concepto posteriormente para explicar cómo se desplazó el debate político de la revolución al de la democracia y de esa forma, un nuevo lenguaje surgió, convirtiéndose en único para pensar el cambo social.

actividad política); "es decir, el inicio del juego democrático y el acuerdo sobre las reglas del juego [fueron] dos caras (simultáneas) de un mismo proceso" (Lechner, 1986a: 35). Sin embargo, Nun (1987) explica que el carácter formal del concepto de régimen democrático representativo y su organización legal no alcanzan para definir las prácticas sociales concretas (es decir, la interpretación, aplicación y negociación de estas reglas por parte de la sociedad). En palabras del autor:

> Se supone que las prácticas que usualmente se denominan democráticas implican estrategias sustantivas dirigidas a garantizar efectivamente el principio de libres elecciones entre agentes autónomos que gocen sin restricciones de todos sus derechos humanos y cívicos. Si esto no ocurre, es decir, si tales estrategias no promueven auténticamente la participación política del conjunto de los ciudadanos y si, además, las decisiones que surgen del juego democrático no son las que en gran medida rigen la vida de la comunidad, aquel ineludible aspecto formal del régimen degenera en un mero formalismo y la democracia representativa se convierte en un simulacro (Nun, 1987: 18-19).

Esto nos deja, por ahora, con un saldo de una "idea prefabricada" de transición, que nos guiaría hacia un nuevo juego (preferentemente democrático) sobre el cual, al mismo tiempo de construirlo, habría que asegurar la elaboración de las reglas que lo erigirían correctamente. Estas presunciones implicaron problemas (algunos de los cuales ya fueron marcados al inicio de este apartado) de índole institucional y política.

El primer problema, entonces, surge de la asociación heredada de estos debates entre democracia y liberalismo político, resumido en la concepción de *democracia liberal*[55], de la cual hemos hablado anteriormente.

> El acercamiento entre la democracia y el liberalismo político, no se debió a una marcha inexorable y necesaria de la historia de ambas tradiciones de pensamiento [...] el acercamiento entre democracia y liberalismo político fue de carácter contingente. Fue posible y se generalizó teniendo como trasfondo los totalitarismos y autoritarismos de distinto tipo. Y fue traspasando fronteras geográficas diversas, construyendo una variedad de regímenes políticos que lo único que poseían en común era el intento por acercar elementos de ambas tradiciones filosóficas para construir gobierno y sociedad (Lesgart y Souroujo, 2008: 33-34).

---

55 Para Zermeño (1980), el liberalismo fue la expresión ideológica y el parlamentarismo la expresión política del ascenso de la burguesía al poder, y este matrimonio entre expresiones no existe desde siempre.

Nun (1987) expresa que durante mucho tiempo la izquierda de la región denominó a la democracia representativa como formal, queriendo decir con esto democracia ilusoria, falsa y aparente, cayendo, según él, en el mismo reduccionismo que criticaban. El problema, sostiene, no es la democracia representativa, sino la forma en que esta fue funcional para justificar regímenes no democráticos.

Castorina (2007: 55) explica que la *intelligentsia* de la ciencia política se apropió de la problemática de la transición, "desplazando la idea de democracia como principio sustantivo y distributivo de igualación social por una idea formalista y procedimental".

El segundo problema, lo plantea Lechner (1986a) cuando describe cómo se atravesó por la dificultad de carecer de instituciones y normatividad previas que sirvan de contexto a esta negociación por las reglas, así como la permanente composición y mutación de las identidades políticas, que dificultó la mediación de los intereses ciudadanos.

El tercer problema se asocia con un formato comparativo que no parecía prestar demasiados beneficios. Con el fin de llegar a estas conclusiones, Lechner compara a América Latina con Europa, un ejercicio bastante común dentro de la transitología sobre el cual mantenemos nuestras reservas. Dado que las diferencias de procesos entre Grecia, Portugal, España y los países del Cono Sur fueron tan grandes –a pesar de salir todos de gobiernos autoritarios, con "la experiencia de una violencia sistemática, de un orden programáticamente autoritario y excluyente" (Lechner, 1989: 33)–, la comparación sirvió a modo aleccionador para explicar las complicaciones de América Latina para adoptar los modelos que eran sobre todo generados y pensados para Europa (planteado de esta forma, la inaplicabilidad se vuelve evidente, en tanto fueron modelos pensados en otros contextos, con otras condiciones y otros condicionantes), y de esta manera, remarcar una implícita suposición de subdesarrollo en cuanto a cultura democrática en AL (en términos de "falta de institucionalidad", "carencia de cultura política democrática", "falta de un civismo activo" o "ingobernabilidad de las masas" entre otras expresiones).

Otro problema es expresado por Castorina (2007): estas teorías no producen información respecto al proceso estructural de los países que transitan a la democracia. No dan detalles sobre la conformación de la economía y no explicitan por qué en un momento y no en otro, las elites deciden ser democráticas; y pierden de vista el factor internacional de una economía y sociedad integradas mundialmente. Compartimos con la autora que no es casual que esta presunción de asepsia teórica se haya desarrollado en el mismo tiempo en el cual el neoliberalismo desembarcaba con su mayor furia en la región sudamericana.

El quinto problema es que las transiciones de este lado del mundo se presentaron como una opción difícil pero necesaria para superar los males del pasado reciente, y con un fórceps teórico marcado, que unificaba democracia con procedimiento electivo.

Portantiero explica que en un trabajo sobre transición en Latinoamérica,

> Giorgio Alberti (1991)[56] ha señalado que los regímenes que sucedieron a los autoritarismos constituyen democracias by default, en el sentido de que si ellas –pese a no haber resuelto las grandes expectativas presentes en sus comienzos– no se han desmoronado totalmente, la razón deberá encontrarse en el hecho de que para la mayoría de la sociedad no es visible una mejor solución alternativa. En tal sentido, la idea de un consenso estable y activo, de una consolidación en sentido estricto de la democracia, tenderá a horadarse en lugar de crecer, en la medida que su legitimidad radica menos en las propias potencialidades que en la quiebra de las dictaduras que la precedieron. En otras palabras, su legitimidad de origen no estaría avalada por una legitimidad de desempeño. El carácter de esta peculiar democracia "por quiebra", cuya fortaleza es la inviabilidad de las alternativas a la vista, se reveló con toda claridad en el tránsito de la primera a la segunda fase de su ciclo de instalación en Sudamérica (Portantiero, 1994: 170).

Es por esta causa, por ejemplo, que ante los reiterados intentos de preguntar sobre la valoración democrática en Paraguay, la población encuestada responde con ajenidad a ese proceso, teniendo la democracia paraguaya uno de los grados más bajos de apreciación regional.

Siguiendo la línea crítica y en el mismo marco de ideas, Nun (1987) hace uso de teorías ajenas (como las de J. B. Thompson, Michael Mann y Alan Wolf) para sostener que, si en los países de occidente existe una democracia con un contrato social, de este solo participan claramente los sectores dominantes. Para él, las democracias liberales solo garantizan la fragmentación y la diferenciación (contrario a la unificación y homogeneización que pregonan) lo cual imposibilita cualquier respuesta de la sociedad, en tanto se presenta siempre disgregada y desorganizada. Finalmente, sostiene siguiendo a Wolf que la elite dominante "son todos hombres de negocios o descendientes de hombres de negocios. Nacen para el poder y crecen en una atmósfera que lo cultiva" (Wolf, 1973 en Nun, 1987).

Con esta postura irónica sobre la democracia occidental, el autor se pone en contra de la importación de modelos externos, así como de ciertos fun-

---

56 Se refiere a un trabajo de Alberti (1991) en el cual analiza las democracias (como democracias por *default*) y su organización económica. Ambas categorías son analizadas a la luz de la capacidad de generar movimientos sociales de respuesta y organización desde la sociedad civil.

damentos de esta, como la elite gobernante y el excesivo formalismo vacío en que se convirtió el régimen de gobierno democrático. En este mismo sentido, Schmitter (1991: 103), quien pertenece más a la corriente institucionalista de la democracia, sostuvo que: "la democracia no es inevitable y es revocable. La democracia no es necesaria, ni constituye un requisito funcional para el desarrollo actual del capitalismo, ni responde a un imperativo ético de la evolución social."

1.2. Sumando aportes para el debate

Hemos planteado algunas de las máximas explicativas de lo que podríamos denominar dos escuelas de estudios sobre la democracia y la transición.

Una pone el acento en los procesos cuantificables, en los requisitos previos y en las condiciones mensurables que la democracia debe tener en cuanto a entramado institucional y forma de elección de autoridades (con el debido respeto a las garantías, derechos y obligaciones sociales y estatales). La otra tiene una postura menos condescendiente de este régimen, y reconoce su carácter muchas veces impuesto como única salida y muchas veces planteado como neutral (o como democracia "a secas") cuando en realidad siempre se supo democracia liberal.

Como vimos en el capítulo anterior, la mayor cantidad de trabajos realizados sobre el proceso transicional en Paraguay giran en torno a definiciones más cercanas a la primera categoría. Es decir, la transición inició con el golpe ("desde arriba" dirán algunos, con lo que acordamos) y duró hasta que la consolidación hizo su aparición en alguna elección que, los analistas consideraron, cumplió con los requisitos de transparencia.

Sin embargo, nosotros consideramos que a lo largo de la transición democrática paraguaya, la apreciación de "elecciones limpias" se encuentra atada a un problema de gradación. Puede considerarse limpia porque "su resultado fue aceptado por todas las partes intervinientes", incluso después de disputas y denuncias, y esta es una forma de medición de esa transparencia. Pero, si creemos que limpias serán las elecciones sobre las que no quepa duda alguna respecto a la transparencia de sus procesos electivos, entonces todo el período transicional del país quedaría filtrado por este requisito. Desde 1989 hasta incluso el 2003 hubo, en las elecciones internas o nacionales, denuncias (algunas mucho más confirmadas que otras) de fraude o compra de votos.

Asimismo, en reiteradas situaciones, el principio de legitimidad y de representatividad se vio atacado, y la salida de las crisis estuvo mucho más sostenida en arreglos intrapartidarios que en la vehiculización del conflicto en instituciones democráticas. Además, en reiteradas ocasiones, la legalidad (es decir, ese conjunto de reglas del juego que se desarrollan durante la transición) se usó incluso en contra del actor social al que la elite política presume representar (un ejemplo de esto es la asunción de González Macchi siguiendo lo que sostiene la Constitución de 1992, que no plantea el regreso a la legitimidad cero, es decir al voto popular para el presidente, pero sí para el vicepresidente) o, quizás más emblemáticamente, en el uso de la Constitución para ejecutar un juicio político exprés en contra de Fernando Lugo en 2012.

La transición, entonces, concepto que encarnó la derrota de la revolución como formato de cambio social y que se estructuró en torno al consenso y a la construcción de herramientas de canalización de disconformidades políticas, trajo aparejada la resignación de cambios radicales (en materia económica y social, no solo política), a los que los autores de la primera escuela llamaron desencanto. Este, expresaron, será parte constitutiva de la consolidación de la democracia.

Podemos preguntarnos entonces, ¿cuántas cosas serán resignadas dentro del desencanto en este proceso de transición? Dejar de lado ciertas reivindicaciones y ciertos pedidos explícitos que se pensaron conseguir durante este período, ¿significa consolidar qué tipo de democracia?

Nuestra postura al respecto es clara. No podemos definir transición a la democracia si no definimos hacia cuál democracia se camina. Y no acordamos con las lecturas que sostienen que la única democracia disponible era la democracia liberal. Sí reconocemos que esta se presentó en los '80 como la única salida posible a las atrocidades de la dictadura. Cuando se perdió la expectativa de igualdad social que podía esperarse de la democracia, toda sociedad que cumpliera con un mínimo de garantía procedimental sería considerada democrática.

De todos modos, dentro de estas democracias liberales, algunas se acercarán más a modelos que planteen mayores niveles de justicia social y de intervención del Estado, mientras otras lo harán más a planteos que expongan un Estado mínimo y ausente, y un modelo político altamente liberalizado; algunas ahondarán en juicios y castigos a los militares por la violación de los derechos humanos, mientras otras condonarán esta deuda; algunas pondrán un fuerte empeño en la reorganización republicana y en la generación de políticas de formación de ciudadanía y otras, por su parte, intentarán conservar algunas estructuras de poder intactas de partidos o líderes.

Consideramos que estas modificaciones (que se pueden verificar si uno observa la democracia uruguaya, la argentina, la paraguaya y la chilena, por ejemplo) tienen necesaria relación con el planteo del destino al que se pretendía arribar.

Entonces, tras realizar todas estas consideraciones y plantear la dificultad en la utilización de este concepto tan cargado de sentidos y de contenidos, definiremos a la transición como el período de tiempo en el que se despliegan las luchas por imponer unos intereses sobre otros y por hacer hegemónica una representación de democracia, en torno a la cual se construirá todo el andamiaje político, legal, social y económico para mantenerla y consolidarla[57].

En cada sociedad, esta puja adquirirá características específicas y diferentes actores (según su capacidad, número, relevancia, organización, interacción con otros grupos, cohesión interna, relación con actores externos, inserción en el escenario internacional, etc.) lograrán ser parte de esta arena de disputas o quedarán por fuera de la capacidad de lograr hegemonizar su proyecto político sobre el resto.

Es decir, a las condiciones materiales de lucha por el establecimiento de un nuevo orden, les sumamos el aporte de lo simbólico, para dar cuenta de cómo, tras hegemonizar una representación de democracia —mediante el enfrentamiento material de intereses organizados y liderados por diferentes actores—, esta incluye e interpela a los actores que no lograron ser parte de la contienda o no lograron imponer su interpretación como colectiva.

De esta manera, analizamos por ejemplo el cambio discursivo del movimiento campesino paraguayo, que tras la sanción de la Constitución de 1992 quedó atrapado en un discurso sumamente democrático-liberal dejando de lado todo su histórico reclamo más relacionado con estrategias revolucionarias. Evidentemente, el consenso en torno a la representación democrática triunfante, la impuesta por las elites políticas, logró hegemonizar el significado y coaligar los diferentes sentidos atribuidos al concepto bajo uno solo.

No pretendemos desde esta definición sobredimensionar el rol de las elites, presumiendo un voluntarismo estratégico que dé cuenta de todo el proceso transicional. Nuestra definición apunta a evidenciar que existe en las transiciones una intrincada disputa en la que diferentes actores luchan por imponer tanto sus intereses materiales como sus intereses ideológicos en la construcción

---

57 Utilizamos "hegemonizar" en un sentido gramsciano, entendido como el predominio de un conjunto de ideas y creencias por sobre otros, que refuerza el dominio de quien logró imponer su representación. Con este proceso (ideológico y material) la clase dominante logra que todos se reconozcan dentro de ese clima de ideas y se sumen a la reproducción social. "Todo grupo social tiene su propia concepción del mundo, aunque embrionaria, que se manifiesta en la acción, y cuando irregular y ocasionalmente —es decir, cuando se mueve como un todo orgánico—, por razones de sumisión y subordinación intelectual, toma en préstamo una concepción que no es la suya, una concepción de otro grupo social, la afirma de palabra y cree seguirla, es porque la sigue en 'tiempos normales', es decir, cuando la conducta no es independiente y autónoma, sino precisamente sometida y subordinada. He ahí también por qué no se puede separar la filosofía de la política, y por qué se puede demostrar, en cambio, que la elección de la concepción del mundo es también un acto político" (Gramsci, 2003).

de un nuevo orden. En el caso de Paraguay, la elite política cumplió un rol central, tanto por la casi desaparición o cooptación del actor sindical, la baja tasa de organización social, el adoctrinamiento generado tras 35 años de Dictadura represora y la fuerza de "intermediación" que siguieron teniendo los partidos tradicionales (organizaciones sin las cuales no se podría entender este período).

Para dar paso a un análisis más pormenorizado sobre la construcción de liderazgo de los tres candidatos más importantes en las elecciones del 2008, abordaremos brevemente el rol de los partidos durante la transición.

2. Partidos políticos, liderazgos y algo más

Explicamos anteriormente que desde su temprana fundación los partidos políticos paraguayos (el PLRA y la ANR) ocuparon un rol central en la disputa por el poder[58]. Representando intereses diversos en sus inicios, fueron mutando hasta la actualidad en partidos de amplia representación (tanto geográfica como de grupos pertenecientes a distintos niveles económicos) policlasistas y multiideológicos, dentro de los cuales "pertenecer" al partido es más beneficioso que separarse, incluso cuando las divisiones internas parezcan insalvables.

> Los partidos políticos, desde los primeros momentos, se han constituido en agentes clave en el proceso de articulación entre la sociedad y el Estado. Ese peso histórico se ha debido no solo al desempeño que lograron alcanzar en la arena estrictamente política, sino también en la propia inserción que ellos consiguieron conquistar en el ámbito socio-cultural (Galeano, 2009: 106).

Las condiciones de emergencia de los partidos estuvieron marcadas por un modelo socioeconómico preciso alrededor del cual se estructuró un núcleo de poder, que se conserva hasta la actualidad, y una disputa por la conducción del Estado (Riquelme y Riquelme, 1997; Setrini, 2011; Martínez Escobar, 2012). "La naturaleza de los partidos imprime un efecto indeleble sobre la naturaleza de la política" (Abente Brun, 2011: 41).

La historia paraguaya ha sido una de hegemonía de partidos en el poder. Mientras uno estaba en él, el otro o tenía prohibido participar de las elecciones, o

---

58 Para un estudio de la estructura y el sistema de partidos, se recomienda: Martínez Escobar (2012 y 2013); Setrini (2011); Lachi (2009); Riquelme y Riquelme (1997) y Caballero Aquino y Livieres Banks (1993).

se abstenía, en parte quizás por la imposibilidad de enfrentar al statu quo. A pesar de todo ello, en lo referente a las elecciones parlamentarias, en la Era Constitucional, los opositores generalmente participaban y nunca faltó oposición en las Cámaras. La dificultad radicó siempre en el poder político Central, o sea en las elecciones presidenciales. Todos los golpes de Estado, hasta 1904, provinieron del mismo gobierno y el eje era la sucesión. Prácticamente todos los años electorales eran de crisis gubernativas si los gobernantes eran civiles. La propia fundación del Partido Liberal, en 1887, es consecuencia de unas elecciones de Villarrica, la segunda ciudad del país, donde el gobierno empleó tropas y persuasión armada para lograr el triunfo de su candidato a Senador, que no era otro que el Gral. Bernardino Caballero, más tarde co-fundador del Partido Colorado" (Caballero Aquino y Livieres Banks, 1993: 113).

Como Lachi (2009) explica, Paraguay mantuvo durante el siglo xx un sistema bipartidista de rasgos tradicionales. Los dos partidos más importantes tienen prácticamente la misma conformación y estructuración, constituyéndose esencialmente en partidos de notables –organizaciones políticas conformadas por personalidades locales, financiados por grupos de latifundistas y empresarios, y cuya estructura partidaria es casi inactiva entre elecciones, teniendo un rol central durante la campaña electoral–.

Sin embargo, a lo largo del siglo, tuvieron que mutar su fachada y "el Partido Liberal y el Partido Colorado, para sobrevivir al siglo xx que vio imponerse la figura del partido-masa –partido que reúne detrás de un posicionamiento ideológico claro y un programa de acción concreto y público grandes cantidades de adherentes y militantes–, tuvieron que reciclarse a sí mismos y adaptarse a la nuevas condiciones. Fue por eso que impulsaron en su interior el desarrollo de una cultura de "pertenencia afectiva", es decir, un sistema de valores y símbolos a través de los cuales el afiliado se reconociera como parte integrante de una colectividad, y esto más allá de su participación efectiva al debate político interno, sino que integrando afectivamente el historial partidario con su mismo historial familiar. De esta forma los partidos tradicionales paraguayos perdieron su rasgos ideológicos, que se volvieron elemento de forma y no de sustancia, y se trasformaron en "comunidades", desarrollando, como se ha señalado, un sentido de pertenencia que constituye parte de la identidad de las personas; situación fortalecida por la misma manera de activar de estos partidos, que finalmente ofrecen a sus afiliados más que lugares de confrontación y debate político, asistencia médica, apoyo económico, actividades sociales, etc. (Lachi, 2009: 42-43).

En este sentido, las dádivas y los intercambios entre individuos de diferentes estratos económicos se encontraron en la base misma del nacimiento y consolidación de poder de estos partidos (Setrini, 2011; Abente Brun, 2011), no solo por la conformación inicial de los mismos (protegiendo intereses económicos poderosos) sino también, después, por la prestación de servicios al afiliado.

Organizaciones como el Partido Socialista Revolucionario y el Partido Comunista Paraguayo (PCP) y el Partido Revolucionario Febrerista fueron creadas, pero no lograron una gran adhesión social. En el año 2011, el PCP –cuya popularidad se extendió por las estrategia de oposición y resistencia a la dictadura, y por su capacidad de sobrevivir a años de proscripción– nos informó que la nómina de afiliados presentada en diciembre de 2011 en el Tribunal Superior de Justicia Electoral era de 10.272, aunque estimaban que cerca de mil afiliados más no llegaron a inscribirse previamente[59]. Para el mismo año, el Centro de Informática del Comité Central y la Secretaría de Afiliaciones de la ANR nos informaron que contaba con 2.139.157 afiliados, tras la última depuración de padrón interno (si bien algo menos de la mitad se encuentran habilitados para votar). Por su parte, el PLRA estimó sus afiliados en 1.500.000, de los cuales se encontraban habilitados 937.500 (menos de un millón). Si bien estos números suelen sobre representar la cantidad real de inscritos-afiliados en los partidos, consideramos relevante la cantidad de afiliados que detentan los dos partidos tradicionales. "Un dato significativo respecto del electorado de cada partido consiste en que los partidos tradicionales cruzan las barreras de clase, educación u origen étnico" (Caballero Aquino y Livieres Banks, 1993: 29).

Durante la dictadura stronista, el Partido Colorado se convirtió en lo que muchos autores llamaron "partido Estado". El PLRA fue acusado insistentemente por el coloradismo de ser un partido "legionario extranjerizante" y sufrió subdivisiones surgidas de los enfrentamientos por participar en la fachada institucionalista del dictador o abstenerse –tal como sucedió con el Partido Colorado entre 1904 y 1940–.

Al respecto, Caballero Aquino y Livieres Banks (1993: 114-115) explican que en 1963, con la aparición de un Partido Liberal colaboracionista (que fue prontamente reconocido como la totalidad del partido) se habilitó la elección con candidatos múltiples. Por esta causa, en las presidenciales de 1963 se presentaron dos candidatos, uno por el PL y el otro, Stroessner; y dos listas para el unicameral Congreso. "La oposición hizo toda su poca campaña bajo rígido Estado de sitio y Stroessner logró su primera mayoría electoral superior al 90% de los votos que lo caracterizarían en las siguientes reelecciones".

---

59 Entendemos que la relevancia de los partidos de izquierda no puede ser medida por la cantidad de afiliados, sino por otros factores, como su capacidad de convocatoria y de movilización, o su cercanía a los movimientos sociales organizados. Proponemos el número como una forma de comparar aquello que puede ser cuantificable.

Caballero (1988) periodiza el proceso de legalización de partidos en el stronismo, explicando el surgimiento del PLRA, que comenzó siendo una subdivisión del PL pero terminó (con la caída de la dictadura) convirtiéndose en el todo partidario. Dentro de la cronología, el autor establece que en 1959 se firmó el Decreto-Ley 204 mediante el cual los partidos políticos (exceptuando al comunista que se mantuvo siempre proscripto[60]) que hubieran sido fundados antes de 1959 podrían obtener su reconocimiento jurídico.

Este decreto se transformó en el Estatuto Electoral de 1960, mediante el cual solo se admitió a los partidos formados previamente, estableciendo un sistema de "aceptación" para los que se constituyeran posteriormente[61]. En este orden, se admitió al PL (dentro del cual los líderes Levi-Ruffinelli se dividieron por "participacionistas" de otras facciones), al PRF (que se incorporó en 1963) y, evidentemente, a la ANR (que también atravesó sus depuraciones internas: los epifanistas fueron expulsados en 1954, el MOPOCO se fundó en el exterior cerca de 1962 y "los éticos" se declararon en contra en 1986. Los tradicionalistas serían la última facción declarada en contra de Stroessner que organiza el golpe que lo derrocó).

Posteriormente, en 1966 se reconoció al PLR (otro desprendimiento del PL también con intenciones "participacionistas") y, a pesar del surgimiento de otras agrupaciones (como el PLRA en 1977, el Partido Demócrata en 1964 y el Movimiento Democrático Popular en 1987), y de intentar ser parte del proceso, no se reconocieron más partidos. El PLRA se creó tras escindirse del PL por no querer participar más en las elecciones. Lo mismo había hecho en el año 1973 el PRF. Por su parte, PL y el PLR siguieron ocupando escaños minoritarios en el Parlamento (Caballero, 1988).

En 1979 se conformó la multipartidaria Acuerdo Nacional en la que convivieron partidos "irregulares" (PLRA, PDC y MOPOCO) junto con el PRF. "Desde entonces se creó una situación de dualidad en donde convivieron una sociedad política informal, que rechazaba las reglas de juego de la política de partido hegemónico autoritario, y una sociedad política formal cobijada detrás de su supuesta 'institucionalidad', que se negó a cuestionar su estructura" (Caballero, 1988: 106).

---

60 "Artículo 17. El partido comunista y cualquier otro género de organización totalitaria no tendrán derecho a ser inscriptos ni reconocidos, ni a presentar listas de candidatos a la Junta Electoral Central" (*Estatuto Electoral*. 1960).
61 "Artículo 18. Los partidos políticos ya existentes a la promulgación de este Decreto-Ley, deberán solicitar su inscripción a la Junta Electoral Central, para lo cual acompañarán copia del acta de su fundación, programa o ideario votado en Asamblea pública, nómina de sus autoridades y lista de sus afiliados con sus respectivos datos de identidad personal" (*Estatuto Electoral*. 1960).

Rápidamente, Domingo Laíno se convirtió en el líder joven del PLRA y en una figura paradigmática dentro del liberalismo, enfrentado fuertemente a la dictadura stronista. Ya para 1985, sostuvo públicamente la necesidad de la transición que incluyera un proyecto con una Junta Militar Provisoria, un consejo de Representantes políticos, la presencia de la Iglesia Católica Apostólica Romana y las Fuerzas vivas: económicas, sociales y culturales. Debería iniciarse con acciones enmarcadas en la no violencia activa. "Las intenciones golpistas y los propósitos armados serán considerados traiciones a la causa democrática, pues la violencia engendrará violencia y de esa forma se postergará indefinidamente la participación del pueblo a través de modos y formas de la democracia pluralista" (Laíno, 1985: 5-6).

Sin embargo, la transición no fue hecha pacíficamente. Tras el golpe del 2 y 3 de febrero de 1989, todos los partidos fueron legalizados y, justamente gracias a las modificaciones incorporadas por la nueva legislación, surgieron otros, como el Partido de los Trabajadores, Asunción Para Todos, Paraguay Pyahurâ, etc. Sin embargo, al igual que los anteriores, estos partidos no lograron imponerse con la fuerza tal de alterar, si quiera en baja medida, la estructura de poder de los dos partidos tradicionales.

Estos surgimientos, si bien no dilapidaron el bipartidismo paraguayo, fueron logrando una multipartidización del Congreso, como podrá apreciarse más adelante –siendo la elección del 2003 una demostración de ello– pero, sin embargo, el peso real de la ANR y del PLRA sigue siendo importantísimo en la política local.

Por su parte, el Partido Colorado perdió su cohesión máxima, acatada durante la dictadura, para abrir paso a la coexistencia conflictiva de numerosas líneas internas. Pasando de lo que Arditi llamó "la unidad granítica" –inspirándose en el militante colorado stronista Ynsfrán– al "archipiélago de corrientes", "cada una de ellas con su propia mesa coordinadora y un número variable de entornos que se constituyen y reconstituyen alrededor de figuras de cierta relevancia dentro de la Junta de Gobierno partidaria" (Arditi, 1991: 22). Sin embargo, eso no significó necesariamente un avance hacia la democratización y el pluralismo, sino que "la sucesión de pactos circunstanciales y enfrentamientos internos revela cuán frágil es la cohesión de la conducción partidaria y cuán precario es el equilibrio entre los grupos que la componen" (Arditi, 1991: 23).

Rodríguez Pedotti, el primer gran caudillo de la transición, establece su gobierno con un liderazgo fuerte e indiscutido dentro del partido. Toda su construcción discursiva se eleva sobre la idea de reconstrucción nacional y reunificación del partido.

Es nuestro deber buscar y restablecer la unificación total del coloradismo en el gobierno; defender en más los preceptos de una real democracia en el Paraguay, y de hecho, hacer respetar los derechos humanos, sin ambages o falsas interpretaciones. Finalmente, defender los Mandamientos de nuestra religión cristiana, católica, apostólica romana (Rodríguez, s/d: 4. Carta a los miembros del cuerpo diplomático. Radio 1° de Marzo. 3 de febrero de 1989).

Posteriormente, el 10 de marzo, ante los miembros de la Honorable Junta de Gobierno del Partido Colorado, llamó a los partidos políticos a desempeñar su rol en este período: "a los partidos políticos les está reservada la importante misión de bregar por un clima de fraternidad ciudadana que nunca más debe empañarse por odios, rencores ni mezquindades" (Rodríguez, s/d: 13. Discurso pronunciado ante los miembros de la Honorable Junta de Gobierno del Partido Colorado. 10 de marzo de 1989).

Con la nueva legislación y la efervescencia característica de las aperturas democráticas, poco a poco la escena partidaria se fue ampliando.

En 1993, para las elecciones generales, el Encuentro Nacional hizo su aparición. Uniendo candidatos con fuertes diferencias internas y con un bagaje ideológico muy amplio, se atribuyó la representación de los "independientes". Con una fuerte participación de empresarios y profesionales, el PEN se estructuró en torno a un pequeño círculo cerrado y excluyente que fue perdiendo todo rasgo ideológico para volverse una estructura corporativa (Lachi, 2009; Morínigo, 2003).

Juan María Carrón, quien fue Senador por el PEN en el período, explicó que con la llegada de Rodríguez se percibe una oportunidad de cambiar el panorama político del país. Los "famosos movimientos independientes" surgen y se organizan:

Y entonces, aquí en esta casa, entre mi cuñado y tres o cuatro amigos fundamos un foro que se llamaba Foro cívico Independiente. Éramos unos 100, 120 o 150 profesionales, todos de muy buena calidad como profesionales pero con casi ninguna experiencia política. [...] Mientras tanto, también había un grupo que era "el grupo de los amigos de Caballero Vargas", que se reunían y creían que él iba a ser un buen candidato para presidente de la República, y de repente, hicimos una unión entre el Foro cívico Independiente y los amigos de Caballero Vargas y fundamos el Encuentro Nacional. De allí yo fui uno de los 20 primeros, digamos, porque yo fui el afiliado número 14. Entonces fundamos eso, que era mucho más una alianza o un grupo electoralista que otra cosa, no era un partido político, era un grupo electoralista.[...] Era una mezcla de todo: digamos que es declarativamente tirado hacia la izquierda, declarativamente.

Aunque, de hecho, en el Encuentro Nacional, había gente de todas las ramas del espectro político: una gama bastante tirada para hacia la derecha que dio origen después a la famosa Patria Querida. El Encuentro Nacional dio origen a, por lo menos, seis o siete partidos o partiditos. Había otro grupo que era bastante de izquierda. En realidad, el Encuentro Nacional era una alianza electoral o un movimiento electoral, centrado en una persona, que era Caballero Vargas que aparte de poner su figura de empresario exitoso, etc. puso muchos millones de dólares. Él me dijo a mí que él personalmente había puesto, personalmente, 7 millones, y después otro puso su familia y después otros millones. Muchos millones se pusieron en esa campaña (Carrón, J. M. Exsacerdote, exsenador por el PEN. Diciembre de 2010. *Entrevista personal*).

Como bien expresó el exsenador, la figura de Caballero Vargas, empresario paraguayo, fue de relevancia central no solo para financiar la campaña, sino para coaligar personas de diferentes ideologías y adhesiones. Carrón explicó que una lectura errónea del contexto y un diagnóstico fallado de las alianzas electorales, llevó al PEN a una derrota presidencial de Caballero Vargas, cuando debería haber llamado a sus filas a apoyar a Laíno del PLRA (dado que los *argañistas* les retiraron el apoyo prometido antes de las elecciones).

Otras experiencias similares al PEN tuvieron lugar en la política paraguaya en la década de los noventa y 2000, uno fue el Partido País Solidario-PPS (surgido en torno a Carlos Filizolla, quien fuera intendente de Asunción) y otro, quizás más renombrado en la actualidad, el Partido Patria Querida-PPQ (organizado en torno al financista Pedro Fadul).

Lachi (2009) sugiere que tanto el PPS como el PPQ fueron los primeros partidos que surgieron más como organizaciones con una ideología clara y definida que como un círculo de notables; el primero era socialdemócrata y el segundo adhería al cristianismo liberal democrático.

Roberto Campos Ortíz, presidente del Partido Patria Querida, al momento de realizar esta entrevista en el año 2010, confirmó que su partido se armó en torno a fundaciones dedicadas a la acción social y asistencial, y muy cercanas a la Iglesia. Nos dijo:

Nacimos en el 2002 como movimiento político que nace a partir del seguimiento unificado de muchas personas que conformamos un grupo muy grande que trabajaba en el Paraguay en aquel entonces, sobre todo en el ámbito de la política social. Somos un grupo de personas que hemos venido trabajando, generando algunas actividades de algunas fundaciones. Como la Fundación Dequení, 'dejá que los niños vengan a mí' es la traducción. La Fundación en Alianza, que es una fundación que trabaja el tema educación, sobre todo para los chicos de casas refugio. La Fundación Pa`i Puku [...] y luego de cientos de reuniones de reflexión de si lo que nosotros hacíamos tenía algún efecto en la sociedad, nos hemos percatado de que todo esto podíamos hacer, mucho insistentemente, pero que en alguna medida teníamos que insertarnos dentro de la vida política, y política partidaria. Porque para participar tenías que empezar generando un movimiento político que pudiera candidatear a alguien por la presidencia o al Parlamento o a las gobernaciones que fuera necesario para este proceso de elección. Fue así que en el 2002 creamos el Movimiento Patria Querida y a partir de ahí hemos tenido candidatos a presidente de la república (Pedro Fadul) para las elecciones del 2003, y candidatos a senadores y diputados, gobernadores, concejales departamentales en toda la república. Y bueno, hemos participado de la primera elección como movimiento político (Roberto Campos Ortiz. Presidente PPQ. Exparlamentario Mercosur. Diciembre de 2010. *Entrevista personal*).

Respecto a su andamiaje ideológico, Campos Ortiz nos afirmó que el rol del partido era construir lo necesario para alcanzar el "bien común" y que, además de católico, era un partido de centro:

Nosotros cuando llegamos ya somos un partido de centro, tal vez de centro cristiano. No podemos definirnos como un partido de derecha o como un partido de izquierda porque sencillamente creemos que... Dos cosas: primero, las cuestiones ideológicas pasan a un segundo plano cuando tu objetivo es el que trabajemos todos por el bien común. Y hay elementos de derecha como de izquierda que es necesario que tengan que convivir en algún momento para poder desarrollar políticas de Estado que nos permitan mejorar el estándar de vida de la gente, que es para lo cual vinimos a la política. (Roberto Campos Ortiz. Presidente PPQ. Exparlamentario Mercosur. Diciembre de 2010. *Entrevista personal*).

Por su parte, el PLRA no atravesó divisiones sustanciales en el período mencionado, sino que atinó a crear algunas alianzas que fueron modificándose con el paso de los años, por ejemplo en 1998 se asoció en la "Alianza Democrática" con el PEN (gestando la fórmula presidenciable Laino presidente y Filizolla vicepresidente), en 1999 acompañó al Partido Colorado en la propuesta de Unión Nacional para gobernar al país en el medio de la crisis política desatada en el Marzo Paraguayo, y en el 2008 conformó la Alianza Patriótica para el Cambio.

Domingo Laíno continuó siendo una de las cabezas más relevantes del partido a lo largo de los años noventa, encabezando varias veces la fórmula presidencial y los actos de campaña.

Vamos a desmantelar el Estado viejo, adiposo, obsoleto y lento. Vamos a aplastar, con todas nuestras fuerzas y la fuerza arrolladora de la multitud liberal el Estado corrupto, el Estado prebendario, el Estado salvaje, porque ya se torna insoportable para todo el pueblo paraguayo. [...] Vamos a reformular un nuevo Estado, digno, eficiente, pequeño y capaz de servir a toda la sociedad sin distinción, empezando por los desamparados, por los humildes, por los pobres, por los más necesitados. Vamos a privatizar todo lo necesario y rápidamente, todos los elefantes negros y blancos, porque no vamos a permitir, que ni militares ni civiles, como ladrones intocables, sigan robando un solo centavo del pueblo paraguayo (Laíno, 1993: 96. Discurso dado en el Panteón de los Héroes en octubre de 1992).

Como puede evidenciarse, el clima de ideas neoliberal también atravesó la política doméstica del Paraguay, notándose en la percepción del Estado como ineficaz e ineficiente (corrupto y clientelista).

Siguiendo esta línea ideológica, el programa de la Alianza Democrática (PEN-PLRA, 1998) planteaba la reforma del Estado para "eliminar la ineficiencia y corrupción", propulsar el desarrollo económico, generando la utilización plena y el perfeccionamiento de la mano de obra; propiciar una racional distribución y organización de los recursos para mejorar la competitividad y la productividad; sanear el sistema financiero nacional para reactivar inversiones; crear un eficiente sistema de servicios públicos; implementar políticas sociales para combatir la marginalidad, la discriminación y la inequidad social; aplicar modelos de desarrollo rural y descentralización regional; continuar con la transformación del sistema educativo; mejorar el servicio de salud pública y fortalecer la integración regional en el Mercosur (Alianza Democrática, 1998). Este documento sostenía que "Es evidente que también en el Paraguay la vieja cultura política autoritaria y excluyente basada en la defensa de los intereses de grupos de poder tiende a desaparecer frente a la crisis que aflige a la sociedad en su conjunto" (Alianza Democrática. Programa de Gobierno. 1998). Sin embargo, un año después, el Marzo Paraguayo demostraría que esta política autoritaria seguía intacta.

Para Rivarola (2001) Oviedo encarnó un proyecto totalitario que durante la década del noventa se plasmó políticamente en la imagen de Cubas Grau (expresado en comandos paramilitares, amenazas, terrorismo, control, espionaje y delación). Había sido, junto con Argaña y Wasmosy, uno de los personajes de la década del noventa (Lezcano y Martini, 1994).

En 1992, Argaña, a la cabeza del Movimiento de Reconciliación Colorada de la ANR, expresaba que para transitar hacia una democracia, era necesario adecuarse al proceso de desarrollo, aumentar el crecimiento del producto interno, mejorar la distribución de ingresos, equilibrar precios y salarios (teniendo una actuación del Estado en la economía de forma complementaria de la iniciativa privada), fomentar la entrada de capitales, "garantizar condiciones mínimas de subsistencia", mejorar el nivel de vida de la población de bajos recursos, reducir el desempleo, y aumentar el empleo de los recursos humanos (ANR, 1992. Proyecto Argaña. DP.). "Una nueva patria, en democracia con Pan, para el bien del noble pueblo paraguayo" (Chávez y Argaña, 1990: 32).

Con un fuerte corte economicista, el líder combinaba una propuesta liberal en lo económico, con un pacto político conservador. En otras de sus intervenciones, insistió fuertemente en la tradición como forma de estructuración política y sostuvo que las modificaciones electorales introducidas por Rodríguez, específicamente la Ley 1/90, fueron "obra de los bolcheviques, pagados por los empresarios temerosos" (Argaña Contreras, s/d: 265. Recopilación de discursos de Argaña). Entre estos empresarios que se enriquecieron con la corrupción del Estado, nombra a Wasmosy.

La disputa interna entre estos dos líderes (Wasmosy y Argaña) se mantiene a lo largo del período. Así como el enfrentamiento entre Wasmosy y Oviedo (por el intento de golpe de Estado que luego es perdonado por Wasmosy).

En 1998, Juan Carlos Wasmosy, publica un libro en el que da cuenta de su rol en el juzgamiento de la causa del golpe, con el fin de desprenderse de las acusaciones recibidas de paralizar las investigaciones. En el mismo escrito, se incluyen las copias judiciales de las denuncias y los dictámenes. En la petición 2013, texto de la denuncia de Oviedo, este rechaza haber cometido el delito del que se lo acusa y aseguró que dicha acusación se montó para desprestigiarlo y tener el andamiaje jurídico para el arbitrario juzgamiento y posterior condena. Afirmó que existió una intencionalidad política en el desempeño de los distintos órganos del Estado.

A esta documentación de Oviedo, Wasmosy (1998), en las puertas ya del Marzo Paraguayo responde:

> Días son estos en que parece que los héroes muertos queridos vinieran a presidir invisibles las asambleas de su libre generación, y glorioso para nosotros y bello para su reposo, será que nos encuentren siempre vigilantes y fieles al voto profético que formularon con la espada, libertando un mundo y proclamando a la faz de los siglos, el reino de la igualdad, de la libertad y de la justicia. Yo espero y confío en la democracia, pues en vano será vencer el caudillismo, si no se purifica el elemento que le dio vida, modificando su esencia con instituciones justas y democráticas (Wasmosy, 1998: 8).

En contra del fin del caudillismo, tras los sucesos del Marzo Paraguayo, y la compleja situación vivida durante los gobiernos de Wasmosy, Cubas y González Macchi con la figura controvertida de Lino Oviedo, se fundó la Unión Nacional de Ciudadanos Éticos, que fue la primera ruptura interna del coloradismo que determinaría una pérdida de votos relevante. Lo más notable de esta apertura no es efectivamente el derrame electoral, sino la centralidad que adquirirá Lino César Oviedo como líder carismático con gran llegada popular. El surgimiento de una de las terceras fuerzas más importantes fue fruto de una ruptura interna del Partido Colorado, que le costó, creemos, las elecciones de 2008.

Durante el gobierno de Duarte Frutos, además de la separación del UNACE, las internas dentro de la ANR continuaron y fueron fuertemente plasmadas en debates televisivos y en publicaciones partidarias.

En el 2005, una publicación de la ANR se emitió con el fin de criticar el gobierno de Nicanor, tanto por su política económica, como social, educativa y cultural. Se lo acusó de traicionar los principios políticos (ideología socialdemócrata con orientación nacionalista con "énfasis en las aspiraciones y derechos de los grupos marginados, agricultores y obreros") y económicos del coloradismo. Se planteó la necesidad de cambiar el sistema de selección de autoridades dentro de la Asociación para dar paso a una forma más representativa[62].

> Desde sus orígenes, el Partido Colorado asignó al Estado una función activa en el campo económico y social, contraria al dejar hacer y dejar pasar que propiciaban los partidarios del liberalismo económico. Con este criterio, el Gobierno asumió la función de un promotor, reactivador y regulador de las actividades productivas y comerciales del país. No entraba el Estado a competir con la iniciativa privada, sino que buscaba crear las condiciones más apropiadas para su desenvolvimiento ordenado, corrigiendo los desequilibrios del mercado y ejecutar las obras y proyectos que no podían ser atendidos por la iniciativa privada. La idea del bien común primaba sobre el mezquino interés particular (ANR, 2005: 11-12. DP.).

En el documento, las otras líneas internas del coloradismo atacaron al presidente diciendo que traicionó todas las bases del partido (con su demostración más burda en la organización de las elecciones internas), acercándose al liberalismo como ideología a seguir, por sus planteos económicos. Criticaron

---

62 "Ha aparecido en el seno partidario el sistema de las 'listas sábanas' o 'listas cerradas' con las cuales en mano el votante no elige, sino responde, sin otra alternativa, a papeletas viciadas de nulidad, con candidatos nominados a puertas cerradas, para el ruin y vergonzoso servicio de falsos dirigentes de pobrísimo nivel ciudadano, y carentes, en absoluto de todo sentimiento patriótico. El establecimiento de un nuevo sistema para la elección de candidaturas partidarias y nacionales, como ya, desde años muy anteriores, sectores responsables de nuestro partido lo vienen pregonando, bajo el nombre de 'listas abiertas', sería la solución al mal" (ANR, 2005: 42 y 43).

fuertemente la dinámica relación con el Mercosur, que atacaba la visión de soberanía que siempre tuvo el Partido.

Sin embargo, Duarte Frutos sostenía que:

Ahí está. Fue una contingencia: le matan a Argaña, Oviedo huye del país, dos líderes fuertes. Hay un vacío y nuestra generación irrumpe, lideramos el proceso y ganamos las elecciones, pero fue una gran contingencia. Si Argaña viviera y Oviedo y Argaña pudiesen coexistir en el poder, nuestra generación recién ahora iba a estar disfrutando la presidencia.

Bueno, eh, soy el primer presidente, esto es para los hechos históricos nomás, no para una cuestión de adoración del sujeto y sus méritos. Es un dato. Eh, yo soy el primer presidente que llega en los últimos cincuenta años por elecciones, elecciones legítimas e indiscutibles. Y yo soy el primer presidente que, llega, no colorado de la estructura de dominación. [...] ¿Vos sabés la historia de cómo nosotros recibimos el país? Nosotros recibimos el país en ruinas, nosotros recibimos un país sin pago de salarios, nosotros recibimos un país con menos tres de producto interno bruto, un mercado financiero totalmente destruido por la caída de los bancos, con calificación eh, alta de un país eh, sin eh, ningún apoyo de los organismos internacionales. Estábamos, nosotros recibimos un país y entregamos un país estable. Entregamos un país políticamente estable, socialmente, socialmente tranquilizado, con unas reservas internacionales inéditas, con un crecimiento promedio del 5,3% en cinco años, con un crecimiento que llega casi al 8% el último año de nuestro gobierno, eh con unas exportaciones abundantes. Y bueno pero, la gente confunde al Nicanor agente político que tuvo la intervención desmesurada en los últimos años, con un discurso obviamente, no educado de cierta contención... pero la gestión nuestra, la mejor, ha sido en términos de resultados eh. Yo, me recuerdan más por cierto lenguaje eh, no tan... grotesco que por la gestión. He terminado socavando toda la imagen que pude haber construido, pero el tiempo va a ir aclarando las cosas. [...] soy el primer presidente de los últimos cincuenta años que no ha entrado en ningún proceso. (Nicanor Duarte Frutos. Presidente Paraguay 2003-2008. ANR. Diciembre de 2010. *Entrevista personal*).

Najeeb Amado, presidente del Partido Comunista Paraguayo, en una entrevista en el año 2010, expresaba que el gobierno nicanorista había profundizado una guerra de baja intensidad en el campo contra el movimiento campesino, generando infiltraciones dentro del mismo y estableciendo "comisiones del garrote". Agrega que con una fuerte "hibridez ideológica" y un funcionamiento pendular de gobierno obtuvo el apoyo de grupos altamente disímiles pero, a su vez, la enemistad de grupos históricamente asociados al coloradismo y de los grandes empresarios de los medios de comunicación.

Tras su pelea con estos grandes intereses,

Nicanor utilizó toda la producción bibliográfica del progresismo y de la izquierda. Se nutre de eso para poder criticar la manera en que construyen símbolos los medios de comunicación. Entonces, le entra a un discurso de este tipo, ¿verdad? Bueno pero, la izquierda no sale a aliarse con Nicanor. Entonces, le atacan de la izquierda, le atacan de la derecha y esos ataques terminan por minar, digamos, este, el modelo oligárquico colorado con dirección colorada (Najeeb Amado, presidente del Partido Comunista Paraguayo. Diciembre de 2010. *Entrevista personal*).

Mientras tanto, cuando Duarte Frutos pretendía planificar su reelección primero y la elección de su Ministra de Educación después, Oviedo se reciclaba dentro de una construcción partidaria democrática.

A pesar de saberse públicamente que las elecciones internas en el Partido UNACE eran nulas y que las decisiones importantes pasaron siempre por Lino Oviedo y "la mesa chica", el líder intentó, de todas formas, despegarse de su pasado autoritario para encastrar en el nuevo rompecabezas democrático.

Las elecciones de 2008 presentaron un conjunto de líderes y partidos divididos. Tras el fracaso de la propuesta de Concertación Nacional en la que participarían tanto el UNACE, como el PPQ, el luguismo y el PLRA, la Alianza Patriótica para el Cambio se conforma sin las organizaciones de Fadul ni de Oviedo.

Al respecto, Campos Ortiz detalló:

Nosotros teníamos la visión de que debíamos hacer algo mucho más profundo, mucho más estudiado, mucho más comprometido, de otra manera que una vez que llegáramos a la instancia suprema de obtener el Ejecutivo, pudiéramos desarrollar esa hoja de ruta que es la que veníamos trabajando y hablando. Esto no ocurrió, el Partido Liberal conjuntamente con varios movimientos y sectores de la izquierda, entonces, impulsan la candidatura de Fernando Lugo y entonces nosotros como partido político impulsamos la candidatura de quien inicialmente era nuestro candidato: Pedro Fadul. (Roberto Campos Ortiz. Presidente PPQ. Exparlamentario Mercosur. Diciembre de 2010. *Entrevista personal*).

En una entrevista personal, Nicanor Duarte Frutos, expresidente del Paraguay por el Partido Colorado, explicaba que la crisis más fuerte del partido fue el quiebre interno con el UNACE. Para el 2008, el líder pensaba que "el partido perdía con Nicanor de candidato, con Juan Pablo II y con Castiglioni, lo mismo perdíamos y porque, cuando el UNACE se constituye en partido, el partido, el coloradismo registra la gran fractura" (Nicanor Duarte Frutos. Presidente Paraguay 2003-2008. ANR. Diciembre de 2010. *Entrevista personal*).

Respecto de la figura de Lugo, expresó:

> Se une toda la oposición en una gran convergencia, pero lo más significativo no es la convergencia, sino el perfil de quien encabeza la convergencia, esto es un cura en un país donde la Iglesia católica genera una gran confianza hasta ahora. Un obispo que viene con gran discurso de la reivindicación moral, la gestión transparente, el fin de la corrupción. Y genera obviamente un gran atractivo, una gran esperanza que, va a disolverse rápidamente. Pero esa alianza se forjó con el único objetivo de tumbar al coloradismo. Nunca hubo una mínima coincidencia programática, ni un debate de cara a la sociedad, sobre lo que planteaba la denominada Alianza Patriótica, en términos de gestión pública y de proyecto alternativo al coloradismo. Fue un afán de poder movido por el rencor al coloradismo, o tal vez por el fastidio que generaba nuestro partido y hoy por la misma razón que estoy explicando, en las últimas elecciones, sus mentores han recibido un voto de castigo, repudio, con una victoria, como diría el desaparecido Dr. Argaña: "rutilante del coloradismo". (Nicanor Duarte Frutos. Presidente Paraguay 2003-2008. ANR. Diciembre de 2010. *Entrevista personal*).

Dentro del frente luguista, el Partido Comunista brindó su apoyo, junto con el Partido Convergencia Popular Socialista, el Partido de la Unidad Popular (entre los tres conformaban la Alianza Patriótica Socialista), a quienes se les sumará el Movimiento Popular Tekojoja (prontamente Partido) y el Partido del Movimiento al Socialismo.

La Alianza Patriótica Socialista apoyó a Lugo, esclareciendo que su acuerdo era con Lugo, pero no con la APC por sus variaciones ideológicas internas. Al respecto, Najeeb Amado explicaba que el rol de estos partidos al inicio de la campaña fue muy importante, porque a pesar de no convocar gran cantidad de votos, logran un nivel de movilización popular que otros partidos no consiguen.

> Pasamos a ser un actor determinante al inicio del gobierno de Lugo, porque somos una minoría de los sectores de izquierda radical, pero somos la minoría más organizada del movimiento popular. O sea, la social democracia no tiene frentes, no tiene frentes de masas. Son estructuras electorales que sí logran elegir parlamentarios, pero no tienen ninguna base social. Entonces, los partiditos de izquierda muy pequeños, que no tienen ninguna influencia parlamentaria, somos los que tenemos posibilidad de movilizar [...]. Finalmente, nos quedamos con Convergencia Popular y Socialista, el Partido Popular de Tekojoja, el Partido del Movimiento Patriótico y Popular, el Partido del Movimiento al Socialismo, el Partido Comunista, el Frente Social y Popular, articulación de

campesinos con algo obrero, algo vecinal, barrial y el Frente Patriótico Popular y con algunos sindicatos amigos y Movimiento sin Techo, amigos también (Najeeb Amado, presidente del Partido Comunista Paraguayo. Diciembre de 2010. *Entrevista personal*).

Estos partidos, en la lucha por la organización, integraron el Espacio Unitario Congreso Popular para junio de 2009 (ya habiendo triunfado Lugo y habiéndose dado las primeras rupturas con el PLRA); habiendo pasando antes por la conformación del Frente Guasu, que continúa su recorrido político hasta la actualidad.

Tras ser consultado sobre las causas por las que, como partidos menores y referentes de izquierda, decidieron posicionarse detrás de Lugo, Hugo Richer (secretario general del Partido Convergencia Popular Socialista) sostuvo que "cuando surge la candidatura de Lugo, surge en un contexto de una crisis política, una crisis de las direcciones políticas de los partidos tradicionales realmente que hasta hoy día nosotros creemos que todavía existe. Los liberales no llegaban nunca sin Lugo y probablemente Lugo tampoco llegara sin los liberales" (Hugo Richer, Secretario General del Partido Convergencia Popular Socialista. Diciembre de 2010. *Entrevista personal*).

3. Líderes y discursos de campaña. Tres breves casos de análisis: El militar, la mujer y el obispo en las presidenciales del 2008

3.1. Lino Oviedo, el militar: "valentía, capacidad de articulación, místico liderazgo y tenacidad"[63]

La construcción política de Lino Oviedo estuvo siempre asociada, por una parte, a su rol como líder en la gesta democrática que derrocó al dictador y, por otra, a su gran conexión con el pueblo del interior del país o, como se lo llama en Paraguay, "la campaña". Se lo ha asociado con "el fascismo rural", justamente por la unificación de liderazgo carismático (en un sentido weberiano), con conservadurismo político, nacionalismo ideológico y fuerte arraigo en las zonas rurales y empobrecidas del país.

Mantuvo una construcción discursiva con dos bases sólidas: primero, la recreación de su rol en la instauración del Estado democrático actual y víctima del poder de los opositores; y segundo, el uso de expresiones altamente simbó-

---

63 Spot de campaña política 2008 y 2013.

licas y sentimentales en sus intervenciones, apelando a una conexión afectiva con el electorado, al cual siempre llamó pueblo.

En 2008, durante su campaña, se apegó al lema "por el Pueblo, con el Pueblo, para el Pueblo" y afirmó haber liderado la gesta del 2 y 3 de febrero, "entregando la libertad" a su gente mientras "obtuvo con coraje y valentía la rendición incondicional de Alfredo Stroessner" (Spot publicitario. *Campaña presidencial de Lino Oviedo*, 2008).

En su ideario, propuso que, con un cambio estructural sostenido en la realización de siete megaproyectos lograría: 1) eliminar las inequidades; 2) vencer la inercia y la resistencia al cambio; 3) poner a funcionar el país en otra dimensión; y 4) generar el progreso de todos los ciudadanos a través de la educación y el trabajo, para llegar al gran objetivo de construir un país competitivo a nivel mundial. Profesó un discurso populista, con grandes promesas de igualdad, sostenidas en imaginarios y magnificentes cambios sustanciales en la matriz económica.

En la campaña de 2008, realizó un repaso de las "injusticias" y la "gigantesca conspiración" a las que fue sometido por el poder político tradicional y cómo, a pesar de esto, logró con voluntad, levantarse y seguir construyendo con la gente. Dos de las características que más remarcó fueron "el carisma y sus cualidades como dirigente que le posibilitaron elegir un equipo eficiente que perseverando en la adversidad marca un hito en la política mundial al lograr que Lino Oviedo, en 1999, sea el más votado en las elecciones, estando preso" (Spot publicitario. *Campaña presidencial de Lino Oviedo*, 2008).

En una clara intención de recuperar valores tradicionales, sostuvo que el "origen humilde pero tradicional y cristiano" constituía su gran fortaleza. También rescató "el amor por su pueblo y el querer hacer cosas por la gente sin dejar de amar a sus seis hijos y a su esposa, que lo han acompañado en la lucha permanentemente" (Spot publicitario. *Campaña presidencial de Lino Oviedo*, 2008).

En los actos proselitistas, siempre hicieron (él, sus presentadores u otros líderes de UNACE) mención a su rol de líder, mucho más que a su partido, el cual se organizó en torno a su figura (lo que le valió prácticamente la disolución en votos y autoridades tras su muerte).

> Lino Oviedo es un hombre del Pueblo, que se destacó por su valentía, capacidad de articulación, místico liderazgo y tenacidad. Conoce las necesidades de un país que ha recorrido incontables veces a pie y a caballo. Sabe cómo forjar progreso y llevar sus compatriotas con paso firme hacia la victoria de la justicia social... lo de él no son promesas, sino realidades (Spot publicitario. *Campaña presidencial de Lino Oviedo*, 2013).

En otro de sus spots de campaña, sostuvo que como ciudadano con aspiraciones de presidir el país, debe dar cuenta de sus "capacidades comprobables, como la habilidad de establecer y cumplir objetivos en tiempo y forma; tener capacidad de persuasión y organizativa, así como inteligencia emocional y facilidades para comunicarse con la gente para escuchar y entender lo que la gente quiere de su gobernante" (Spot publicitario. *Campaña presidencial de Lino Oviedo*, 2013). Todas las características que le adjudica a un candidato presidenciable se relacionan a una construcción unipersonal del poder, desde el que se debe "tecnocráticamente" planificar contenidos cumplibles en tiempos establecidos, convencer y saber interpretar la voluntad popular.

En una entrevista televisiva en la que Lugo y Oviedo expusieron sus posturas en torno a diferentes temáticas polémicas en boga en la sociedad (privatizaciones, matrimonio entre personas del mismo sexo, leyes energéticas, rol del Partido Colorado, caracterización del oponente, entre otros), Lino Oviedo combinó conceptos arcaicos y posturas muy conservadoras –respecto, por ejemplo, al matrimonio igualitario y a la libertad individual– con una ideología neoliberal respecto a la economía. El militar declaró apoyar las privatizaciones de manera completa, puesto que, sostuvo que las empresas de manejo público solamente producen déficit y gastos extras para el Estado, afirmando en una de sus frases "toda institución estatal que sea apta para ser privada, es corrupta e ineficiente".

En febrero de 2008, Oviedo criticaba el "modelo económico" paraguayo, porque además de generar grandes riquezas retenidas en pocas manos, propiciaba una clase política alejada de las necesidades del pueblo.

> Tanta riqueza, ¿y en dónde está esa riqueza? En manos de unos pocos y para unos pocos, que nunca recorrieron el interior. Ganamos presidencias sin que haya tocado la mitad de las manos de los compatriotas. ¿Cómo se va a hacer médico si el paciente no está a la vista? ¿Si el paciente no se va a hacer diagnóstico? Qué sensibilidad social pueden tener gobernantes que los vemos, su cara, en la televisión, en afiches o en calcomanías o en publicidades o en las radios porque manejan el poder económico (Lino Oviedo. *Entrevista televisiva*. 2008).

Asimismo, este modelo económico y esta clase política, sostenía, se mantuvieron en el poder impulsando la ignorancia de la gente, porque el pueblo ignorante es servil y obediente.

> Nuestro pueblo es esclavo de la ignorancia. Es utilizado, es explotado. Los niños y adolescentes tienen que estar en las aulas, en sus casas, en las familias –la célula vital de la civilización– o jugando en los parques, no durmiendo debajo de viaductos. Yo voy solo, camuflado, para mirarles, para que me dé fuerzas pa-

ra luchar y que nunca más el paraguayo sea paria en su tierra. Si queremos que nuestro pueblo goce su libertad, liberémoslo de su ignorancia (Lino Oviedo. Entrevista televisiva. 2008).

Combinó entonces una intensa religiosidad con una comunicación muy fuerte con "las masas" a las que muchas veces les habló en guaraní y entre lágrimas, y una impronta patriótica nacionalista muy cercana a la que caracterizó históricamente al coloradismo.

"¿Qué le diría a la sociedad hoy?" fue la consigna, y él respondió:

No seamos cobardes, yo no voy a ser cobarde. De algo voy a morir pero voy a morir de pie y de frente, no sobornados por estos ateos, por estos apátridas, más apátridas que cualquier cosa, que digo que no tienen su corazón por el pecho, tienen en el bolsillo. No conocen caridad, no tienen sensibilidad social, porque no saben cómo vive su pueblo y 'ojos que no ven, corazón que no siente' (Lino Oviedo. Entrevista televisiva. 2008).

3.2. Blanca Ovelar: una mujer en la política. "Él es el mentor de mi candidatura pero que no duden que yo soy la que voy a gobernar"[64]

"¡Con todos! Blanca presidente" o "todos somos uno" fueron sus slogans; en los cuales, no casualmente, quedó presa de la encrucijada del castellano, interpelando a un "todos" masculino, presentándose como un líder masculino. Quedaron en el olvido las todas y la presidenta. Mientras sostuvo una imagen fiel a Nicanor –siendo él uno de los principales actores de su campaña– no logró posicionar su voz por fuera de la de su mentor. "Yo soy una persona con autonomía intelectual y moral y yo asumo el compromiso de gobernar a la Patria. Yo soy la que doy la cara y asumo ante la historia este momento, que no duden ni un instante que yo soy la que va a gobernar" (Blanca Ovelar. *Entrevista Senado TV*, abril 2008) reiteró, cuando una de las tantas veces se la increpó por su cercanía a Duarte Frutos.

Portadora de un discurso sumamente correcto y moderado, sus intervenciones mediáticas dieron cuenta siempre de una pregunta insistente a la cual se la expone ¿sería ella capaz de gobernar el Paraguay siendo mujer? ¿Ser mujer implica algunas consecuencias no previstas en la política nacional? En una de sus respuestas más contundentes (aunque contradictoria) expresó:

---

64 Respuesta de Ovelar ante la pregunta "¿Qué le responde a los que aseguran que elegirla a usted es una forma de reelegir al actual presidente Nicanor Duarte, principal mentor de su candidatura?". Entrevista de campaña. Senado TV.

El Partido Colorado realmente, ¿quién diría? Ha dado un paso extraordinario con la candidatura de una mujer... un partido conservador, un partido ligado a las tradiciones culturales fuertemente marcadas por el machismo, es sin duda en ese marco una gran innovación y una gran capacidad de cambio [...] El Partido es un partido centenario que surgió de una Patria devastada y que fue un instrumento de redención en muchos momentos de la historia que sin embargo tiene su cuota de responsabilidad y su deuda histórica, que debe saldar con el pueblo (Blanca Ovelar. *Entrevista Senado TV*, abril, 2008).

Respuesta contradictoria dijimos, porque al mismo tiempo que reconoce que el Partido Colorado tiene una gran relación con la cultura patriarcal del país (y, podríamos agregar, personalista y caudillista), plantea como una osadía y una rareza que proponga a una mujer para la presidencia. En primer lugar, como si las mujeres debieran de tener ese permiso especial para lanzarse a la carrera política, y en segundo, demostrando sorpresa en la expresión "¿quién diría?" cuando, de haber tenido una postura realmente emancipatoria sobre la labor política de la mujer, podría haber expuesto "¿Y qué esperaban en el siglo XXI?" o "Ya le tocaba entender quién debe manejar el país", haciendo un juego parecido al que O'Donnell (1984) realizó en su trabajo "¿Y a mí qué me importa?"[65].

"Usted verá si la elige a ella en su condición de exministra y en su condición de mujer" dijo el conductor del programa televisivo en el que Ovelar exponía su candidatura a su audiencia, y casi rindiendo explicaciones a esa afirmación, en vez de criticarla sostuvo: "A mí lo caudillos de mi partido, algunos que eran excombatientes del '47 me dicen 'eso es lo que nos hace falta'... yo tenía incluso cierto prejuicio de que ellos no aceptarían pero aceptan plenamente" (Blanca Ovelar. *Entrevista Televisiva SNT, 2*008) y, de esa forma, aceptó su condición de mujer en un partido en el cual las decisiones las toman los caudillos masculinos.

Atrapada en esta lógica que insistentemente quiso destruir, el día del cierre de campaña confesó: "me conmueven la fe y la esperanza de tantas madres paraguayas que confían en mí, en el Partido Colorado" (Blanca Ovelar. *Discurso de cierre de Campaña presidencial*, abril de 2008), y reafirmó su lugar de mujer abnegada, que buscaba representar al Partido reproduciendo la hermandad con otras madres y agregó luego "porque me emociono les digo que la mujer paraguaya se emociona porque ama, ama a los hijos, ama la vida, ama todos

---

65 En este trabajo, O'Donnell plantea la diferencia en la cultura política argentina expresando cómo ante una pregunta que tiende a disminuir la "importancia" del interlocutor o marcar una jerarquización que disminuye a la otredad, como "¿Vos sabés quién soy yo?" un argentino responderá "y a mí qué me importa", dando cuenta de un desinterés y de una posición "superadora" o de inversión de la "desjerarquización" a la que se lo quiso someter.

los sentimientos más nobles; y así como es capaz de emocionarse, es capaz de actuar con coraje, con bravura, con resolución, con patriotismo y honestidad para dirigir los destinos de la patria".

"¿Cómo espera ser recordada?", le preguntaron: "Como una mujer que cambió la historia del Paraguay", respondió (Blanca Ovelar. *Entrevista Senado TV*, abril de 2008).

3.3. Fernando Lugo y su construcción de liderazgo religioso-político. "Hay mil colores en su bandera y Jesucristo es su verdad"[66]

Fernando Lugo nació en San Solano, un pequeño pueblo en su mayoría de actividad agraria, en San Pedro del Paraná, departamento de Itapúa.

Teniendo una vida totalmente vinculada a la Iglesia católica y a su ejercicio de la religión, abandonó su carrera obispal para entregarse a la política, porque "había sentido el llamado de Dios" para esa nueva misión, plasmado en un petitorio firmado por miles de ciudadanas/os paraguayas/os. Afirmó públicamente que la política llegó a su vida en una edad tardía, pero que el pueblo quería que él se ponga a su servicio mediante esta nueva herramienta. Sugería, además, que es imperativa la devolución de poder a la masa excluida, para que sea esta quien le indique qué rol cumplir y qué actitud tomar.

En contra de lo que sostenía Carter en 1991 sobre la debilidad institucional de la Iglesia y su posicionamiento como "madre de todos los paraguayos" –dentro del contexto de inestabilidad y hostilidades políticas– que indujo a los líderes eclesiales a mantenerse alejados de los temas partidarios, Lugo, un cura, decide no solo ser parte de una alianza de partidos, sino ser candidato a presidente.

"Monseñor Lugo", como lo llamaban sus seguidores, abandonó el ejercicio del obispado de San Pedro en enero del año 2005, para estar habilitado a presentarse en las elecciones de abril del 2008. Habiendo renunciado a la vida sacerdotal el día 21 de diciembre anterior, comenzó su desarrollo político esa misma Navidad.

La Constitución Paraguaya deja explícitamente prohibida en su artículo Nº 235 la candidatura de religiosos de cualquier índole[67]. Frente a esto, Lugo decide dejar los hábitos, y luego de una intrincada lucha con el Vaticano, con el Partido Colorado y con las diferentes líneas dentro de la Iglesia, consigue incluirse dentro de la legalidad electoral. Respecto a esto, Lugo sostuvo en una entrevista televisiva:

---

66 Canción de Campaña presidencial 2008 de Fernando Armindo Lugo Méndez.
67 Art. 235 - De las Inhabilidades. Son inhábiles para ser candidatos a Presidente de la República o Vicepresidente: [...] los ministros de cualquier religión o culto.

La candidatura de Fernando Lugo no tiene ninguna obstrucción ni dificultad jurídica, es una candidatura legal y legítima, y creemos también que por fin en el Paraguay se deben respetar las normas y criterios jurídicos para una amplia participación en consolidación de nuestra democracia y sufrida transición a la democracia aquí en nuestro país. (Fernando Lugo, 2008. *Entrevista televisiva*).

Discursivamente siguió representándose a sí mismo como miembro de la Iglesia, puesto que se autodenominaba como paraguayo y católico: "En la Iglesia, nosotros creemos que los cambios sociales y estructurales vienen de mano de la política" (Fernando Lugo, 2008. Entrevista televisiva), aseguró en una entrevista cuando ya era candidato a presidente.

Como se explicó en el capítulo anterior, el plan de Gobierno propuesto en la campaña se sostuvo sobre tres ejes centrales. En primer lugar, la *reconciliación nacional*, para lo cual recurrirá a la figura de la unidad social de los paraguayos, la creación de una conciencia nacional dejando de lado las diferencias y la prepotencia del rencor. El exobispo sostuvo que el perdón dará reconciliación, la reconciliación es condición de existencia de la paz y sin paz no puede haber progreso. En segundo lugar, la *justicia soberana* y libre, que sancione a favor de la sociedad y termine con la corrupción, la delincuencia, el contrabando, y el narcotráfico. El tercer eje fue el *crecimiento con equidad*, es decir, la elaboración de leyes que permitan que el pueblo prospere, y mediante las cuales se genere trabajo y justicia social, terminando con las diferencias en la redistribución del ingreso que es el mayor problema para América Latina[68].

Jesús, la Iglesia, o algún nombre relevante de la Biblia estuvieron siempre presentes en sus discursos, logrando con ello una conexión con la sociedad, dado que la religiosidad católica es muy fuerte en Paraguay, a pesar de ser la Iglesia, su estructura, pequeña (Carter, 1991a). Según el censo paraguayo del 2002[69], 3.488.086 personas profesan la religión católica (de un total de 3.892.603 censados), frente a 44.334 que no declaran practicar religión alguna. Por su parte, 186.107 son evangélicos, posicionándose como la segunda religión en cantidad de fieles declarados censalmente (DGEEC, Censo Nacional de Población y Viviendas, 2002). La pregunta referente a religión de una matriz como la del censo suele ser muchas veces insuficiente o no revisada con otras variables. Se tomó esta dado que no existe en Paraguay ninguna encuesta

---

68 Esta información podía ser vista en el blog de candidatura que Lugo tenía en la versión online de *ABC-Color*, uno de los diarios nacionales de mayor tirada y relevancia, que posteriormente se volvió fervientemente antiluguista.

69 No existen datos más actualizados, dado que el censo del 2012 no incorporó preguntas referidas al culto o religión profesada por los censados.

realmente seria sobre prácticas religiosas, como sí pueden encontrarse en otros países de la región. Tras esta necesaria aclaración, puede decirse que este 89,6 % pone el foco sobre un catolicismo extendido (al menos en la auto-percepción que los fieles declaran).

Los debates cuantitativos no dan cuenta de la situación de los católicos en Paraguay, como sí puede hacerlo la figura del *pa'i he'i* o *pa'ima he'i*. Estas expresiones en guaraní refieren a la autoridad que tienen los sacerdotes sobre las decisiones en Paraguay. Podrían traducirse como "el cura lo dijo" y "ya lo dijo el cura", demostrando que la palabra sacerdotal es una de las intervenciones más importantes. En su texto "Política, poder y el papel del cura de pueblo en el Paraguay", Hicks explica que los curas de los pequeños pueblos o de las zonas rurales de Paraguay ejercen un amplio poder y una extraordinaria influencia en los feligreses de sus parroquias,

> [...] esto es un hecho, a pesar de que la Iglesia, como institución, es considerablemente más débil, económica y políticamente, que en todos estos países, con excepción de unos pocos. Por consiguiente, todo el poder que el sacerdote individual pueda tener, no debe contemplarse simplemente como una extensión del poder de la Iglesia [...]. Los pobladores de las zonas rurales, tienden a explicar la influencia del cura local, como resultado, cuanto menos, de sus cualidades personales o fortaleza de carácter (Hicks, 1969: 35).

Sin embargo, Hicks desarrolla una interpretación diferente para sostener que la relevancia del cura en los pequeños poblados se relaciona con la estructura política paraguaya y con el rol de neutralidad que el *pa'i* tiene para como intermediario en una variedad de situaciones.

Fernando Lugo Méndez, como obispo de la diócesis de San Pedro entre 1994 y 2005, concentró mucho de este poder al que Hicks hace referencia. Asimismo, su participación activa en movilizaciones y protestas organizadas contra algunas medidas de gobierno que perjudicaban al campesinado o que reforzaban el consenso neoliberal, le dieron una relevancia como líder, incluso por fuera de las prácticas religiosas concretas. En este contexto, es importante resaltar que "desde mediados de los años '60, la Iglesia católica ha pasado a ocupar un amplio espacio en el centro del espectro político paraguayo. Dada la ausencia de una izquierda fuerte y de un movimiento popular vigoroso, la sensibilidad de la Iglesia frente a los problemas sociales y sus apelos reformistas le han colocado preponderantemente dentro del campo progresista paraguayo." (Carter, 1991b: 202).

La campaña electoral de Fernando Lugo se desarrolló mediante intervenciones públicas, debates televisivos, giras por el exterior donde viven migrantes paraguayos (Argentina, EE.UU., Ecuador, etc.), propagandas mediáticas, la presentación de un programa con ideas centrales, entre otras estrategias.

El tema musical central de su campaña tenía como basamento algunas apreciaciones muy relacionadas a las figuras cristianas de la entrega, la humildad, el perdón, la fecundidad de la fe y versaba insistentemente que "Lugo tiene corazón y de la mano de dios gobernará"[70]. Lugo solo sabe dar amor, quiere a los humildes, no tiene rencor y, que quede claro, de la mano de dios gobernará.

En reiteradas ocasiones Fernando Lugo hizo referencia al concepto de *perdón* como una forma de dar inicio a un Paraguay nuevo, superador de todas las diferencias actuales. Al respecto, Delecroix (2008: 216) plantea que "el perdón político es una categoría que principalmente aspira a estructurar, reestructurar y reconstruir un tiempo político desgarrado", subrayando justamente el significado que el perdón, utilizado como herramienta política tiene en las sociedades actuales.

Lugo Méndez realizó durante sus discursos intensas críticas a los políticos, por su corrupción, su rol clientelar y su participación activa en la compra de voluntades electivas. Todas sus críticas estuvieron cargadas de una visión moralista de la política y del deber moral del sujeto que se desempeña en ese ámbito, no se percataron críticas sólidas al régimen político general ni a las formas de organización económica[71]. En el discurso que dio en Ecuador, en el cual refiere al socialismo del siglo XXI expresa:

> Quiero también, como la que me precedió en la palabra, referirme al tema económico del socialismo en el siglo XXI. ¿Un pastor, un obispo de campo habla de economía? [...] Si el fantasma que recorría el mundo en el siglo XVIII era la democracia formal, hoy el fantasma que recorre la América Latina del siglo XXI es la democracia participativa (Fernando Lugo. 2007. *Intervención de candidato presidencial paraguayo en el Foro del socialismo del siglo XXI*, Ecuador).

---

70 La canción de la campaña tanto televisiva como de sus actos políticos era la siguiente: "Porque él quiere a los humildes y porque ama al Paraguay/ Porque él no tiene rencor, solo sabe dar amor./ Lugo tiene corazón/ Lugo tiene corazón/ Por su sencillez lo quieren y también por su humildad/ Por su pueblo paraguayo, da su vida con pasión/ Lugo tiene corazón/ Lugo tiene corazón/ Y como lluvia de enero caerá/ Sobre los pueblos sus luces regará/ Y de la mano de dios gobernará/ Lugo tiene corazón/ Lugo tiene corazón/ Lugo tiene corazón/Y algún día allá por el 2021, cuando en el Paraguay no haya odio ni rencores, un pueblo agradecido lo recordará y con alegría dirá 'Fernando Lugo tiene corazón'/Hoy su noble corazón va palpitando de amor/ Por su pueblo paraguayo, Fernando tiene gran pasión/ Lugo tiene corazón/ Lugo tiene corazón/ Y como lluvia de enero caerá/ Sobre los pueblos sus luces regará/ Y de la mano de dios gobernará".
71 De hecho, en su discurso de asunción presidencial, Lugo sostiene: "Los empresarios tendrán nuestro más pleno respaldo. Pondremos el mejor ambiente de trabajo. El que a su vez irá mejorando paulatinamente en el marco de la habilitación de puestos de trabajo".

Es decir, a pesar de hablar de temas de política y de administración estatal, el (en aquel momento) candidato, se posicionó desde la Iglesia, no necesariamente desde la izquierda, a pesar de que, como sostiene Carter, muchas veces la iglesia paraguaya haya "cubierto el espacio" que no logra cubrir la izquierda.

Esta misma intervención finaliza con la siguiente expresión:

> No habrá socialismo sin transformación económica, no habrá socialismo sin una democracia participativa y protagónica en lo económico, no habrá socialismo sin ética socialista; el amor, la solidaridad, la igualdad entre todos los hombres y las mujeres, entre todos, son los elementos fundamentales del socialismo y del pueblo común[72]. (Fernando Lugo. 2007. *Intervención de candidato presidencial paraguayo en el Foro del Socialismo del siglo XXI*, Ecuador).

En un debate presidencial realizado en el contexto de la Asociación Rural Paraguaya, Fernando Lugo llamó a una reforma agraria radical, sosteniendo que todos los paraguayos son iguales. Versó una parte de su discurso en guaraní para interpelar a los hablantes de ese idioma. Luego de este llamamiento a la reforma, sostuvo:

> Los paraguayos todos juntos tenemos que resolver los problemas nuestros aquí en casa. Creemos que la clase política, la clase social, cultural, económica, étnica tenemos la posibilidad real de sentarnos en una mesa grande y decir 'este país es nuestro, de todos los paraguayos, y a nosotros nos corresponde levantarlo y poder recuperar nuestra dignidad como nación' (Fernando Armindo Lugo Méndez, *Intervención como candidato presidencial en la ARP*. 2008).

Otra vez las figuras de la comunión y la hermandad reaparecen. Finalmente, en este contexto, hizo un llamado al desarrollo económico con equidad social y dio un agradecimiento al gremio de los ganaderos paraguayos por sus producciones de calidad y los llamó a "recorrer juntos un largo camino".

"Yo juré a dios y no creo que ni en el mínimo he decaído en ese juramento, no creo que he traicionado ni la fe, porque sigo creyendo y sigo perteneciendo a esta misma Iglesia que amo tanto", sostuvo Fernando Lugo en medio de un debate con otro candidato presidencial, mientras era cuestionado por medidas políticas que tomaría en su gobierno.

En todas sus declaraciones propositivas, aparecen una y otra vez las figuras religiosas de las que decidió no despegarse. Incluso durante su gobierno

---

72 Además de los elementos mencionados, en este discurso, Lugo remite al flagelo que las migraciones son para "la familia tradicional" que se desintegra generando sufrimiento.

cuando fue acusado de haber tenido relaciones sexuales con mujeres durante su ejercicio clerical, y de tener hijos no reconocidos, Fernando Lugo no se desprendió de su pertenencia católica (a pesar de haber renunciado ya y ser presidente electo) y sostuvo que es un ser humano y que por lo tanto lo humano no le era ajeno (como el pecado, entendemos, que es del ámbito humano, mas no divino) y pidió perdón a la Iglesia y a todos los paraguayos por sus acciones. "El celibato es imperfecto, el único perfecto es dios"[73] dijo. No hubo en esa conferencia de prensa ninguna crítica al celibato ni la castidad, como explican López y Gottero (2011).

En 2007, realizando una presentación ante paraguayos que viven en Ecuador, Lugo sostuvo:

> Fernando Lugo, candidato a presidente de la República del Paraguay, es el mismo que allá por la década del setenta recorría la campiña de Bolívar a mula, a pie o en moto, que vino a llevar ese mensaje que le da la redención de Jesús; y creo que ayer comenzábamos a hablar y que no es casualidad que hoy estamos en la Iglesia, una Iglesia con signos de contradicción, con sus luces y sombras, como lo decía ayer Manuel, no voy a reclamar que me abran las puertas; tampoco voy a reclamar hablar desde allí [señalando el púlpito], pero sí les comento que provengo de una tradición de Bartolomé de las Casas, de San Romero de la Vecchia… y de los santos hombres y mujeres que dieron su vida por las comunidades indígenas (Fernando Armindo Lugo Méndez. 2007. *Intervención como candidato presidencial en Ecuador*).

En esta intervención, replica prácticamente el discurso dado en el Foro del Socialismo del siglo xxi pero antes realiza esa introducción en la que, nuevamente, para hablar de política, sienta las bases de su pertenencia a la Iglesia católica y, preferentemente, a las filas de los "curas del tercer mundo" y la "teología de la liberación". Pero, como explica Carter (1991a y b) esas tendencias tuvieron impactos diferentes en los distintos curas de Paraguay y la mayoría de ellos no optó por organizaciones radicales, socialistas y revolucionarias, sino por una nueva sensibilidad con la pobreza y el reclamo enérgico por sociedades más igualitarias.

---

73 Una entrevista titulada con este mismo nombre fue publicada en la revista religiosa *Reflexión y Liberación* en 2009. Esta consistió en una ampliación de la información dada en dicha conferencia de prensa. En el desarrollo, tras ser consultado sobre la posible contradicción entre lo sucedido y la campaña sobre la paternidad responsable que llevaban adelante miembros del gabinete, Lugo respondió: "Al contrario, lo veo como un punto positivo y la gente también lo ve. Paraguay tiene un índice de reconocimiento del 30%, en un 70% la paternidad no se reconoce. En ese sentido, que el presidente reconozca a su hijo pudiendo y teniendo en sus manos toda la cuestión jurídica, el poder, e incluso los medios para no hacerlo, muchos lo han considerado como un acto de valentía y coraje" (Lugo, 2009: 27).

En el caso del discurso de asunción presidencial, las referencias a la religiosidad y a su participación en la Iglesia son muy numerosas, así como sus llamados a la fe, la esperanza y la austeridad[74]. Apenas comenzada su intervención, hace referencia a su historia católica y cómo esta lo acercó a los más vulnerables, de quienes se adjudica la representación política:

> La vida de este humilde paraguayo de un bello rincón del Sur tiene en la fe una contribución muy importante. En este instante me parece importante rescatar el paisaje social que me inspiró un día al sacerdocio en los albores de una Iglesia nueva que se comprometía a calzar esas sandalias que caminan con las tribulaciones y alegrías de la gente. Al mismo tiempo de optar por el ejercicio pastoral, opté preferentemente por aquellos que la historia había arrojado en los marginales escenarios de la exclusión y la miseria [...] percibí claramente que era esa la Iglesia destinada a nutrir de esperanza activa a seres hermanos y humanos sumidos en el discurso opresor de tantas dictaduras que marcaron la historia de nuestra Patria Americana. Por eso estuve allí, por ellos estoy aquí y por esto mismo este laico eternamente agradecido con su Madre Iglesia permanecerá aferrado a su fe solidaria hasta el fin de su humilde historia (Fernando Lugo. *Discurso del presidente en su asunción al mando*. 15 de agosto de 2008).

Entre sus propuestas económicas se encuentra la de "una economía sustentable con equidad social" con competitividad, comprensión del mercado, incorporación de tecnología de punta guiada por pensamiento estratégico, inversiones eficientes, combinadas con educación para el cambio social. Es decir, en sus planteos no hay una propuesta revolucionaria o rupturista, entendida como "socialista" o "de izquierda radical", a pesar de que varios periódicos nacionales de gran importancia hayan denominado sus acciones como "castrochavistas" o "socialista bolivariano"[75].

En el mismo discurso, sostuvo con un tono emotivo: "[...] soñamos con un Paraguay socialmente justo. Donde nunca más exista tanta inequidad que convierte a los unos en adversarios de los otros. Tanta inequidad que genera saciedad y hambre al mismo tiempo". Además propone un pacto social,

---

74 Ejemplo de ello son las expresiones: "Queremos recobrar ese valor de los gobiernos que conjugaron honestidad y austeridad como ecuación del supremo sacrificio por la patria" y "a no bajar los sueños del supremo altar de la esperanza".

75 Por ejemplo, ABC publicó notas con titulares como "Lugo profundiza su engendro bolivariano en el Paraguay" (ABC Color, 11/01/2011), "Se intentó imponer el sistema Castro-Chavista en el Paraguay a través de Lugo" (La Nación, 05/07/2011), "Lugo, con boina roja, ¿paracaidista o chavista?" (ABC Color, 30/09/2009), "El Socialismo del siglo XXI continúa obsesionando al presidente Lugo" (ABC Color, 20/03/2011), "Lugo Nacional-Socialista" (La Nación, 27/01/2012). Es importante mencionar que tras la dictadura stronista (1954-1989) el comunismo fue demonizado en el imaginario social y dicha acusación es muy fuerte en el contexto socio-político paraguayo.

mediante el cual el Estado dialogue con los actores sociales y los empresarios para lograr la unidad, para hacer que "los que hoy son unos y otros recuperen la visión de un futuro compartido" (Fernando Lugo. *Discurso del presidente en su asunción al mando*. 15 de agosto de 2008).

A lo largo de sus discursos de campaña, así como intervenciones mediáticas y entrevistas dadas, se encontraron rastros claros de refuerzos retóricos religiosos provenientes de su pasado como líder de la Iglesia católica paraguaya. Cabe preguntarse, por una parte, ¿cuántos de estos usos de figuras e íconos religiosos le dieron mayor aceptación en la población paraguaya que lo votó para la presidencia, pero no a sus aliados para el Congreso? Además, ¿eran estos giros necesarios para desprenderse de las acusaciones de comunista que se le hacían insistentemente desde la prensa y los partidos tradicionales? ¿Fue parte de una estrategia electoral de Fernando Lugo o simplemente era su convicción en la fe cristiana y en el perdón para la paz los que generaron este formato discursivo?

Son preguntas cuyas respuestas ameritan estudios externos a este, pero lo que sí podemos asegurar es que política y religión coexistieron dentro de las propuestas luguistas y se imbricaron en un discurso que mientras apelaba a figuras que podían captar la atención de cierto grupos con tendencias al "capitalismo humanitario", eran combinadas con llamados a la negociación con los empresarios, felicitaciones a los ganaderos, pedidos de unión y hermandad, junto con una reiterada interpretación de su pasado católico y de su "cómo ese pasado" se había resignificado en su presente político.

En cada intervención mediática y de campaña que el expresidente del Paraguay tuvo, unificó sus propuestas políticas y económicas con figuras religiosas (perdón, unión, consenso, paz, hermandad, dios, Jesús, Iglesia). En cierta forma, su discurso más progresista, relacionado con las críticas al sistema económico vigente, no criticaba el modelo de producción en sí, sino lo injusto que este podía volverse y llamaba a una mediación del Estado para generar producción con equidad.

Reconciliación, igualdad, justicia y unión fueron elementos irrenunciables de su hablar electoral.

Tras ganar las elecciones, en su acto de asunción, delante de una gran muchedumbre de gente, Fernando Armindo Lugo Méndez dio un extenso discurso y casi previendo lo que ocurriría a lo largo de su Gobierno y hasta en el ocaso de este, expresó:

> El sendero estará empedrado de obstáculos que permanentemente pretenderán cegarnos con los espejismos del reciente pasado dictatorial que ha infiltrado nuestra cultura neutralizando actitudes [...] Es importante que vuestro presi-

dente deje en claro un dato: el cambio no es una cuestión electoral; el cambio en Paraguay es una apuesta cultural, quizás la más importante en su historia (Fernando Lugo. *Discurso del presidente en su asunción al mando*. 15 de agosto de 2008).

Cambiar qué y cómo no fue explicitado. Y a pesar del anunciado cambio venidero, el pasado dictatorial, con sus mecanismos despóticos, volvió a aparecer en los discursos del año 2012, durante el juicio político que destituyó al presidente.

CAPÍTULO III

FACHADA DEMOCRÁTICA EN LA DICTADURA Y HERENCIA DICTATORIAL EN LA DEMOCRACIA. ANÁLISIS CRÍTICO DEL MARCO NORMATIVO ELECTORAL Y CONSTITUCIONAL[76]

Nadie puede desligarse enteramente del pasado.
Alexis de Tocqueville

Luego del análisis de los partidos políticos y sus líderes durante la transición, y antes de dar paso a un análisis de la participación electoral, surge la necesidad de reconocer los dispositivos normativos que regulan esta participación (entendiéndolos como otra forma de restricción o control de la arena política) y cómo estos fueron cambiando en respuesta a procesos sociales y políticos anteriormente descritos.

Con este fin, realizaremos una caracterización del sistema normativo electoral (leyes y reglamentos que regulan, por ejemplo, la presentación de candidatos, formas de elección, conformación de las Cámaras, etc.) organizada en dos secciones.

La primera corresponde a la dictadura, que ya fue descrita previamente. A diferencia de otros regímenes autoritarios de la región, Stroessner ejerció modificaciones del sistema electoral mediante el funcionamiento del Parlamento (si bien no era un funcionamiento real, pluralista y abierto, sostenía la fachada). De esta forma se reglamentó (en 1962, mediante la Ley 776), y se modificó la Constitución de 1940 (en 1967 y 1977) para poder garantizar la reelección.

---

76 Algunas versiones preliminares de este capítulo fueron trabajadas en López (2012).

La segunda, iniciada en 1989, propone un análisis de las leyes de la transición, y, más específicamente, de la Constitución de 1992, vigente hasta la actualidad con una sola modificación ejecutada en 2011, que refiere a los electores[77].

A pesar de ser este un capítulo muy corto, consideramos de gran utilidad incorporar el estudio de las leyes y las constituciones para comprender cómo se construyó el edificio legal que rige y normativiza las contiendas electorales.

Lechner (1995) sostiene que toda la ingeniería institucional-legal es de vital importancia en los procesos de consolidación democrática. De la misma manera, Bensaïd (2010) establece, siguiendo a Marx, que las formas (jurídicas) no están vacías, tienen su propia eficacia y tienen sus límites históricos. Proponemos en estas páginas estudiar las condiciones en las que estas formas se erigen y en el contexto en el que lo hacen.

El cuerpo legal que rige el funcionamiento electoral en Paraguay fue sometido a reiteradas modificaciones, tanto durante el período dictatorial como en el posterior.

Partimos de la base de comprender las leyes, los códigos y todo tipo de dispositivo normativo como elementos estáticos en los que se plasma una política dinámica. En dichos elementos se puede percibir una puja de intereses, entre los que prevalecieron algunos que son finalmente los que hegemonizan e imponen la norma (imposición evidente en los períodos dictatoriales, donde incluso puede acallarse actores con mecanismos no legales como persecución, amenazas, desapariciones, etc.). Consideramos a la ley como una fotografía de aquello que Oszlack (1984) atribuyó a las políticas públicas, como una arena de conflicto político en la que luchan por imponerse los intereses contrapuestos respecto a temáticas que son polemizadas desde la sociedad. En este sentido, la política pública es la herramienta efectiva por medio de la cual un Estado intenta intervenir en un fenómeno preciso esperando generar resultados previstos en un plazo estimado (López, 2009). Entendida así en su más amplio espectro, tanto una ley, un decreto, un plan de acción o la firma de tratados con diversos entes o Estados son formas efectivas de hacer política.

Si se reconoce que tanto las constituciones como los dispositivos normativos conforman una de las bases sustanciales para el funcionamiento de la política, el análisis pormenorizado de estos se vuelve fundamental también para comprender y abarcar todos los factores que confluyeron en torno a la transición a la democracia en Paraguay. Durante la transición, se concibió la

---

77 Para un estudio de las bases que subyacen detrás de la organización electoral del Paraguay, se recomienda la lectura de Becker (1996).

organización del poder público como un modo de construcción de un andamiaje mediante el cual se resignifican, cancelan o reafirman instituciones, órganos, normativas, espacios administrativos, etc.

La reorganización de las leyes electorales y de la constitución es una forma (bastante extendida) de dar un marco a esta transición, o para decirlo de otra forma, de trazar la nueva legalidad en ese tránsito hacia la idea de democracia que se ha vuelto hegemónica y alrededor de la cual se pretende instaurar el orden perdido.

Por este motivo, en este capítulo se analizan críticamente las normativas electorales que organizaron la política tanto en la instauración de la dictadura de Alfredo Stroessner, como en la transición y en la democracia.

Afirmamos que las leyes no son ajenas a la política (ni construcciones neutras y abstractas), ni la historia es ajena a la sanción de las leyes; por ello adquiere relevancia remarcar cómo estas se imbrican, reforzando la organización de un régimen político. Los dispositivos normativos-legales son funcionales a los gobiernos, mientras que estos pueden respaldarse en ellos para justificar su poder. Por esta causa, es importante describir la historia política reciente del Paraguay, con intención de mostrar posteriormente cómo las leyes electorales y las constituciones responden a un contexto de emergencia preciso, sobre el cual legislan y al cual pretenden organizar. Como se detallará a continuación, la dictadura stronista puso especial énfasis en la construcción de un andamiaje legislativo, y las primeras elecciones de la transición fueron normativizadas por estas mismas leyes (que se modifican a partir de la primera presidencia posdictadura).

1. Las Constituciones de 1940, 1967 y 1992, y las leyes electorales

1.1. Las leyes al servicio de la dictadura (1954-1989)

Una característica de la dictadura que gobernó Paraguay entre 1954 y 1989, como se mencionó anteriormente, fue la de querer dar un respaldo legislativo, normativo y constitucional a su régimen autoritario. Es por esto que fueron sancionadas leyes que, a pesar de ser profundamente restrictivas y violentas con el Estado de derecho, le dieron al régimen una fachada de división de poderes. Asimismo, se practicaban elecciones periódicas en las que no existía una democracia real, pero se llevaba adelante todo el acto de sufragio, en paralelo a la persecución política y económica, desaparición forzada de personas, tortura, exilios forzados, violación de derechos humanos, etc.

Como expresa Soler (2012) esto no es una característica novedosa, de hecho, se reconoce que todos los gobiernos autoritarios y dictatoriales tratan de legitimar su poder mediante estrategias, muchas veces, pertenecientes al orden democrático. Sin embargo, en el caso del stronismo, el empeño por sostener la fachada democrática llevó al dictador a generar una modificación (o reinterpretación) de la Constitución y dos cambios constitucionales previos al vencimiento de su mandato, evitando así ser un dictador "por fuera de la ley". Además, las modificaciones no fueron solo del orden constitucional, también se dictaron leyes electorales y de sucesión.

Durante la dictadura stronista, el desarrollo político estuvo guiado por dos grandes Cartas Magnas. Entre los años 1954-1966 rigió la Carta Política –decreto de 1940 del general José Félix Estigarribia–, a la cual se le aplica una reinterpretación con la Ley 776 en 1962; y de 1966 a 1989, la Constitución Nacional –con reformas en 1977–, reemplazada en 1992.

Para las autoras Yore y Palau, la Carta de Estigarribia instaura un "cesarismo presidencial [que] se caracteriza por la preeminencia del Poder Ejecutivo en el proceso de la formación de la voluntad estatal" (Yore y Palau, 2000: 8). Asimismo, la Constitución fortalece la dictadura autocrática patrimonialista de Stroessner. La Constitución de 1940[78] y la de 1967 permitían la reelección presidencial en un solo mandato, sin embargo, la modificación del año 1977 –sancionada en una constituyente unicolor, conformado por congresales colorados– habilita la reelección indefinida[79].

Respecto al Poder Legislativo, con la Carta Política de 1940 se impuso un sistema unicameral, llamado Cámara de Representantes, "que se compondrá de miembros elegidos directamente por el pueblo, de acuerdo con la ley electoral que se dictará oportunamente, en razón de uno por cada veinte y cinco mil habitantes" (Artículo 67. *Constitución Nacional de la República del Paraguay. 1940*).

Posteriormente, una vez llegado al poder, Stroessner reanudó el funcionamiento de las dos Cámaras, plasmándolo oficialmente en la Constitución de 1967.

---

78 Artículo 47. "El Presidente de la República durará cinco años en sus funciones y podrá ser reelecto por un período más. Cesa en el poder el mismo día en que expira su período, sin que evento alguno que le haya interrumpido pueda ser motivo de que se le complete más tarde. Disfruta de un sueldo pagado por el Tesoro de la Nación, inalterable en el período de sus funciones, y no puede ejercer, mientras ellas duren, ningún otro empleo ni recibir ningún otro emolumento" (*Constitución de la República del Paraguay. 1940*).

79 Tras la modificación, el artículo 173 citaría: "El Presidente de la República será elegido en comicios generales directos que se realizarán por lo menos seis meses antes de expirar el período constitucional que estuviere en curso, y podrá ser reelecto" (*Constitución de la República del Paraguay. 1977*). Posteriormente, la Constitución de 1992 determina que ni el presidente ni el vicepresidente podrán ser reelectos en ningún caso.

Como expresa Scavone Yegros (2010: 250) la Constitución de Estigarribia buscaba

organizar un Estado fuerte, en el que el Poder Ejecutivo tuviese mayor preponderancia. El Estado ya no sería neutral, sino que tenía atribuciones para intervenir en la vida social y económica. [...] El Presidente de la República aumentaba sus facultades, por lo que podía disolver el Congreso, decretar por sí mismo el estado de sitio y dictar decretos-leyes durante el receso legislativo.[80]

Además se eliminó la figura del vicepresidente y se creó un Consejo de Estado

"del que formarán parte los ministros del Poder Ejecutivo, el rector de la Universidad Nacional, el arzobispo del Paraguay, un representante del comercio, dos representantes de las industrias agropecuarias, un representante de las industrias transformadoras, el presidente del Banco de la República y dos miembros de las Instituciones Armadas, uno del Ejército y otro de la Marina, con graduación de coronel por lo menos, en situación de retiro. La forma de designación de los consejeros que no sean natos será determinada por la ley. Los miembros del primer Consejo de Estado serán designados por el presidente de la República" (Artículo 62. *Constitución Nacional de la República del Paraguay. 1940*).

La suprema Carta había sido sancionada por el mismo Poder Ejecutivo, tras una renuncia colectiva de todas las bancadas del Congreso y su finalidad era "salvar de la anarquía a toda la familia paraguaya, en vista de la dimisión colectiva de los miembros de ambas Cámaras legislativas y con el propósito de realizar el bienestar del pueblo, invocando la protección de Dios Todopoderoso" (Decreto Nº 1, Asunción. 18 de Febrero de 1940).

Vigente esta Carta Magna, por la disposición Nº 204 de 1959, se estableció el sistema electoral de mayoría prima, por lo que el ganador de los comicios se llevaba los dos tercios[81] de escaños de la Cámara de Representantes, dejando a los demás partidos el tercio restante. Según cita en la normativa:

---

80 Respecto al estado de sitio, la Constitución sostenía: Artículo 52. "Si sobreviene alguna amenaza grave de perturbación interior o conflicto exterior que pueda poner en peligro el ejercicio de esta Constitución y a las autoridades creadas por ella, el Presidente de la República declarará en estado de sitio una parte o todo el territorio de la República, con cargo de dar cuenta a la Cámara de Representantes. Durante el estado de sitio, el Presidente de la República podrá ordenar el arresto de las personas sospechosas", mientras que el Artículo siguiente expresa: "El Presidente de la República podrá disolver la Cámara de Representantes y remover a los Consejeros de Estado, con la obligación en el primer caso, de convocar a elecciones dentro del plazo de dos meses" (*Constitución de la República del Paraguay. 1940*).

81 Dos tercias partes de las Cámaras correspondían a la fórmula ganadora. El restante se subdividía. Las minorías no tenían capacidad de veto.

Los miembros de la Cámara de Representantes, Convencionales a la Asamblea Nacional Constituyente, miembros de las Juntas Municipales y de las Juntas Electorales, serán elegidos por votación directa y secreta de los ciudadanos por el sistema de lista completa y de representación proporcional, en la forma que seguidamente se enuncia: El sistema de representación adoptado consiste en asignar los dos tercios de los cargos al partido que hubiere obtenido mayor número de votos válidos. Para integrar los cargos restantes, la proporción se determinará en la siguiente forma: se suman el total de los votos válidos emitidos a favor de los partidos minoritarios y se divide por el número de cargos por llenar; el resultado será el primer cociente electoral para la minoría; este cociente servirá de divisor al número de votos válidos emitidos a favor de cada uno de los partidos minoritarios. Hecha la adjudicación respectiva, si quedare uno o más cargos por proveer, estos se adjudicarán a la lista del partido minoritario que haya obtenido mayor número de votos. El sistema establecido se aplicará igualmente a los suplentes (Art. 8 del Estatuto electoral. Decreto Ley N° 204, año 1959).

Esta misma norma otorgó un rol central a las Juntas Electorales, que se conformaban de manera similar a la Cámara de Representantes, por lo que uno de los órganos con competencias electorales más importante funcionaba a fin de cuentas como un anexo del partido que más votos hubiera obtenido (profundizando la partidización del Estado, como se explicó anteriormente, con el Partido Colorado como actor central). Asimismo, los Representantes, podían disolver la Junta.

La Junta Electoral Central, la más importante:

se compondrá de seis miembros, designados por mayoría de votos de la Cámara de Representantes, debiendo permanecer la Presidencia y tres miembros más al partido de la primera mayoría y los otros dos miembros a los partidos minoritarios, así mismo habrá seis suplentes designados como los titulares. Los suplentes entrarán a sustituir a los titulares del mismo partido y no gozarán del sueldo mientras no ejerzan funciones de titular" (Art. 157 del Estatuto electoral. Decreto Ley N° 204, año 1959).

La Ley N° 600, del año posterior (1960), modifica muy levemente el texto del Decreto-Ley anterior, pero lo sanciona con vigor de ley, respaldada por la Cámara de Representantes (a diferencia del Decreto-Ley N° 204 que fue dictado por el presidente, citando en su introducción: "Asunción, 28 de julio de 1959. Oído el parecer del Excelentísimo Consejo de Estado, El Presidente de la República del Paraguay Decreta con fuerza de LEY"- Apertura del Estatuto electoral. (Decreto-Ley N° 204, año 1959).

Sin embargo, había un problema que saldar; un problema de orden legal, cuya solución podía generarse aún sin recurrir a una modificación constitucional. El general Stroessner había ganado las "elecciones" (en las que era el único candidato) en 1954 y dirigió el gobierno en un período que originalmente había sido adjudicado al presidente anterior, al renovar su mandato, agotaba las dos elecciones que podía ganar un candidato, entonces resolvió reinterpretar la Constitución previamente existente.

Lezcano Claude (2012a) explica que al asumir la presidencia el 15 de agosto de 1954, Stroessner lo hace para reemplazar el período de Federico Franco que se extendía hasta el 15 de agosto de 1958. Stroessner había triunfado en elecciones como candidato único y así también lo hace posteriormente, cuando es reelecto para el período 1958-1963. Para el año 1962 el problema de la candidatura apareció nuevamente: el dictador ya había gobernado dos períodos consecutivos y eso era todo lo que tenía permitido. La cuestión fue resuelta por la Cámara de Representantes mediante la sanción de la Ley N° 776, de sucesión presidencial. Esta norma establecía que el período que una persona podía ser presidente era de diez años y que para la reelegibilidad no podía contarse el tiempo de presidencia provisional ni de mandato para completar un período iniciado por otro.

Así, con una reinterpretación de una ley vigente[82], Stroessner supera su problema de incompatibilidad normativa, permaneciendo dentro de un andamiaje legal creado *ex post facto*.

La Constitución del '67, como se mencionó anteriormente, determina que el titular del Poder Ejecutivo podrá ser reelecto en una sola ocasión, sin posibilidad de volver a ejercer ese cargo[83]. Además, en el artículo 175 asegura que nada hará prolongable el mandato presidencial más allá de los cinco años reglamentados: "Art. 175.- El Presidente de la República cesará el mismo día en que expira el período para el cual fue elegido, sin que evento alguno prorrogue su mandato" (*Constitución Nacional de la República del Paraguay. 1967*). Pero dado que Stoessner de esta manera solo podría asumir un mandato más, la Constitución ampara su situación, dejando la carrera de elecciones en "cero". La misma aclara en el artículo 236 que "De acuerdo con al artículo 174° de

---

82 La Ley N° 776 del 22 de mayo de 1962 sostenía en su artículo 6: "tanto en el caso del Presidente Provisional, aunque fuere designado para terminar un período presidencial, como en el del Presidente de la República elegido para complementarlo, a tenor de las situaciones previstas en el Art. 58 de la Constitución Nacional, el ejercicio del Poder Ejecutivo por una fracción de período no afecta a la elegibilidad del mismo ciudadano hasta por dos períodos completos, conforme a lo que autoriza el Art. 47 de la Constitución Nacional".

83 "Art. 173.- El Presidente de la República será elegido en comicios generales directos que se realizarán por lo menos seis meses antes de expirar el período constitucional que estuviere en curso, y sólo podrá ser reelecto para un periodo más, consecutivo o alternativo" (*Constitución Nacional de la República del Paraguay. 1967*).

esta Constitución el actual período presidencial terminará el 15 de Agosto de 1968. Para los períodos presidenciales que se sucedan a partir de esa fecha, y a los efectos de la elegibilidad y reelegibilidad del Presidente de la República, solo se tomarán en cuenta los que se hayan cumplido desde entonces" (*Constitución Nacional de la República del Paraguay. 1967*), garantizando de esta manera que el mandato a asumir, posterior a la sanción de esta Constitución, contase como el primero, siendo en realidad el cuarto.

Respecto al Poder Legislativo, por una parte, restituye la bicameralidad del Congreso y por otra, determina que el Ejecutivo podrá disolver las Cámaras:

Art. 182.- El Poder Ejecutivo podrá decretar la disolución del Congreso por hechos graves que le sean imputables y que pongan en peligro el equilibrio de los Poderes del Estado, o de otro modo afecten la vigencia normal de esta Constitución o el libre desenvolvimiento de las instituciones creadas por ella. En el mismo decreto en que dispone la disolución del Congreso, el Poder Ejecutivo llamará a elecciones de Senadores y Diputados, que completarán el período constitucional, salvo que falte un año o menos para la terminación de dicho período. Estas elecciones se realizarán dentro de los tres meses" (*Constitución Nacional de la República del Paraguay. 1967*).

Junto a esta competencia disolutoria que centraliza el poder en la figura presidencial, se agrega otra que permite al Poder Ejecutivo dictar decretos-ley[84]. De esta forma se inclina la balanza, priorizando la acumulación de poder en Stroessner, reforzando el autoritarismo centralista.

A pesar de no pertenecer estrictamente al análisis electoral, es importante mencionar que esta Constitución habilita al Ejecutivo a decretar el estado de sitio determinando la causa y el ejido de aplicación del mismo[85]. En consecuencia, se "refuerza el autoritarismo presidencial con la concentración de la suma del poder público en el Presidente de la República y la subordinación de los demás poderes al Ejecutivo" (Yore y Palau, 2000: 8).

Finalmente, el 16 de julio de 1976, la "Enmienda constitucional N° 1" permite la reelección indefinida. La misma sostiene: "La Enmienda del Artículo

---

84 "Art. 183.- Durante el receso del Congreso o hallándose este por cualquier causa desintegrado, el Poder Ejecutivo podrá dictar Decretos con fuerza de ley, con dictamen del Consejo de Estado y con la obligación de someterlos a la consideración de las Cámaras, dentro de los primeros sesenta días del siguiente período ordinario de sesiones" (*Constitución Nacional de la República del Paraguay. 1967*).
85 "Art. 181.- En los casos previstos en el artículo 79 de esta Constitución, el Poder Ejecutivo podrá decretar el estado de sitio, debiendo expresar los motivos en que se funda, las garantías que se suspenden o restringen y si rige para todo o parte del territorio nacional, y adoptar las medidas autorizadas en el mencionado artículo. Del Decreto respectivo dará cuenta al Congreso dentro de los cinco días siguientes al de su publicación "(*Constitución Nacional de la República del Paraguay. 1967*).

173 de la Constitución Nacional, en los siguientes términos: Art. 173.- El Presidente de la República será elegido en comicios generales directos que se realizarán por lo menos seis meses antes de expirar el período constitucional que estuviere en curso, y podrá ser reelecto".

Con estos mecanismos legales se logró respaldar un gobierno autoritario, centralizado en el Poder Ejecutivo, donde todas las instancias gubernamentales y los diversos poderes terminaban subsumidos al mandato del Partido-Estado, cuya figura central era el presidente, jefe del Partido Colorado, Jefe del Estado (encabezando el Poder Ejecutivo) y Jefe de las Fuerzas Armadas.

Si hacemos una lectura longitudinal de la dictadura stronista, podemos advertir una progresiva modificación constitucional (que incluye una ley que reinterpreta la Constitución en 1962, una nueva Constitución en 1966 y una enmienda en 1977) para llegar finalmente a la cláusula de reelección indefinida, el más buscado de los tesoros de un dictador. Este proceso se dio progresivamente, "en cuotas" legislativas de modificación. Este hallazgo abre preguntas para futuras investigaciones. ¿Respondió esta progresión a lecturas políticas propias del general en el contexto paraguayo? ¿Qué pasó entre 1968 y 1977 que le dio al dictador la seguridad de seguir al mando del país a largo plazo y la necesidad de hacerlo? ¿El *boom* económico generado por Itaipu modificó la proyección política dictatorial? ¿La eliminación de los movimientos armados en los '50 y '70 con el posterior exterminio de las Ligas Agrarias afianzó la estadía de la dictadura? Estas preguntas deberán ser retomadas en nuevos trabajos para dar cuenta acabada de la construcción de legalidad de la dictadura de 1954-1989.

1.2. Nuevas reglas para actores no tan novedosos durante la apertura democrática

Tras el Golpe de 1989, Rodríguez se propone instaurar un orden democrático, por lo que comienza con modificaciones importantes en materia normativa, con el fin de reencausar al país en la ola democrática que había atravesado el resto de la región.

Respecto a los avances y las modificaciones en materia legal y normativa, es importante destacar dos elementos: en primera instancia, en 1990, un año después de la caída de Stroessner, se sanciona una reforma del código electoral que establece modificaciones sustanciales en ingeniería electoral, algunas de las cuales se vieron plasmadas en la Constitución posterior y otras fueron dejadas de lado –el derecho a la presentación de candidaturas independientes y el balotaje para cargos ejecutivos fueron descartados–. Respecto a la primera exclusión, la ley sostiene: "El sufragio es un derecho y deber político que habilita al elector a participar en la constitución de las autoridades electivas, por intermedio de los partidos políticos o candidatos independientes, conforme a la Ley" (Art. 1 de la Ley N° 1 - *Código Electoral de 1990*). Con esto se incorpora la figura de la candidatura de *outsiders* sin pertenencia institucional-partidaria[86]. Referido al segundo elemento dejado de lado, el Código citaba: "Resultará electo el candidato que obtuviere más del cincuenta por ciento (50%) del total de los votos emitidos. Si no se alcanzare esa mayoría se realizará una nueva elección en el plazo de treinta (30) días, en la que únicamente participarán los dos candidatos más votados" (Art. 256, inciso 2, de la Ley N° 1- *Código Electoral de 1990*).

Esta norma indica el método D'Hondt[87] como sistema de distribución de escaños. Este código, combinado con la Constitución que se detallará a continuación, se replican en buena medida en la Ley N° 834- Código Electoral vigente (con modificaciones) en la actualidad.

En segunda instancia, en 1992 se aprobó un nueva Constitución, que establecía como sistema de gobierno al régimen presidencialista. Por su parte, "el Poder Legislativo será ejercido por el Congreso, compuesto por una Cámara de Senadores y otra de Diputados" (Art. 182 de la *Constitución Nacional de Paraguay 1992*)[88]. La primera, de 45 senadores, se conformará mediante elecciones directas en circunscripción única nacional. La segunda, que cuenta con 80 bancadas, se formará sobre la representación regional. Dicha Constitución confirmó el voto directo en las internas de los partidos, estableció el sistema proporcional para la adjudicación de escaños (se dejaron atrás los tiempos del sistema de mayoría simple confirmándose la elección del sistema D'Hondt, ya explicitado en el Estatuto Electoral de 1990) y prohibió el voto de los ciudadanos paraguayos que residieran en el exterior (lo cual fue modificado en el año 2011 tras un referéndum constitucional por el que se votó a favor de restituir la ciudadanía de los emigrados, a quienes se les había amputado una parte de sus derechos ciudadanos, fijando con una variable geográfica el derecho al voto). También, determinó que la reelección presidencial quedaría prohibida.

---

86 Las candidaturas independientes se legislan en el capítulo 6 del *Código Electoral de 1990*.

87 El sistema D'Hondt es un mecanismo utilizado para "convertir votos en bancadas", es decir, para transformar la cantidad de votos recibidos por un partido en escaños dentro de la Cámara. Según el método que se utilice variarán los resultados de manera notoria. La gran división entre esos sistemas es: mayoritarios y proporcionales. El sistema D'Hont es proporcional, mientras que el anteriormente utilizado en Paraguay –mayoría prima– es, evidentemente, mayoritario. Los proporcionales tienden a representar dentro del Congreso, de manera más acabada, la pluralidad del voto y de la sociedad. El D'Hondt reparte los escaños mediante una serie de cálculos que consisten en dividir sucesivamente la cantidad de votos positivos recibidos por cada partido por las bancadas que se disputan (ej: 1, 2, 3, 4… sucesivamente hasta el nro. total de puestos a cubrir). Los cocientes mayores finales serán los que obtengan los cargos.

88 Ver también art. N° 221 y N° 223.

Para Bareiro y Soto (2008), la introducción del sistema D'Hondt garantizaría el reconocimiento y la presencia de las minorías en la conformación parlamentaria. En sus palabras, "adoptándose el sistema D'Hondt [... se] precautela la presencia de minorías" (Bareiro y Soto, 2008: 750). Sin embargo, sosteniéndonos en trabajos realizados anteriormente (López 2010a) y en las apreciaciones de Nolhen, puede considerarse que dicho método en realidad tiende a beneficiar a los partidos más grandes –sobre todo en distritos en donde los escaños a ser adjudicados son pocos–. Si bien el sistema D'Hondt ha sido blanco de numerosas críticas, tiende a transformar más fidedignamente la cantidad de votos en escaños que los sistemas mayoritarios, y es uno de los más utilizados en el mundo. Sin embargo, algunos países cambiaron el sistema D'Hondt básico para mejorar la proporcionalidad, utilizando el Hare o el Hare/Niemeyer. Este método, comparado con el D'Hondt, favorece más a los partidos pequeños (Nolhen, 1995: 93), lo cual genera una proporcionalidad que disminuye la brecha entre el porcentaje de bancas adquiridas y el porcentaje de votos obtenidos en las elecciones.

Retomando el análisis, es importante mencionar que la Constitución de 1992 también introdujo modificaciones para reequilibrar los poderes del Estado. Las justificaciones para estas cláusulas se hallan en el pasado constitucional del país (largas dictaduras, golpes de Estado, perpetuación en la presidencia, etc.). Frente a dichos precedentes, la Asamblea Constituyente del '92 crea la figura de gobernador y de gobiernos/juntas departamentales[89], para descentralizar el poder del presidente, desconcentrando la administración estatal. El Poder Ejecutivo pierde la capacidad de disolver al Legislativo y de promulgar decretos leyes (Yore y Palau, 2000). De esta manera se busca restablecer un equilibrio que había sido históricamente dejado de lado por el sistema político anterior[90]. Algunos constitucionalistas sostienen que, al sancionarse esta Constitución, el Legislativo se convirtió en el Poder más importante e influyente (Yore y Palau, 2000).

El rol activo del Congreso se fue acentuando progresivamente en Paraguay, incluso siendo necesarios arduos esfuerzos de coalición parlamentaria para dar apoyo a gobiernos presidenciales debilitados. Así puede sostenerse que las modificaciones constitucionales y las reformas electorales hicieron que para gobernar sea necesario "negociar" con otras agrupaciones partidarias que tengan bancadas en el Congreso, para sostener legislativamente al primer mandatario.

---

89 Ver Art. Nº 161 de la Constitución Nacional paraguaya de 1992.
90 Ver Art. Nº 3 de la Constitución Nacional paraguaya de 1992.

Con una historia de reiterados golpes de Estado, gobiernos de facto personalistas y dictaduras prolongadas, Paraguay se presenta como un país con fuertes antecedentes autoritarios, caracterizados por la presencia de las Fuerzas Armadas dentro de la arena política y por la centralización del poder alrededor del mandato presidencial, y no menos importante, alrededor del partido político que sostuviera al presidente de turno (estratégicamente asegurado por el uso del sistema de mayoría prima para el reparto de escaños). Con estos antecedentes, elegir un sistema electoral como el D'Hondt, indudablemente contribuyó a mejorar la representación partidaria dentro de las Cámaras y a hacer un notable avance hacia la lógica proporcional, que relacione de manera más acabada el porcentaje de votos obtenidos y el porcentaje de bancadas adquiridas. Sin embargo, algunos autores sostienen que este método tiende a beneficiar a los partidos más grandes[91], efecto agudizado en circunscripciones pequeñas o que reparten pocos escaños (como es el caso de las elecciones a diputados, en las que se eligen pocos diputados por departamento: en los casos de Boquerón y Alto Paraguay se reparte solo 1 escaño, en otros casos son solo 2 –Ñeembucú, Canindeyú, Amambay, Presidente Hayes, Caazapá y Misiones–. Concepción elige 3 candidatos a la Cámara Baja. Guairá, Cordillera y Paraguarí, 4 cada uno. 5 puestos se disputarán en San Pedro y 6 en Itapúa, Alto Paraná y Caaguazú. 9 para Capital y 19 para Central).

La Constitución de 1992 fue objeto de estudios profundos. Simón (1997) sostuvo:

> La Constitución de 1992 (que pese a sus limitaciones y exageraciones populistas es uno de los grandes logros de la administración de transición de general Rodríguez) consagró un régimen democrático-representativo que garantiza la vigencia plena de los derechos humanos y de las libertades públicas, y que de acuerdo con las modernas concepciones sobre el Estado de Derecho, establece entre los tres poderes clásicos la interdependencia funcional, la reciprocidad, la igualdad jurídica y la irrevocabilidad política" (Simón, 1997: 149).

Sin embargo, otros autores aseguraron que esta Constitución vedaba derechos del Ejecutivo y planteaba un parlamentarismo de hecho, dentro de un presidencialismo en las formas. Más allá de las divergencias analíticas de los

---

91 Además de no ser los más privilegiados por el uso del sistema de reparto de bancadas seleccionado, los partidos pequeños encuentran otras dificultades en el desempeño de campaña, por ejemplo las surgidas de la falta de financiamiento o de posibilidad de acceder a propaganda pública. Si bien, la Ley N° 834 (Estatuto Electoral en vigencia) establece la misma cantidad de financiamiento a todos los partidos y asegura la permanencia de los diferentes candidatos en los diferentes medios masivos de comunicación, esta "igualación" de recursos entre agrupaciones políticas con desigual acceso a beneficios y con desigual financiamiento interno no garantiza plenamente la igualdad.

investigadores, la Constitución Nacional, sancionada y promulgada el 20 de junio de 1992 sigue vigente, y solo sufrió una modificación en su artículo 120 en el año 2011. Sus disposiciones respecto a la organización electoral y del sistema político están presentes y determinan las reglamentaciones referidas a la temática. Respecto a estas últimas, entre los años 1990 y 2012, se dictaron 25 disposiciones y leyes sustanciales sobre materia electoral (algunas modificaciones de las anteriores), lo que da por resultado un entramado complejo de normativas, que resulta confuso a la hora de esquematizar el sistema electoral e incluso, al momento de dirimir judicialmente los pleitos que surjan frente a violaciones del código electoral.

El código electoral vigente en la actualidad es la Ley Nº 834 con las modificaciones incorporadas por diversas leyes que aportaron pequeños cambios de carácter más administrativo que estructural. A estas, se agregan la Ley Nº 3212 del 2007 que organiza las instituciones políticas denominadas concertaciones y la Nº 4559 que modifica el sistema de inscripción en los padrones (como se explicará a continuación).

Una de las dificultades más notorias la constituyó el hecho de que el registro en el padrón electoral haya sido personal (y no automático) hasta el año 2012. Esto generaba una dinámica compleja en el proceso electoral. Una vez cumplidos los 18 años, el ciudadano debía asistir a un establecimiento (o esperar la visita de un agente oficial en su territorio) para adherirse al Registro Cívico Permanente. La ley citaba: "Los ciudadanos paraguayos y extranjeros hábiles para votar están obligados a inscribirse en el Registro Cívico Permanente a los efectos previstos en este código" (Art.113 del Código Electoral Paraguayo. Ley Nº 834 de 1996). Esto daba espacio a que algunos paraguayos no se inscribieran en tiempo y forma o que directamente nunca se inscribieran y, por otra parte, que proliferasen estrategias partidarias de dudosa legalidad, como la de afiliar a la persona al partido, al mismo tiempo que la sumaba al registro de votantes. Además de esto, la figura del "planillero", quién debía completar los formularios para que el ciudadano pudiera votar, se fue progresivamente desgastando, puesto que se la asociaba a diferentes formas de corrupción. La Ley Nº 4559 de diciembre de 2011, en su artículo primero, establece que "Los paraguayos/as que cumplan dieciocho años de edad, que reúnan los requisitos para votar y que cuenten con cédula de identidad civil, serán inscriptos de manera automática en el Registro Cívico Permanente, dependiente de la Dirección del Registro Electoral" (Art. 1 de la Ley Nº 4559). Con esta norma, se clausura una dificultad de vieja data dentro del sistema electoral paraguayo, referida específicamente al elector.

Junto con la normativa anterior, la incorporación del voto electrónico en algunas circunscripciones municipales (Ley Nº 1825 de 2001), su complementación con el uso de urnas electrónicas (Ley Nº 3017 de 2006), el desbloqueo de las listas (fin de boletas cerradas) con las que se elige a los congresales (Ley Nº 4584 de 2012)[92] y la ampliación de los derechos de alianzas electorales y partidarias con la creación de la figura de la concertación (Ley Nº 3212 de 2007) son algunas de las implementaciones en materia electoral más importantes de los últimos tiempos.

2. ¿Por qué legislar sobre el proceso electoral?

La sanción de leyes no es un proceso ingenuo, sino que pretende legislar sobre una realidad precisa, que responde a un momento histórico social determinado. El sorprendente interés de mantener una fachada democrática mediante la sanción de leyes y constituciones y el mantenimiento de un Poder Legislativo durante la dictadura stronista da cuenta de ello.

Durante la apertura democrática, el primer presidente electo, perteneciente al mismo partido político que el dictador sustituido, mostró interés por resolver la deuda de legitimidad que el Estado tenía con la sociedad tras 35 años de vejación de derechos sociales, políticos, económicos y culturales; violencia sistemática, y violación de derechos humanos. Para ello se amparó en leyes y en una constitución para reorganizar el sistema electoral y "corregir" los defectos estructurales del autoritarismo centralista de Stroessner.

Como pudo observarse, las normativas electorales han tendido progresivamente a optimizarse respecto a las que regían durante el período autoritario de 1954-1989, pero cabe destacar que podría mejorarse notoriamente el sistema electoral y de partidos si se considerara:

a) aumentar la competitividad de los partidos pequeños (sobre todo por la centralidad de los dos partidos tradicionales: Partido Colorado y Partido Liberal);

b) generar sistemas de financiamiento partidario y electoral que consideren fidedignamente la disponibilidad monetaria de todos los par-

---

92 Si bien algunos estudios han demostrado que el fin del uso de las boletas cerradas no beneficia al sistema de partidos ni a la mejora de la representación electoral, lo planteamos como una mejoría porque fue una reivindicación exigida por la ciudadanía, que se autoconvocó en una de las marchas más grandes durante los 2000 dentro de las zonas urbanas, pidiendo el fin de la lista sábana. De todas maneras, esta medida no está ni reglamentada ni vigente en la actualidad.

tidos, comprendiendo que los que tienen en el gobierno o cargos públicos de renombre, tendrán por esta causa más propaganda y más participación en medios masivos (en detrimento de quienes no ejerzan cargos públicos o no pertenezcan a partidos de larga data o de acaudalado financiamiento interno por un gran número de afiliados);

c) implementar umbrales de representatividad con el que se asegure cierta correlación entre el porcentaje de votos obtenidos por los partidos en las elecciones y el porcentaje de bancadas en las Cámaras que tengan tras la transformación de votos a escaños;

d) incorporar algunos mecanismos anexos que tiendan a disminuir la priorización de los partidos grandes que genera el sistema D'Hondt, que si bien se ha demostrado que no han sido muy efectivos en otros países, podrían matizar levemente los resultados;

e) lograr mecanismos para que las mujeres puedan participar en cargos electivos, alentando la paridad de género, dado que Paraguay es uno de los países con menor participación de mujeres en los poderes del Estado;

f) implementar instancias de contralor de la sociedad hacia los organismos como el Tribunal Superior de Justicia Electoral (TSJE) y tribunales inferiores para garantizar una plena confianza en los procesos electorales, disminuyendo las potenciales amenazas de corrupción, fraude o malversación de los fondos electorales. Estas son solo algunas de las herramientas que se pueden utilizar con el fin de garantizar que la tendencia representativa sea mayor, la confianza electoral aumente y se promueva la incorporación de nuevas agrupaciones, y la participación de diferentes partidos dentro del reparto de cargos con voz y voto. Asimismo, como propuesta central

g) deberían alentarse cambios dentro de la legislación partidaria, la que refiere a la organización interna, organigrama y estructura, con el fin de disminuir las lógicas autoritarias y caudillistas que logran imponerse.

Por otra parte, la modificación del Art. 120 de la Constitución (que devuelve a los migrantes que viven en el exterior su derecho a votar), el desbloqueo de las listas –que nunca fue reglamentado por lo que no se encuentra vigente– y la activación del sistema de empadronamiento automático son medidas que podrían tender a un mejoramiento paulatino y relativo del sistema electoral. Sin embargo, las acusaciones de las diferentes agrupaciones referidas a las dificultades que el TSJE ha puesto en los empadronamientos de los paraguayos que viven en el exterior, además de las denuncias realizadas por el millonario aumento de presupuesto electoral votado por la Cámara de Diputados en marzo de 2012, entre otras problemáticas surgidas alrededor del funcionamiento del Tribunal, son experiencias que retrasan el camino de la transparencia buscada.

EN BUSCA DE LA REPRESENTACIÓN PERDIDA: ELECCIONES GENERALES Y VOTOS EN EL PERÍODO 1989-2013[93]

Los datos numéricos no son dados, son el resultado de una negociación entre lo que se desea medir, cómo se mide, quiénes lo miden, con qué fin y, sobre todo, quiénes los leen y para qué. Por esta causa, tampoco son leídos objetivamente. En este sentido, las reflexiones que se generan en torno a ellos son, dentro de todo contexto social y político, otro resultado parcial de una puja entre paradigmas, intereses y teorías.

Los datos electorales (numéricos, en sus variadas presentaciones) no son ajenos a estos principios. Es por ello que a partir de los mismos números se pueden leer diferentes cosas, deducir máximas variadas, complejizar una cifra u otra desde las teorías con las que las abordamos.

Este capítulo se compone de dos secciones que, creemos, podrían mutuamente incompatibilizarse, pero esperamos poder salvar este obstáculo. Una primera analizará la validez de la teoría de la representación desde un abordaje conceptual y filosófico. En la segunda, proponemos una lectura de los datos numéricos obtenidos del Tribunal Superior de Justicia Electoral y el Tribunal Electoral Central, para todas las elecciones presidenciales correspondientes al período 1989-2013.

Es intención de este capítulo dar cuenta de cómo las diferentes fases de institucionalización de la idea hegemónica de democracia tienen un correlato mayormente unidireccional en la realidad electoral del país a lo largo del período, y que incluso trabajos que intentan demostrar una volatilidad electoral definitiva deben aceptar que los patrones de comportamiento electoral no han

---

93 Una versión resumida de este capítulo fue presentada en López (2015b y 2017).

cambiado durante la transición (Duarte Recalde, 2012). Asimismo, marcamos una distancia crítica de los trabajos que afirman que la ANR ha perdido importancia electoral (Rivarola, 2009 y Soler, 2012).

En el capítulo anterior desarrollamos cómo la construcción de la ingeniería constitucional y electoral dio como resultado un andamiaje complejo de leyes que limitan el desarrollo electoral tanto constriñendo la aparición de nuevos actores, como eliminando candidaturas independientes y dobles vueltas, y así también priorizando el equilibrio parlamentario con la utilización del sistema electoral D'Hondt que tiende a beneficiar (sobre todo en circunscripciones pequeñas) a los partidos mayoritarios. Asimismo, se construyó un presidencialismo muy especial, donde el Poder Legislativo conserva gran cantidad de poder, con el fin de evitar las tiranías, pero con el riesgo (quizás mejor demostrado en 2012) de violentar la voluntad de los electores, abusando de las competencias adquiridas en detrimento de la autoridad del presidente electo por el voto popular.

1. Reflexiones en torno a la teoría de la representación democrática[94]

Analizamos datos electorales como desentrañamos los demográficos. Revisamos qué población mayor de 18 años votó a cual candidato de cuál partido en cuál año y para cuál función. Es casi como un devenir natural, como si eso fuese así desde siempre y como si eso significase, sin mediaciones, la constitución de un gobierno (como la composición socio-etaria se deriva de los datos demográficos de una sociedad).

Resulta interesante cómo, incluso debatiendo en grupos sobre estos resultados, hay un elemento sobre el que casi no se discute: por qué esos datos constituyen un gobierno o, mejor dicho, por qué votar es el acto por el cual un grupo social mayoritario (los representados) da forma –y legitimidad– a un grupo minoritario, una elite (los representantes), que se encargará de los asuntos públicos. En general, se reflexiona bastante poco sobre la teoría de la representación, mientras se sobreanalizan los resultados electorales.

Esto da cuenta de un elemento muy importante: la teoría de la representación –que es el sostén conceptual que mantiene en pie nuestras democracias representativas modernas– está totalmente naturalizada. Se concibe como la forma lógica de hacer política y, en el peor de los casos, la única.

---

94 Este tema fue debatido previamente en: López (2017).

Reconocidos autores internacionales han escrito sobre las crisis de la representación y el problema que los cambios en las dinámicas políticas de los siglos XX y XXI han significado para dicho fenómeno.

Nos interesa pensar esa representación como aquella relación vincular que tiene el candidato con su elector (que lo erigió como representante) sin dejar de lado su relación con su partido (que lo convirtió en candidato, en primera instancia). La teoría de la representación expone que los candidatos disponibles representan los intereses de quienes los votan y, finalmente, el elegido, encarnará un interés "supremo" que incluso lo acerca a un interés general de la sociedad sobre la que gobernará, como sostenían los "contractualistas".

Ante la pregunta sobre "qué es y cómo funciona la representación" en los gobiernos democráticos, las respuestas son variadas, pero en general tienden a explicar los canales institucionales que interactúan en la misma.

Por ejemplo, Pitkin expresa que la representación política es la forma que adquiere un sistema político para permitir que las voces de los ciudadanos sean oídas en el espacio público (del que resignan participar, pero dentro del cual alguien se apersona en su nombre). La representación se materializa en el momento en que el representante habla y actúa en nombre de otras personas: "representación quiere decir, más bien, hacer presente en algún sentido algo que, sin embargo, no está presente literariamente o de hecho" (Pitkin, 1985: 10).

Sartori (1996: 1) definió el vínculo de la representación democrática de una forma muy sencilla (tanto que podríamos considerarla anuladora de las contradicciones): "el significado fundamental de 'representación' es estar presente en lugar de otra persona en beneficio de sus intereses. Las dos características que definen la noción de representación son por lo tanto: 1) una sustitución en la que alguien habla y actúa en lugar de otro; 2) sustitución sometida a la condición de que el representante actúa en beneficio de los que son representados". Para Pasquino (1986) la representación es unidad esencial de la democracia y debe ser representativa y responsable.

Dentro de un abordaje similar, Przeworski (1998: 7) sostiene: "en una democracia representativa –nuestra forma de gobierno– estas decisiones son tomadas por representantes electos e implementadas por funcionarios designados en quienes los representantes delegan algunas de las tareas de gobierno. Los representantes deciden lo que los ciudadanos tanto deben hacer como lo que no pueden hacer y los coaccionan para que acaten esas decisiones".

Unzué (2007: 23) expresó:

la democracia representativa supone que esa minoría gobernante persigue el interés general, o al menos el de la mayoría, y que lleva adelante esa tarea con una sorprendente dosis de independencia frente al electorado que le permitió acceder al poder a través de su voto. Esa independencia, que es el rasgo central y constituyente de nuestros gobiernos, admite en nombre del supuesto de la asimetría de capacidades, la existencia de un poder autoerigido en tutelar o paternalista. El candidato, así como el gobernante, pueden predicar 'A' y realizar 'no A' sin ningún tipo de sanción inmediata.

En este sentido, al "poder representar a otro en su ausencia" de Pitkin, Unzué le suma que también puede decidir no representar su opinión, a pesar de representarlo como ciudadano. En cambio, para Manin (1999: 18) "la democracia representativa no es un régimen en el que la colectividad se autogobierna, sino un sistema en el que todo lo que corresponde al gobierno está sometido al tribunal colectivo".

Manin (1999) explica cómo para los padres fundadores y los grandes autores sobre la democracia, el candidato electo (siguiendo la metáfora de Unzué) debía hacer "no A" si esto servía para apaciguar los ánimos del pueblo, sus pasiones caóticas y su voluntad desordenada. Es decir, inicialmente, se consideraba que el representante tenía un rol de "tamizador" o "mediador" entre las voluntades populares y las decisiones finales.

En su libro *Los principios del gobierno representativo*, Bernand Manin sostiene que todo gobierno representativo, cuya institución central es la elección, se caracteriza por cuatro principios indisolubles: 1) los gobernantes son elegidos en intervalos regulares; 2) los gobernantes conservan un margen de independencia de los gobernados; 3) los gobernados pueden expresarse sobre temas públicos fuera del control de los gobernantes; y 4) las decisiones deben tomarse luego de un debate en el cual se expresen las diferentes posiciones.

En una entrevista realizada a Manin en 2013, este expresó que lo que caracteriza a los gobiernos representativos es que se alejan de otros principios para acercarse a la elección como mecanismo de definir representantes. Se elige, entonces, a aquellos que serán mejores para ejecutar el cargo que la ciudadanía cederá. Manin llama a este el "principio de la distinción". "Es la selección de una elite de quienes tienen el talento para presentarse como 'comunes' o para mostrarse cercanos a las preocupaciones de los electores" (Annunziata, entrevista a Manin, 2013).

Por su parte, Aboy Carlés (2016) explica que la democracia liberal está compuesta por dos dimensiones básicas: por un lado, la que deriva del principio de soberanía popular y establece que es el pueblo el portador y titular del poder del Estado; y por el otro, la existencia de un conjunto de derechos que están asociados a la idea del Estado de Derecho. Hablamos de democracia, dice el autor, "cuando ese derecho a elegir tiene como contracara el simétrico derecho a postularse y resultar elegido. Esta circunstancia, aunque lo modere, no elimina el carácter eminentemente aristocrático de la elección, pero en términos rigurosos convierte a las democracias actuales en aristocracias electivas de base ampliada"[95] (Aboy Carlés, 2016: 12).

Rosanvallon (2015) establece que los procedimientos electorales-representativos son, junto con los poderes de control, los dos pies que sostienen a la democracia.

> La democracia electoral-representativa está signada por un cierto número de tensiones estructurantes. Tensión, en primer lugar, entre la perspectiva de un sufragio-pertenencia, signo de la inclusión en una comunidad política, que implica en consecuencia un principio radical de igualdad, y la idea de un sufragio-gobernante, que traduce el acceso a una soberanía compartida, por la cual queda abierta la cuestión de la capacidad de los individuos (Rosanvallon, 2015: 282).

Esta tensión es resumida por el autor como la difícil compatibilización del número con la razón.

Mientras algunos trabajos establecen que los límites de la representación son el malestar, la "apolitización" o la abstención electoral, otros trabajos indican que el límite es excluir estos procesos de los análisis democráticos, dado que son parte del mismo sistema, son su contracara[96].

Si pensamos la elección como el acto que conecta a un representado con un representante que lo reemplazará en los espacios públicos en los cuales no puede participar por limitaciones numéricas, geográficas, etc., estamos dando por hecho que existen algunos supuestos invariados.

> El *primero* es la consideración de que existe un electorado tan homogéneo, cuyo interés esté tan esquematizado, que pueda colectivamente sentirse interpelado por un candidato. El *segundo* es la presunción de un electorado informado por igual, con totalidad de información y en pleno conocimiento de sus 'intereses' los cuales, además, serían explícitos y evidentes para todos los electores. El *tercero*, la

---

95 El investigador considera que la primera dimensión refiere al principio de soberanía popular y la segunda a la vigencia de derechos (libertad de reunión, de asociación, de opinión, etc.).

96 Rosanvallon (2015) introduce la necesidad de comenzar a "medir" los elementos de la contrademocracia, para dar cuenta de un espectro de ejercicio de la política y de expresión de apoyo o desacuerdo que no puede ser analizado a partir de las teorías vigentes de democracia representativa. El autor no busca necesariamente desactivar el malestar, sino comprenderlo como parte constitutiva de la democracia, es decir solo puede estudiarse la experiencia democrática si se tienen en cuenta al mismo tiempo tanto las instituciones electorales representativas como la constitución del universo de la desconfianza. Esta desconfianza organizada conforma, para el autor, una contrademocracia.

idea de poder traducir en una voz cientos (o cientos de miles) de voces que jamás tendrán un lugar dentro de la política democrática institucional, excepto por ser 'hablados' más no hablantes de su propia voluntad. El cuarto, la idea de un interés supremo (o general) que generalmente se asocia a la 'patria' o a la 'nación' que justifica que dicho gobernante elegido pueda o no cumplir con los intereses que se supuso representaba al momento de ser votado (López, 2015a: 161).

Otro dilema que plantea la teoría de la representación es la forma en la que se elige a los representantes. Todos los autores revisados opinan que las democracias modernas presuponen un proceso de elección para establecer una representación de un conjunto de personas por sobre un gran número de otras y que esa selección es, en sí, elitista (Manin lo llama "sistema aristocrático"). Es decir, el elegido se erige como diferente al resto, sobre la base de una distinción (Manin), y podrá elegir cosas que irán en contra de quién lo erigió en el poder (Pitkin) y que deberá imponer sobre ellos (Przeworski).

En este sentido, convertir la elección de candidatos (tal como la comprendemos en nuestros días) en la forma de selección de los representantes significó, para algunos autores, la demarcación de la superioridad de los elegidos por sobre los electores. "Los gobernantes que han atravesado el filtro de la elección (más aún, si existen restricciones a la elegibilidad), son considerados superiores a los ciudadanos comunes" (Unzué, 2007: 40).

Entonces, sostiene Unzué (2007), las elecciones encarnan el primer problema de la teoría de la representación: la dicotomía representante y representado confirma que los electores y el (o los) elegido(s) conforman agrupaciones de individuos muy diferenciadas y los segundos poseen características distintivas de los primeros.

No podemos olvidar tampoco que entre la ciudadanía y el candidato, además de mediar una elección, media un partido político.

Queremos establecer entonces que al hablar de representación política lo hacemos en un sentido político-partidario.

Como explicamos previamente (López, 2017), las democracias contemporáneas reposan sobre la teoría de la representación política partidaria y la misma, desde nuestra perspectiva, atraviesa varias fases.

En un primer momento, los partidos deben elegir sus propios candidatos que serán los que representen, al mismo tiempo, la voluntad de los afiliados y las doctrinas partidarias. Muchas veces, los candidatos encabezan una alianza de partidos, por lo que, al ganar, mediaron su poder de representación por el hecho de participar en una coalición que incluyó a otros partidos que le cedieron la legitimidad y el apoyo de sus seguidores (o no lo hicieron; y este será un tema recurrente de disputa cuando las decisiones políticas no sean compartidas). Luego, los electores condensarán sus intereses y se sentirán interpelados por representantes seleccionados en elecciones universales y periódicas, y agregamos, no fraudulentas. Además, en paralelo, un conjunto de derechos deben estar garantizados (a organizarse, a la libre opinión, a poder ser elector y elegido, etc.).

Posteriormente, en un segundo momento, se conforman los poderes a partir de esta elección. Cada miembro del Poder Ejecutivo y Legislativo deberá representar a quienes los instituyeron en ese lugar. La representación puede hacerse en coincidencia con los intereses de los representados o en contra de estos. Es decir que se erigen grados de vinculación mayor entre representantes y representados. Esta vinculación puede instituirse en mayor confianza, relegitimación y apoyo a los representantes, o puede generar la conexión contraria.

En un tercer momento, cuando los partidos o agrupaciones que triunfaron en las elecciones no son los mismos, los poderes instituidos a partir de las elecciones compiten por el monopolio de la representación popular.

Entendemos que hay problemas estructurales con la representación democrática partidaria y que esta atraviesa crisis estructurales de manera casi cíclica. Sin embargo, desde otra perspectiva, algunos autores (como Sartori, 1998) sostienen que la representación política es la única forma de gobernar en democracia en nuestros días, posicionándose en contra del "directismo" que propone disminuir la centralidad de la representación para dar paso a mayores y más dinámicas formas de participación directa en los asuntos del Estado. En este sentido, Sartori argumenta que si bien la representación desilusiona al electorado, esto se debe a que el electorado espera de la misma más de lo que debe esperar.

Manin indica que uno de los principales enemigos de la representación es el clientelismo, pero nosotros consideramos que esta forma de entender la política incluye un prejuicio sobre el elector. Algunas personas "eligen representantes" sabiendo que no los representarán, pero lo deciden en base a un cálculo económico, a una racionalidad de castigo contra otro candidato, etc.

Lo que pocas veces aparece cuestionado es este contrato invisible, esta conexión inmanente, que es la representación. En general, las críticas apuntan a particularidades, a ciertos aspectos que no funcionan o a los elementos que pueden desacomodarse. Sin embargo, quizás lo que no funcione en sí es el presupuesto de que un interés superior (el de la Nación, diría Rustow, o el del pueblo) caracteriza a una sociedad (que vive atravesada por diversos y múltiples factores de desigualdad, opresión, oposición, competencia, vulnerabilidad) y que este puede ser defendido y representado por uno en ausencia de todos.

Tras este breve repaso sobre las condiciones de la representación, nos adentramos a revisar algunos datos electorales. Los datos electorales, esa sumatoria de números, partidos, votos y bancadas, no tendrían ningún sentido si no creyésemos que representan una redistribución de poder sostenida en la teoría de la representación. Teoría que también nos empuja a votar el día de las elecciones y a movilizarnos cuando la sentimos extinguida o desacreditada.

2. Las elecciones generales: un análisis de los resultados de las presidenciales[97]

Las elecciones presidenciales en el Paraguay de la posdictadura comparten una característica: los dos partidos tradicionales (presentándose solos o en alianzas –como es el caso del PLRA–) siempre han conservado más del 60% de los votos. No obstante, en algunas elecciones, como la del año 1998, ambos partidos sumaron el 96,3%, mientras que en la del 1993 y la del 2008 más del 71%.

Este dato refleja la organización de un bipartidismo sostenido, dentro del cual las terceras fuerzas pueden disminuir o aumentar su caudal electoral, pero su margen de maniobra siempre es notoriamente inferior al de los dos partidos tradicionales.

El bipartidismo es, entonces, uno de los factores a tener en cuenta para comprender la vida política paraguaya desde 1887, incluso en las décadas del noventa y dos mil, en las que se hablaba a nivel mundial de un "desencanto de la política" y una "pérdida de representatividad".

La participación electoral[98] se mantiene en una media de 66,53% (66,84% si consideramos la elecciones del 2013), con un pico de participación en el año 1998 de 80.54%. Este dato ha generado la impresión (Soler, 2012; Rivarola, 2009) de que la participación ha disminuido progresivamente en Paraguay. Sin embargo, tras el pico del año 1998, en las 3 elecciones presidenciales siguientes, el porcentaje se ha mantenido tímidamente en alza, no ha decaído.

Otra lectura posible es la de dividir en dos las elecciones presidenciales paraguayas: de 1989 a 1998 se advierte una tendencia participativa creciente alcanzando su máximo pico en 1998, mientras que para la década del 2000, decrece notoriamente.

---

97 Este tema fue debatido previamente en: López (2015b).

98 Acordamos con Rivarola (2009) en la necesidad de desgranar el porcentaje de abstención electoral para advertir que los jóvenes y los habitantes de las zonas rurales son los que menos participación tienen en las elecciones.

Tanto las del año 1998 como las del año 2003 constituyen elecciones muy importantes. La primera registra, como ya se mencionó, el nivel de participación más alto de la historia del Paraguay (notoriamente por sobre la media de participación registrada), y además, la condensación más grande de votos entre los dos partidos mayoritarios (un 96,36% entre la ANR y la Alianza Democrática que conformaron el PLRA y el PEN), donde el Partido Colorado se llevó 53,75% de los votos (con la fórmula Cubas-Argaña), el número más alto registrado tras la sanción de la nueva Constitución en 1992, la depuración de padrones y la actualización de la normativa electoral (en las elecciones presidenciales de 1989, el Partido Colorado obtuvo el 74,19%). Pero no solo la ANR registró un gran caudal de votos, por su parte, el PLRA tiene en este año su mayor pico de votos recibidos, un 42,61% (incluso más alto que el 40,90% que los llevó al sillón presidencial junto con Fernando Lugo en la Alianza Patriótica para el Cambio en 2008). En estas elecciones, con ese nivel de concentración de voto, no hubo espacio para la emergencia de terceras fuerzas de relevancia.

Si se realiza un análisis del rol de los partidos emergentes o de las terceras fuerzas, puede advertirse que ninguno de estos (MPQ-PPQ, UNACE o EN-PEN) logran tener una incidencia sostenida en el tiempo.

En el año 1989 y 1998, así como en el 2013, los partidos minoritarios no tuvieron incidencia alguna en la distribución del voto presidencial. Sin embargo, en las elecciones de 1993, 2003 y 2008, el Encuentro Nacional (EN, posteriormente Partido Encuentro Nacional-PEN), el Partido Patria Querida (PPQ, previo Movimiento Patria Querida-MPQ) y el Partido Unión Nacional de Ciudadanos Éticos (PUNACE) conquistaron entre el 21% y el 22% de los electores. Con el 21,27% del PPQ en el año 2003, quedó muy cerca del voto alcanzado por 23,95 puntos porcentuales del PLRA. De todas formas, al estar disputándose elecciones presidenciales donde el sistema electoral es el mayoritario, ninguno de los dos tuvo oportunidades ante la ANR que logró el 37,14% (que se conformó en el porcentaje más bajo con el que un candidato, en este caso Nicanor Duarte Frutos, accede a la presidencia).

Porcentaje de votos recibidos por los partidos tradicionales y la tercera fuerza en elecciones presidenciales. Período 1989-2013

Partido	1989	1993	1998	2003	2008	2013*
ANR	74,19	39,91	53,75	37,14	30,63	45,8
PLRA	20,32	32,13	42,61	23,95	40,90	36
PLR	1,26**	-	-	-	-	-
UNACE	-	-	-	13,47	21,93	0,81
PRF	0,94	-	0,51	-	-	-
PPQ	-	-	-	21,27	2,35	1,12
EN	-	23,14	-	0,57	-	-
AP	-	-	-	-	-	5,88

Fuente: Elaboración personal en base a datos provistos por el Tribunal Superior de Justicia Electoral.

Nota: en 1989 las dos facciones del Partido Liberal se presentaron separadas por única vez. En 1993 la tercera fuerza la conformó el EN, en 2003 el MPQ y en 2008 el PUNACE. En 1998 el PLRA se presentó junto con el PEN y en 2008, el PEN estuvo dentro de la Alianza Patriótica para el Cambio. En el 2013, el PEN apoyó la Alianza Paraguay Alegre del PLRA.

* En esta elección, el Partido Avanza País y el Frente Guasu (ambas vertientes que integraron el frente que apoyó a Lugo) obtuvieron respectivamente 5,88% y 3,30%. El FG no fue incorporado con el fin de respetar las terceras fuerzas de mayor caudal electoral. Por su parte, el PLRA conforma la Alianza Paraguay Alegre.
** Este dato no se encuentra publicado en los informes del Tribunal Superior de Justicia Electoral, fue rescatado de las actas del Observatorio Electoral Latinoamericano.

Como puede analizarse en el cuadro anterior, el porcentaje de votos de la primera fuerza tradicional, el Partido Colorado, varía intrincadamente. Entre 1989 y 1993 la ANR pierde casi 35% de los votos, recuperando hacia 1998 casi un 15%, cifra que vuelve a caer hacia el 2003, reduciéndose un 7% más para el 2008 (año en el que pierde la elecciones), aunque para las últimas contiendas electorales, recupera más del 15% de nuevo.

Por su parte, el PLRA mantiene un ascenso porcentual de votos desde 1989 hasta 1998, decae casi 9% en 2003, casi duplicando para 2008 su caudal de votos, decayendo nuevamente para el 2013.

Sobre las terceras fuerzas, el cuadro nos muestra dos datos de suma relevancia: el primero es su poca duración en el tiempo, es decir, lo rápido que dejan de ser terceras fuerzas para convertirse en frentes de menor o casi nula relevancia; y el segundo, exceptuando el año 2003 (donde el PPQ y el y el PLRA se diferencian por solo 2%), es la dificultad de la tercera fuerza de competir con la primera que se lleva la presidencia[99].

---

99 Es importante mencionar que en Paraguay no rige ningún tipo de segunda vuelta ni de exigencia mínima de votos para alcanzar la presidencia.

A pesar de ser un ejercicio necesario, la comparación de votos a lo largo de la transición debe estar necesariamente acompañada de explicaciones no numéricas, que den cuenta, por ejemplo, de que en las elecciones de 1989, las expectativas en torno a la actividad política y la democracia fueron altísimas, lo que representó un apoyo sólido al partido que había derrocado al tirano, el cual proponía como candidato al mismo sujeto que había "encabezado" el golpe contra Stroessner. Evidentemente, la conjunción de significantes en torno a la exaltación de la llegada de la democracia tras 35 años de dictadura y la imagen de Rodríguez Pedotti (ANR), como encarnación de ese regreso, explican el gran caudal de votos del Partido Colorado en la primera elección posdictadura.

Para comprender la complejidad de la construcción del voto, es importante incluir una variable más al análisis: los votos del PUNACE para el año 2003, 2008 y 2013, sumados a los de la ANR –entendiendo que es el mismo sustrato de votos y que con la ruptura el Partido de Lino Oviedo arrastró votos de la estructura del Partido Colorado– adquieren una tendencia muy particular, tal como se indica en el cuadro siguiente. Asimismo, en ninguna de las elecciones la sumatoria de votos recibidos por todas las demás fuerzas políticas supera el percibido por estas dos agrupaciones juntas (ni siquiera en el año 2008, cuando Fernando Lugo gana la presidencia).

Sumatoria de votos y porcentaje de votos percibidos por la ANR y PUNACE para las elecciones presidenciales. Años 2003, 2008 y 2013

Año	Votos	%
2003	782.623	50,61
2008	985.029	52,56
2013	1.123.585	46,6

Fuente: Elaboración personal en base a datos provistos por el Tribunal Superior de Justicia Electoral, el Observatorio Electoral de América Latina (Paraguay) y el Tribunal Electoral Central.

3. Las elecciones generales: una lectura del voto en las parlamentarias

Como se explicó anteriormente, en Paraguay las elecciones presidenciales se realizan junto con las parlamentarias. Es decir, el Poder Ejecutivo y el Poder Legislativo (PL) se conforman en el mismo acto electivo. Según la Constitución, los parlamentarios pueden ser reelegidos, pero el presidente no[100].

---

100 "ARTICULO 187 - DE LA ELECCIÓN Y DE LA DURACIÓN. Los senadores y diputados titulares

En el apartado anterior hemos analizado la progresión del voto presidencial, dejando lugar en este para el análisis del voto parlamentario. La Cámara de Senadores está conformada actualmente por 45 bancadas (36 en la primera elección de la transición). La Cámara baja es más numerosa, son 80 bancadas (72 en la elección de 1989), y responde a conformaciones partidarias muchas veces de arraigo local, dado que "la Cámara de Diputados es la Cámara de la representación departamental", como cita el Art. 221 de la Constitución Nacional del Paraguay de 1992.

En términos generales, la conformación de ambas Cámaras ha quedado mayoritariamente en manos de los dos partidos tradicionales, siendo esto muy evidente en el caso de los diputados, donde el porcentaje de bancadas de la ANR y el PLRA nunca fue menor al 72% en el año 2003, llegando a concentrar el 95, 8% en 1989.

En el caso de los senadores, el porcentaje también es alto. Las elecciones de 2003 y 2008 alcanza un 62,2% y un 64,4%, que están casi 20 puntos por debajo de los más de 80% que mantuvo en 1993 y 1998. Sin embargo, en estos años el peso del UNACE en las Cámaras se hizo más evidente.

Si entendemos que el UNACE arrastró votos colorados por fuera de la estructura de la ANR y sumamos también las bancadas de dicho partido, encontramos que en el 2003, el 85% de la Cámara de Diputados fue conformada por políticos provenientes tanto del PLRA como del UNACE y de la ANR; mientras que en la de Senadores, ese porcentaje es de 77,77% En el 2008, los senadores fueron en un 84,44% de estos tres partidos y los diputados en 92,5%.

---

y suplentes serán elegidos en comicios simultáneos con los presidenciales. Los legisladores durarán cinco años en su mandato, a partir del primero de julio y podrán ser reelectos. Las vacancias definitivas o temporarias de la Cámara de Diputados serán cubiertas por los suplentes electos en el mismo departamento, y las de la Cámara de Senadores por los suplentes de la lista proclamada por la Justicia Electoral". (*Constitución Nacional de la República del Paraguay. 1992*).

Suma de los porcentajes de bancadas de Diputados y de Senadores obtenidos por la ANR y el PLRA en las elecciones legislativas. Período 1989-2013

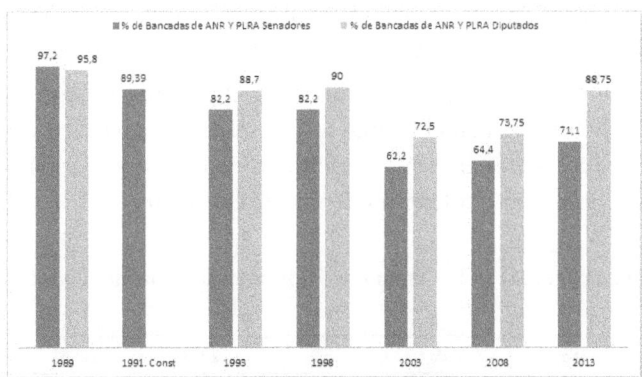

Fuente: Elaboración personal en base a datos provistos por el Tribunal Superior de Justicia Electoral; la base de datos políticos de las Américas de la Georgetown University, y el Observatorio Electoral de Latinoamérica-Paraguay. 1991.

Nota: Los datos brindados por el TSJE son incompletos y difieren notoriamente de los que presentan otras instituciones. 1991 corresponde a la elección de Constituyentes para la Sanción de la Nueva Constitución, por esta causa no se diferencian senadores de diputados.

Sin embargo, no se puede negar cómo el voto se ha ido ampliando a pequeñas agrupaciones que, aunque no hayan logrado conformar ningún tipo de fuerza real dentro del Parlamento, sí han escalado escaños, haciendo que la dispersión sea mayor. Esta ampliación de las fuerzas dentro del Legislativo se puede ver claramente en los cuadros a continuación.

Distribución de bancadas en la Cámara de Senadores por partido. Período 1989-2013

Partido	1989	1993	1998	2003	2008	2013
ANR	24	20	24	16	15	19
PLRA	11	17	13	12	14	13
PRF	1	-	-	-	-	-
PEN	-	8	7	1	-	1
PB	-	-	1	-	-	-
PPQ	-	-	-	7	4	-
UNACE	-	-	-	7	9	2
PPS	-	-	-	2	1	-
PDP	-	-	-	-	1	3
PPT	-	-	-	-	1	-
AP	-	-	-	-	-	2
FG	-	-	-	-	-	5
Total	36	45	45	45	45	45

Fuente: Elaboración personal en base a datos provistos por el Tribunal Superior de Justicia Electoral.

151

A pesar de conservarse la mayor concentración de bancadas en los partidos tradicionales, como se explicó anteriormente, podemos ver la apertura progresiva a nuevos partidos, lo que permite dar paso de un Senado conformado por tres agrupaciones políticas en 1989, a uno conformado por siete en el 2013.

Algo similar ocurre con la Cámara de Diputados, aunque no tan progresivo. En 1989 existen en el Congreso cuatro partidos políticos, aunque este número se reduce a tres en 1993 y 1998, ampliándose paulatinamente hasta contar con ocho partidos diferentes dentro de la Cámara.

Distribución de bancadas en la Cámara de Diputados por partido. Período 1989-2013

Partido	1989	1993	1998	2003	2008	2013
ANR	48	38	45	37	30	44
PLRA	21	33	27	21	29	27
PRF	2	-	-	-	-	-
PLR	1	-	-	-	-	-
PEN	-	9	8	-	-	2
PB	-	-	-	-	-	-
PPQ	-	-	-	10	4	1
UNA-CE	-	-	-	10	15	2
PPS	-	-	-	2	-	-
PDP	-	-	-	-	1	-
PPT	-	-	-	-	1	-
AP	-	-	-	-	-	2
PCH	-	-	-	-	-	1
FG	-	-	-	-	-	1
Total	72	80	80	80	80	80

Fuente: Elaboración personal en base a datos provistos por el Tribunal Superior de Justicia Electoral.

Sin embargo, no queremos que esto se preste a confusión. Un partido tiene capacidad de acción dentro de un Parlamento cuando posee fuerza propia o está en sintonía con otras agrupaciones para crear alianzas parlamentarias. Esto no ha sucedido con los partidos minoritarios en Paraguay, los cuales han votado en coincidencia con alguno de los dos partidos mayoritarios o, en caso contrario, su capacidad de influir en la decisión legislativa ha sido nula.

Hemos reconocido que el rol del Legislativo en Paraguay es sumamente relevante, dado que las modificaciones electorales y, sobre todo, la Constitución de 1992, le otorgó al Congreso un poder muy marcado. Por lo que obtener mayoría en el Congreso es adquirir una capacidad significativa de intervención en los asuntos públicos.

4. Las elecciones "especiales": 1991-2000 y 2011

Antes de focalizar en las elecciones del año 2008, daremos un repaso por las elecciones "atípicas" por las que Paraguay transitó desde la caída de Stroessner. Estas elecciones han sido: en 1991 las de los constituyentes; en 2000 la del vicepresidente (tras la doble acefalía generada por la muerte de Argaña y la renuncia de Cubas Grau); y en 2011, el referéndum en el que se votaría a favor o en contra de la modificación del artículo 120 de la Constitución, mediante el cual se limitaba geográficamente el derecho al voto.

Casi con una década entre cada una, estas elecciones tuvieron características especiales: en primer lugar, en ninguna de las tres se eligió presidente (una de las elecciones a la que los electorados de los países con régimen presidencialista más relevancia dan), ni se generó en torno a ellas una gran conciencia de participación (situación más marcada en la del año 2011, donde los dos partidos políticos tradicionales prácticamente no realizaron ningún tipo de campaña). En segundo lugar, las tres fueron originales y únicas en su tipo: una elección de constituyentes dentro de una recientemente instaurada democracia; una elección de vicepresidente, según la Constitución determinaba que debía realizarse en caso de acefalía; y una elección plebiscitaria que convocaba a la sociedad a refrendar o rechazar una modificación de la Carta Magna.

4.1. Asamblea Constituyente. 1991

En 1991 se realizan dos elecciones: la primera[101] es a nivel municipal (elección de intendentes) en la cual participó alrededor de 71,2%[102] del electorado según los datos de la Junta Electoral Central (compilados y reproducidos posteriormente por el Tribunal Superior de Justicia Electoral); la segunda es la elección para conformar la Asamblea Constituyente que debatiría y sancionaría la nueva Constitución en 1992, y contó con menos participación, alcanzando el 51,17%[103].

---

101 En estas elecciones municipales, el resultado en Asunción fue novedoso y marcó un dato distintivo: una candidatura independiente (la de un líder sindical) llegó a la intendencia asuncena, a la cabeza de un frente llamado Asunción Para Todos. Dicho frente tomará escala nacional en la constituyente posterior, bajo el nombre de Constitución Para Todos y hará también una buena elección. Finalmente, hacia el año 1993 esta agrupación se incluirá dentro del Encuentro Nacional.

102 Rivarola (2009: 19) discrepa con esta cifra argumentando que la participación fue del 67,1%.

103 Caballero Carrizosa (1998) sostiene que durante en esa elección el porcentaje de participación fue de 52,34.

Los resultados dieron al Partido Colorado la mayoría absoluta de la asamblea. Obtuvo 122 de las 198 bancadas, tal como se puede ver en el gráfico a continuación.

Distribución partidaria de bancadas para Asamblea Constituyente. Año 1991

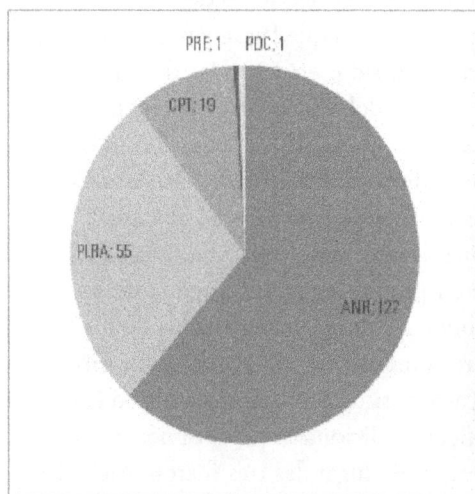

Fuente: Elaboración personal en base a datos provistos por el Tribunal Superior de Justicia Electoral.

Las 177 bancadas acaparadas por los dos partidos tradicionales disminuyeron notoriamente la capacidad de los demás partidos (Constitución Para Todos, Partido Revolucionario Febrerista y Partido Demócrata Cristiano) de influir en las decisiones, ya que obtuvieron 21 entre los tres.

La caída de casi el 20% de participación entre una contienda electoral de 1991 y la otra puede ser comprendida por diversos factores. Acordamos con Rivarola (2009: 20) en que "el alto absentismo pudo reflejar tanto la vaguedad del objeto de elección (no se trataba de autoridades, sino de 'constituyentes'), como el escaso poder disputado, en términos de cantidad de convencionales y duración de estos cargos". Asimismo, la autora explicita que, mientras por una parte la ANR movilizó muchos de sus recursos para revertir el revés sufrido en Asunción (y otras municipalidades), en las elecciones previas la oposición se movilizó poco y con pocos recursos, rescatando finalmente la elección realizada por Asunción Para Todos, ahora convertido en Constitución Para Todos, que consiguió 19 bancadas.

4.2. Elecciones a vicepresidente. Año 2000

En la década del noventa, como ya hemos detallado previamente, la disputa por el poder dentro del Partido Colorado –tanto en las elecciones internas como en las pujas mediáticas entre líneas y facciones enfrentadas del mismo– había llegado a uno de sus niveles más álgidos. La figura controvertida y polémica de Lino César Oviedo lideraba la escena mediática tras haber triunfado en las internas coloradas para encabezar la fórmula presidencial, secundado por Cubas Grau, y tuvo que renunciar a su candidatura posteriormente debido a sus problemas judiciales –derivados de la intentona frustrada de golpe de Estado que encabezó en el año 1996 cuando era presidente Wasmosy (ANR).

La sociedad paraguaya observaba de manera inquietante la escalada de violencia política (plasmada en discursos y en amenazas, tanto de funcionarios del Gobierno como de medios de comunicación afines a Lino Oviedo), finalmente reflejada en el magnicidio que desencadenó una serie de acciones populares que confluyeron en lo que actualmente se conoce como Marzo Paraguayo, y que generaron la renuncia de Cubas.

Tras una semana intensa de movilización por un lado y de represión y asesinatos por el otro, el sábado 27 de marzo se evacúan las plazas, y el domingo, varios arreglos internos de la cúpula dirigente mediante, el presidente Cubas Grau renuncia a su cargo, dejando en su cargo a Luiz González Macchi, hasta entonces presidente del Senado, tal como indica la Constitución en caso de doble acefalía.

Para cubrir la fórmula, se llamó a elecciones en el 2000. Esta elección estaba marcada por un fuerte antecedente cercano de violencia política: el asesinato de ocho jóvenes que se manifestaban pacíficamente, sumado a una desestabilización institucional inédita.

La participación electoral fue de 60,72% (casi 20 puntos porcentuales menos que la de 1998) y los resultados estuvieron fuertemente reñidos entre las dos fuerzas mayoritarias. Vial (2001) afirmó que estas fueron las elecciones más contendidas de la transición.

Distribución de votos absolutos y porcentajes por partido para elección
de vicepresidente. Año 2000

Votos	Cantidad	%
PLRA	597.431	47,78
ANR	587.498	46,99
PH	18.496	1,48
Nulos	35.716	2,86
Blancos	11.125	0,89
Total	1.250.266	100

Fuente: Elaboración personal en base a datos provistos por el Tribunal Superior de Justicia Electoral.

El triunfo muy ajustado del PLRA (por menos de 0,8% de votos, que se traduce en una diferencia de 9933 votos) se convierte en su primer logro en una elección para un cargo del Poder Ejecutivo nacional, tras perder en todas las elecciones presidenciales desde 1989. A pesar de la pequeña diferencia entre ambas fuerzas, los resultados no fueron objeto de polémica, por lo que el liberal Franco (hermano de quien integró la fórmula con Lugo en el 2008) accedió a la vicepresidencia.

De esta manera, se conformó un Ejecutivo con un presidente de la ANR que recibió su cargo como la Constitución indica debe actuarse en estos casos, y un vicepresidente liberal, electo mediante sufragio (también según indica la letra constitucional para los casos de vacancia de vicepresidentes durante los 3 primeros años de gobierno).

La falta de disputa en torno al resultado fue leída por Rivarola (2009) como una prueba de la fortaleza del sistema electoral, y por Vial (2001) como una reafirmación de la confianza en la transparencia de los procesos electorales en Paraguay, aunque ambos remarcan que la falta de participación electoral indica una creciente falta de credibilidad en que las decisiones de los políticos tengan algún efecto sobre la vida de la ciudadanía.

Sin embargo, podemos leer la aceptación de estas elecciones como una necesidad de aminorar el nivel de violencia política, con un pasado muy cercano de muertes y represión sobre los ciudadanos que exigían respeto a la democracia. También puede analizarse esta elección como la de los constituyentes, en las cuales no se eligió un presidente —que tiene una relevancia sustantiva para los electores en nuestros regímenes políticos— sino un vicepresidente, sobre el cual no recae tanta importante desde los imaginarios sociales (algo que devino evidente en la Argentina de la dupla Fernández de Kirchner-Cobos y en el Paraguay de Lugo-Federico Franco por las complejidades y enfrentamientos que se generaron hacia el interior de las fórmulas y las contradicciones que se generaron en los votantes que habían elegido la propuesta focalizados en la figura presidenciable).

4.3. Referéndum. 2011

Esta elección fue la primera en su tipo dentro del período democrático (existiendo un antecedente de plebiscito durante la dictadura de Higinio Morínigo). Se realizó sobre la base de lo que la Constitución Nacional dispone en su Art. 290.

La participación fue mucho más baja que la media de participación de las elecciones generales. De los 3.039.308 ciudadanas/os habilitadas/os a votar, solo se presentaron 385.078. Lo cual deja un saldo de abstención de 87,33% (es decir, solo el 12,66% del padrón acudió a votar).

El votante, debía responder SI o NO en una boleta en la que versaba lo siguiente:

Está Ud. de acuerdo con la enmienda del Art.120 de la Constitución Nacional, que quedará redactada de la siguiente manera: "Son electores los ciudadanos paraguayos, sin distinción, que hayan cumplido diez y ocho años. Los paraguayos residentes en el extranjero son electores. Los ciudadanos son electores y elegibles, sin más restricciones que las establecidas en esta Constitución y en la ley. Los extranjeros con radicación definitiva tendrán los mismos derechos en las elecciones municipales" (*Boleta electoral del Referéndum*. 2011).

Votando el 77,51% por el SI y el 21,34% por el NO, se aprobó la modificación del artículo 120, con un nivel de participación muy bajo.

Previo a la modificación que estableció el nuevo texto (tal como citaba la boleta electoral), el Art. 120 sostenía "Son electores los ciudadanos paraguayos radicados en el territorio nacional, sin distinción, que hayan cumplido diez y ocho años [...]". Al respecto de esto, López y Halpern (2010: 358) sostienen que en el período 1992-2011:

el Estado volvió a diferenciar a la migración (a los emigrados) del "cuerpo social" total (los nacionales), produciendo una separación entre nacionalidad y ciudadanía política. La Constitución estableció como condición para la ciudadanía política la necesidad de la radicación en el Paraguay. Si bien la carta magna no suprimió la nacionalidad de los emigrantes, sí truncó la ciudadanía política para quienes no se encontraran radicados en el país. En definitiva, Paraguay no solo estableció la nacionalidad bajo el criterio del *iussoli*, sino que amplió este hasta la ciudadanía. Paradójicamente, esa ampliación es la que posibilitó distinguir entre nacional y ciudadano. Se podía ser "paraguayo" –como nacional y ciudadano– en tanto se resida en el país.[104]

Esta enmienda, llevada adelante durante el Gobierno de Lugo (quien en sus discursos de campaña apeló a los emigrados como sujetos políticos activos históricamente excluidos del relato nacional paraguayo), devolvió a los emigrados paraguayos su cualidad de sujeto con derechos políticos reconocidos (independientemente de lo limitados e intencionalmente desorganizados empadronamiento y apertura de mesas electorales en el exterior). Sin embargo, a pesar de la alta relevancia que esto tuvo dentro del entramado cultural político, la participación y el nivel de interés demostrado por los electores (residentes en Paraguay) fue notablemente bajo.

Esto puede deberse, en primera instancia, a los pocos recursos que los partidos políticos tradicionales destinaron a la publicitación, propaganda y acciones efectivas de traslado de afiliados el 9 de octubre. Ni la ANR ni el PLRA movilizaron sus estructuras como lo hacen habitualmente para las elecciones generales. "Los partidos [tradicionales, sobre todo el Colorado] prefirieron el silencio o el desdén ante el referéndum. Antes que decir que rechazaban que los paraguayos que viven fuera del país pudieran votar, prefirieron que el tema se diluyera y no constituyera un terreno de exposición pública" (Halpern, 2012: 14).

En segunda instancia, el pedido fue llevado adelante enfáticamente por las agrupaciones políticas vinculadas a Lugo, pero no a los partidos tradicionales (ni al PLRA que conformaba la APC), por lo que esto tampoco significó un gran factor de convocatoria ciudadana.

Halpern expresa dos causas más que pueden servir para analizar este porcentaje de participación: una fue el papel desempeñado por los medios de comunicación masivos, lo cuales tomaron la misma postura que los partidos tradicionales; la otra, la debilidad del gobierno para sostener políticas de ciudadanización por estar atravesado por contradicciones y muy debilitado en el Parlamento.

Acordamos con el autor que solo participó del Referéndum la sociedad interesada previamente en el tema y, agregamos, que hayan tenido la información necesaria para poder ser parte del proceso electivo.

---

104 Se recomienda la lectura de Halpern (2009) para profundizar en el análisis de estos fenómenos, así como para comprender la asociación entre emigrado y traidor, que se remonta a los tiempos de los López, pero se profundiza durante el stronismo.

5. Elecciones generales de 2008

Al desarrollar en el inicio de este capítulo una caracterización de todas las elecciones del período seleccionado, mencionamos datos generales de las elecciones de 2008. Sin embargo, dado que es uno de los temas nodales de este trabajo, consideramos necesario especificar algunas cuestiones en torno a esta elección y, sobre todo, a algunas informaciones que rápidamente circularon en los medios masivos de comunicación y en algunos artículos de periodismo de investigación.

5.1. Presidenciales

En primera instancia, como ya se expresó anteriormente, es preciso mencionar que la Alianza Patriótica para el Cambio se impuso con más del 40% de los votos (que significaron 766.502 boletas, casi 200.000 más que el Partido Colorado), tal como se expresa en el siguiente gráfico.

Distribución del porcentaje de voto presidencial por partido. Elección 2008

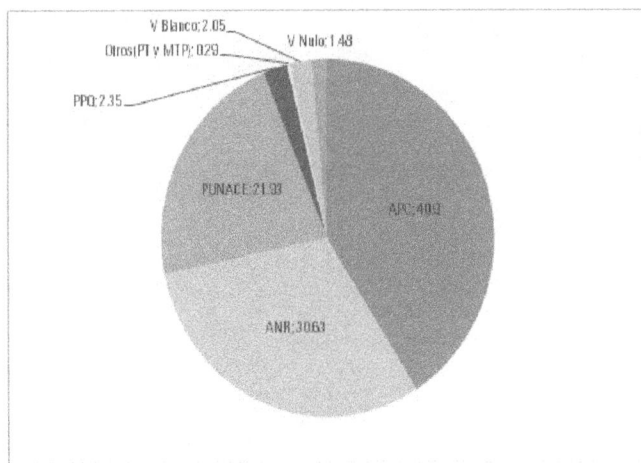

Fuente: Elaboración personal en base a datos provistos por el Tribunal Superior de Justicia Electoral.

Respecto a la conformación del "voto luguista" se presupuso que, por su pasado de obispo en la zona de San Pedro y su declarado apoyo a los movimientos campesinos, su voto provendría fuertemente del área rural. También se pensó que en las zonas del norte del país empobrecidas y con una deficiencia de la presencia estatal muy fuerte, el voto a Lugo sería marcado.

En contra de esto, sostenemos que el porcentaje más alto de los votos de la APC se concentró en los departamentos Central y Capital, siendo que el primero significó el 30,08% y el segundo el 14,3%. De los 192.507 votos de diferencia a favor de Lugo-Franco, 133.729 provienen de estas áreas. Por otra parte, en San Pedro, la diferencia de absolutos entre la APC y la ANR fue de 4569, en un distrito en el que votaron 102.835 personas[105] de las 163.495 habilitadas (casi un 63% de participación).

Cantidad de votos absolutos recibidos por ANR y APC por departamento. Elección 2008

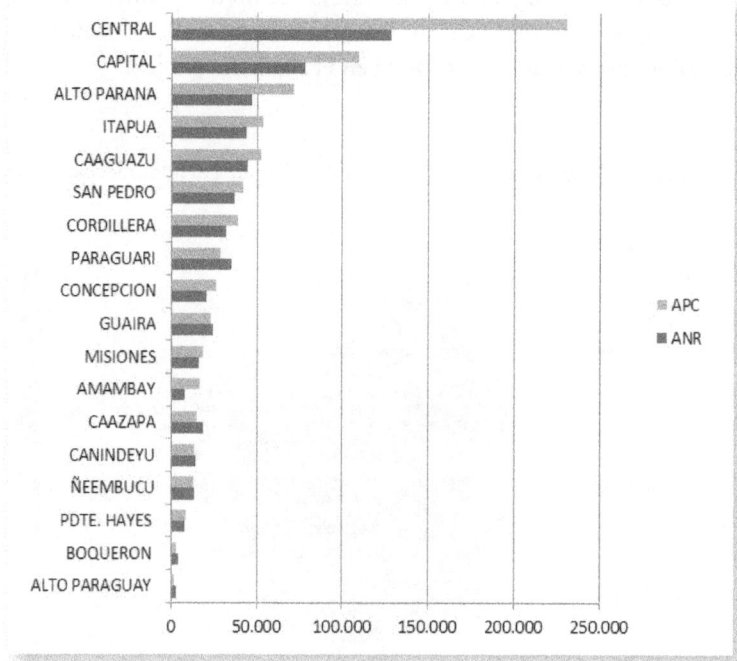

Fuente: Elaboración personal en base a datos provistos por el Tribunal Superior de Justicia Electoral.

---

105 La ANR obtuvo 37.018 votos y la APC 41.587.

En este cuadro se puede visualizar que la APC perdió en siete departamentos: Alto Paraguay, Boquerón, Ñeembucu, Canindeyu, Caazapa, Guaira y Paraguari. En Presidente Hayes, la diferencia fue de 230 boletas a favor de la Alianza.

Otra característica relevante es que de los ocho departamentos nombrados (en los que se impuso la ANR, o la diferencia fue muy menor, como en Pte. Hayes), seis se corresponden con las áreas donde hay mayor cantidad de seccionales del Partido Colorado por cantidad de electores (o, para decirlo de otra forma: menor cantidad de votantes por cada seccional del Partido).

En Guaira, Ñeembucu, Canindeyu, Pte. Hayes, Alto Paraguay y Boquerón hay una seccional[106] por cada 5.500 o menos electores[107]. La distribución se grafica en el cuadro a continuación.

Cantidad de seccionales de ANR y de electores por seccional en Guaira, Ñeembucu, Canindeyu, Hayes, Alto Paraguay y Boqueron. Elección 2008

Departamentos	Electores Seccional ANR	Seccionales
Guaira	5.513	19
Ñeembucu	3.203	16
Canindeyu	5.699	11
Pte. Hayes	3.225	14
Alto Paraguay	1.296	6
Boquerón	3.897	5

Fuente: Elaboración personal en base a datos provistos por el Tribunal Superior de Justicia Electoral.

Lo primero que debemos remarcar es que la cantidad de seccionales no tiene necesariamente un correlato demográfico. Por ejemplo, como describe el cuadro, en Canindeyú para un total de 62.685 electores existen 11 seccionales, mientras que en Amambay, para 57.358 existen solo 6. Así como para prácticamente la misma población electoral entre Caaguazú e Itapúa, en el primero se encuentran 25 y en el segundo 33 seccionales.

---

106 Se consideraron aquí solamente las seccionales con entidad reconocida por el Tribunal Superior de Justicia Electoral reconociendo que existen muchísimos más locales, filiales y organizaciones del Partido a lo largo del país.
107 Este cálculo puede también realizarse con cantidad de habitantes o cantidad de afiliados.

Lo segundo es la relevancia que el Partido Colorado tuvo (y tiene) en los territorios marcados. En las zonas donde, como dijimos anteriormente, el Estado como estructura y aparto administrativo tuvo una llegada deficitaria o prácticamente nula, las seccionales de la ANR, sobre todo durante los 35 años del stronismo, tuvieron un rol central en la organización cotidiana de la vida. No solo la vida política, sino la económica, la social, la cultural y la educativa estaban mediadas, de una u otra manera, por la seccional o la filial del Partido[108].

A pesar de la voluntad analítica de hacer deducciones que indicarían que Lugo "debería haber ganado" en las zonas más empobrecidas y precarizadas del país, los datos brindados por el TSJE nos demostraron que en dichas áreas la votación fue muy reñida, y la APC ganó con muy pocos votos o perdió frente a la ANR. Es indudable que, como se expresó, en esos distritos, el Partido Colorado sigue teniendo una fuerza de apoyo muy fuerte así como una centralidad indiscutida en la cultura política local.

5.2. Conformación del Congreso

A pesar de haberse presentado a las elecciones del Poder Ejecutivo en lista conjunta, bajo el denominador Alianza Patriótica para el Cambio, en las concernientes al Poder Legislativo lo hicieron por listas separadas. Las Cámaras fueron conformadas por mayoría del Partido Colorado, del Partido UNACE y del Partido Liberal, quedando los demás partidos de la APC con acceso a escasos escaños, lo cual demuestra que el gran peso numérico de los votos de las presidenciales fue proveído por el PLRA. Lachi (2009) sostiene que dicho aporte consistió en aproximadamente el 60% de los votos que llevaron a Lugo a la presidencia.

La dupla Lugo-Franco recibió 766.502 votos, mientras que el PLRA en las elecciones legislativas obtuvo 507.413 para senadores y 500.040 para diputados. Efectivamente, los votos recibidos en las legislativas conformarían entre el 65 y el 66% de los recibidos en las presidenciales; aunque sabemos que no se puede hacer una traslación unívoca de las voluntades electorales, dado que los votantes hacen uso de otras estrategias a la hora de elegir a las autoridades.

---

108 Coincidentemente, en el 2013 el total de votos a Lugo –que encabezara la lista de senadores del Frente Guasu– obtuvo su aporte minoritario de estos departamentos. Se conformó con 0,40% en Boquerón, 0,28% en Alto Paraguay, 1,35% en Pte. Hayes, 1,43 en Ñembucú y 1.11% de un departamento externo a esta selección, Amambay. Finalmente, como primera elección del exterior, el 0,74% del total de votos a la senaduría de Lugo provino de la votación de paraguayos en el extranjero.

Distribución de bancadas del Congreso por partido. Elección 2008

Partido	Diputados	Senadores
ANR	30	15
PLRA	29	14
PUNACE	15	9
PPQ	4	4
PPS	0	1
MPT	1	1
PDP	1	1
Total	80	45

Fuente: Elaboración personal en base a datos provistos por el Tribunal Superior de Justicia Electoral.

En ambas Cámaras, la ANR conservó la mayoría. El resultado electoral obligó a pensar en articulaciones, tanto de los escaños colorados como de los minoritarios, para lograr mayorías especiales.

Como Rodríguez (1993) anunció, tras las modificaciones de 1992 los partidos deberían buscar "articulaciones mayoritarias de gobierno" dentro del Congreso para poder estabilizar la escena política, acentuando en la relevancia dada por la nueva Constitución al PL.

Desde 2008, senadores colorados y de UNACE coincidieron en los debates parlamentarios y demostraron la voluntad de conformar una notoria mayoría frente al gobierno de Lugo. Sin embargo, el escaso peso legislativo de los partidos que conformaron la APC (con la excepción del PLRA) y las sub-divisiones internas que estallaron rápidamente al interior del Frente[109] dejaron a Lugo sin capacidad de conformación de coaliciones. El binomio ANR-PU-NACE sumó 24 senadores y 45 diputados, con los cuales, muy a menudo, las bancadas del liberalismo votaron en coincidencia.

Ambas situaciones generadas tras estas elecciones constituyeron un problema sustancial: la mayoría parlamentaria opositora y el oficialismo subdividido son dos dificultades centrales para un gobierno presidencialista, más aún con las características del presidencialismo paraguayo.

---

109 El endeble funcionamiento de la coalición APC, donde los debates ideológicos se volvieron centrales y las diferencias internas irreconciliables, tal como lo retrata Lachi (2009), obligó constantemente a, por una parte, negociar con una bancada liberal que oscilaba entre el apoyo y la oposición y se presentaba subdividida en grupos formados alrededor de figuras fuertes del Partido Liberal, y por otra, a superar las diferencias entre los senadores y diputados liberales de los de los demás partidos que integran la APC, así como a evitar los enfrentamientos dentro de los así llamados "partidos de izquierda" de la coalición, como el Partico Comunista Paraguayo, el PMAS, entre otros.

6. Elecciones generales de 2013

En abril de 2013 se llevaron adelante, de manera pacífica y tolerablemente transparente, las elecciones generales. En ellas, los partidos tradicionales se reposicionaron y la ANR recuperó la presidencia.

En los resultados electorales no se vio rechazo colectivo a los partidos tradicionales –ni por masividad de votos nulos o blancos, ni por masividad de abstención de votos, ni por apoyo masivo a los partidos no tradicionales– ni a los candidatos y líderes que, apenas meses antes, habían desplazado al presidente elegido por mayoría cinco años antes.

Respecto al Partido Liberal, podemos afirmar que, tras haber orquestado y apoyado el golpe parlamentario que podría haberlo dejado casi extinguido políticamente, logró un porcentaje altísimo de votos en la elección presidencial.

En el año 2003, el PLRA perdió contra el candidato colorado Duarte Frutos, pero obtuvo el 23,9% de los votos. En el año 2008, dentro de lo que se llamó Alianza Patriótica para el Cambio –APC– y con Lugo en la presidencia, el PLRA obtuvo el 40,9% de los votos. En el 2013 cosechó un 36,9% de apoyo electoral. Es decir, obtuvo apenas 4 puntos porcentuales menos que en el 2008, a pesar de haberse separado totalmente del resto de los partidos de la APC que participaron en las elecciones encabezando otras coaliciones.

Por su parte, las agrupaciones escindidas, se reorganizaron en diversas coaliciones y organizaciones. Uno fue el Frente Guasu, con Carrillo de candidato presidencial, que obtuvo el 3,32% de los votos; otro fue Avanza País, con Ferreiro como presidenciable, que alcanzó el 5.88% de los votos y, otro, caracterizado por la preeminencia de candidaturas femeninas, el Movimiento *Kuña Pyrenda*, que llevó a Lilian Soto de titular de fórmula, que logró un –apenas testimonial– 0,16%. Las tres agrupaciones condensaron un caudal electoral de 9,36%.

El gran perdedor de la contienda fue, claramente, el partido del fallecido Lino Oviedo. UNACE, tras haber logrado el 21,93% en el 2008, apenas alcanzó un 0,8% en estas elecciones. Esto era previsible, dado que es un partido sostenido íntegramente en la figura del caudillo que lo presidía.

Por su parte, entre 2008 y 2013, la ANR aumentó su caudal de votos (en coincidencia con la disminución del apoyo electoral al PUNACE) en más de un 15%, pasando de 30,63% a 45,8% en cinco años. Asimismo, el aumento se dio en comparación con el 2003, cuando obtuvo 37,1 puntos porcentuales.

El PPQ perdió (comparado con las presidenciales del 2008) algo más de un 1% de los votos presidenciales, pasando del 2,35 al 1,13. Esta disminución es anecdótica comparada con la sucedida entre 2003 y 2008, cuando pasó de

21,3% de votos a 2,35%. En las votaciones a senadores, sí perdió un porcentual mayor que alcanzó el 6%.

Evidentemente, el repudio social al golpe de 2012 no se plasmó en voto castigo. Los partidos que aprobaron y ejecutaron el juicio tuvieron en las urnas el apoyo electoral que esperaban, e incluso, mejoraron sus porcentajes.

Para confirmar esto, basta sumar los votos obtenidos en el 2008 por la ANR y la Alianza Patriótica para el Cambio que incluía al PLRA y comparar ese resultado de 71,53% con el obtenido en el 2013 por el PLRA y la ANR, que fue de 82,74%, para descubrir que la supuesta pérdida de poder del PLRA no ha sido tal, dando por descontado que el gran ganador ha sido el Partido Colorado.

Podemos encontrar, además, que Avanza País obtuvo más votos en las ejecutivas que en las legislativas. Lo contrario sucedió con el Frente Guasu. No es casual que los candidatos de Avanza País para las ejecutivas (Mario Ferreiro) y de Frente Guasu para el Senado (Fernando Lugo) fueran personajes mucho más conocidos que los que encabezaban las listas de los mismos partidos para los otros poderes. Esto parecería confirmar que las elecciones (incluso dentro de los partidos progresistas) siguen teniendo una gran cuota de personalismos o caudillismos, que logra que se vote a los personajes más reconocidos por ser tales (y no necesariamente a su agrupación política por la propuesta programática que esta tenga).

En cuanto a las elecciones para el Parlamento, el PLRA perdió dos bancadas, mientras que para PPQ fueron tres y para PUNACE, siete.

Es decir, de las 12 bancadas que perdieron el oviedismo, el patriaqueridismo y el liberalismo, 4 fueron a aumentar la cantidad de los colorados (pasaron de tener 15 bancadas a 19 en senadores, además de mayoría propia en diputados).

Los partidos que habían conformado la APC en 2008 obtuvieron en las legislativas (en las que se presentaron por separado, sin lista única) tres bancadas: una para el Partido País Solidario, otra para *Tekojoja* y otra para el Partido Demócrata Progresista. Este último partido se separó de las filas luguistas votando, incluso, a favor de la destitución de Lugo en junio de 2012.

El PDP (exlugista, devenido ejecutor acompañante del juicio) consiguió en 2013 dos senadurías más, es decir, que aumentó su participación.

El Frente Guasu (que llevaba de primer candidato a senador a Lugo) obtuvo cinco, lo cual implica una notable campaña legislativa de esta agrupación. Avanza País se quedó con dos bancadas. Por su parte, el Partido del Encuentro Nacional se llevó una más.

Si pudiéramos unir los tres partidos (dado que alguna vez estuvieron aglutinados bajo la figura de Lugo) tendrían ocho bancadas. Desde otra perspectiva podríamos decir que los partidos que apoyaron el golpe parlamentario se quedan con 37 de las 45 senadurías, y con la presidencia de la Nación.

7. Breves comentarios

Luego de una caracterización de las elecciones generales y legislativas de los años comprendidos entre 1989 y 2013, ahondamos en las elecciones atípicas y en las concernientes al triunfo de Lugo, con el fin de determinar que la participación electoral ha disminuido en comparación con la década del '90, pero se mantiene en constante e incluso en tímida alza desde 2003

Por su parte, el voto nulo y el voto en blanco no han adquirido aún rasgos anormales, aunque se reconoce la dificultad que estos números sostenidos implican para la representación política.

A pesar de los apocalípticos pronósticos, el poder de la ANR no ha visto disminuciones drásticas como caracterizan algunos autores, sobre todo si mantenemos asociados sus votos con los del partido surgido de su escisión, el UNACE.

Al mismo tiempo, en contra de aquellas estimaciones más bien surgidas desde cierto sector de la militancia progresista, el voto a Lugo en las presidenciales no se conformó por el voto rural ni provino de los departamentos geográficos más pobres del país. Su conformación fue mayoritariamente urbana y centralizada.

Finalmente, la APC perdió o recibió la menor cantidad de votos en las áreas en las que el Partido Colorado presenta la mayor cantidad de seccionales por cantidad de electores.

LA TRANSICIÓN... ¿HACIA QUÉ DEMOCRACIA? REPRESENTACIONES TEÓRICAS Y PRAGMÁTICAS DE UN CONCEPTO POLIVALENTE[110]

No hay un solo modelo de democracia, y ciertamente,
no hay un solo patrón o camino para acercarse a ella...
no se transita a la democracia, sino a un tipo de democracia.

Philippe Schmitter

Hemos analizado, en el capítulo anterior, cuáles fueron las tendencias electorales en el período comprendido entre 1989 y 2013. Previamente, demostramos cómo la construcción jurídica y legal del período de la transición colaboró con los resultados, y cómo los partidos y los líderes políticos ejercieron un rol de gran importancia en estos procesos.

Dijimos que toda transición política es inseparable de la idea hegemónica de democracia a la que guía, por esta causa, en este capítulo, abordaremos las percepciones que diferentes políticos construyeron en torno a la democracia.

Ante la cuestión de por qué hablar de percepciones y no efectivamente de definiciones cerradas, respondemos que la democracia, como un concepto altamente polivalente, resulta imposible de encasillar en una definición estática. De hecho existen, tanto en la academia, como en la elite política y en la sociedad en su conjunto, caracterizaciones totalmente disímiles. Al respecto, González Casanova sostiene:

> El término democracia es extremadamente ambiguo. Se presta a que sea enarbolado por las fuerzas más contrarias. Así hoy, las propias clases dominantes, los propios centros de hegemonía imperialista, incluso grupos e individuos cuyo comportamiento se caracteriza por el autoritarismo y la represión hablan de de-

---

110 Estos temas fueron discutidos previamente en López (2015b).

mocracia. La contradicción entre sus palabras y su conducta es obvia, chocante. Pero no es la única contradicción. La definición del concepto democracia es distinta de la que sostienen las fuerzas populares y proletarias. Los conceptos son incluso antagónicos. Hay algo más, sin embargo. Las propias fuerzas populares y revolucionarias tienen los más variados conceptos de la democracia (González Casanova, 1980: 5-6).

Es por esta contradicción y los múltiples conceptos de democracia que los distintos actores político-sociales tienen que hablamos de interpretaciones y no de definiciones objetivas con "mediciones irreprochables" de la democracia.

En este sentido, Borón es explícito y ejemplifica claramente:

> Tomemos un ejemplo de la vida cotidiana, la "línea de la pobreza", que los medios de comunicación de masas y la opinión pública en general consideran como una medición objetiva e irreprochable de un dato, la pobreza. Sin embargo, un instante de reflexión bastaría para demostrar que tal dato es producto de una formulación teórica implícita, pocas veces sometida a discusión que considera pobre a toda persona que no gane más de dos dólares diarios. No es necesario ser un premio nobel en sociología –¡Aún inexistente, por suerte!– para comprender que ese criterio responde a una concepción teórica de la pobreza burdamente economicista, que no por casualidad desarrollaron los técnicos vinculados al Banco Mundial. Si una formulación alternativa plantease que para no ser pobre es necesario disponer de un ingreso de por lo menos diez dólares diarios, el "dato" sobre la pobreza sufriría una radical modificación [...] Como si lo anterior no fuera suficiente, dos dólares no significan lo mismo en todo el planeta (Borón, 2005: 15).

Es por esta causa que explicitaremos los trasfondos ideológicos detrás de las definiciones de democracia de diferentes actores para poder comprender su idea hegemónica en Paraguay.

1. Democracia ¿(Trans)formadora de la política? Diferentes perspectivas en torno a un concepto confuso

Una de las divisiones teóricas más importantes dentro del estudio de la democracia fue la de las perspectivas competitivas o pluralistas. Estas intentaron superar la teoría clásica –más asociada a los autores como Tocqueville, Jefferson, Madison–, enfrentada a la teoría crítica –que estuvo, en América Latina, asociada en una primera etapa con las aproximaciones 'desarrollistas' y, luego, con lecturas más 'revolucionarias'–. No son los únicos parteaguas de esta prolífera producción, pero abordaremos estos dos, dado que los consideramos como los que más paradigmáticamente expresan el debate ideológico en torno al concepto de democracia.

> A diferencia de la teoría democrática clásica (fundada en la premisa de superioridad ética de la expresión unánime de la ciudadanía reunida en asamblea), o de la teoría de la democracia liberal (fundada en la premisa de que los ciudadanos activos eligen y hacen responsables a representantes individuales, quienes, a su vez, producen decisiones sustantivamente superiores mediante un amplio debate público entre ellos), las teorías contemporáneas de la democracia asignan el mayor peso del consentimiento a las elites partidarias y a los políticos profesionales (de vez en cuando sujetos a aprobación electoral), quienes concuerdan entre sí, no sobre la base de principios éticos o sustantivos, sino de normas de procedimientos propias de la contingencia (O'Donnell, Schmitter y Whitehead, 1988: 101).

Con el fin de clausurar los debates en torno a los pluralistas y los clásicos (o neoclásicos), Sartori expresó:

> Se insiste sobre la oposición entre una llamada teoría clásica, por un lado, y una teoría llamada a menudo competitiva, pluralista o schumpeteriana de la democracia, por otro lado. De igual manera, la oposición ritual es entre teoría participativa y teoría representativa. [...] Yo sostendré que la teoría de la democracia (en singular) está dividida únicamente por la discontinuidad que separa la democracia de los antiguos de la democracia de los modernos, y que esta última es fundamentalmente una: la teoría de la democracia liberal (Sartori, 2003: 29-30).

Para el autor, la teoría completa de la democracia es a su vez descriptiva y prescriptiva y de aplicación de la teoría a la práctica. Esta teoría se condensa en el ideario del Estado liberal-democrático. O sea, con su intención de terminar con la oposición entre el "deber ser" de la democracia de los clásicos y el "ser" de las lecturas modernas, Sartori establece un ente que pretende superador: la democracia liberal, haciendo, tal como se analizó previamente con el estudio de la transición, un camino unívoco a un resultado ya esperado.

En sus críticas a la teoría clásica, recupera un problema estructural que no se ha logrado resolver: el ideal *versus* la existencia real de la democracia. Y en su declarada pelea contra los autores marxistas, de cuyas críticas era víctima, establece una división de calidad entre sus estudios:

La demostración seria exige dos formas de confrontación: una dirigida a los ideales y otras a los hechos. En cambio, la falsa demostración unifica y entrecruza las confrontaciones de la siguiente manera: comparando los *ideales* (no realizados) del comunismo, con los *hechos* (y los errores) de las democracias liberales. [...] Como se comprende, la distinción entre democracia en sentido prescriptivo y democracia en sentido descriptivo es verdaderamente fundamental. Cierto es que, por un lado, complica el planteamiento, pero, por el otro, lo limpia y lo pone en orden (Sartori, 2003: 23. Cursivas en el original).

O'Donnell sinteriza su propuesta teórica diciendo que:

A. Una teoría adecuada de la democracia debe especificar las condiciones históricas de surgimiento de los distintos tipos de casos, o, lo que es lo mismo, debe incluir una sociología política históricamente orientada. B. Ninguna teoría referida a un objeto social debe omitir el examen de los usos lingüísticos de dicho objeto. [...] C. Una teoría de la democracia (de la democracia a secas) debe incluir también, y en un lugar muy central, diversos aspectos de teoría del derecho, en la medida que el sistema legal promulga y sustenta fundamentales características de la democracia y, como veremos más adelante, de la ciudadanía como agencia. D. Esto entraña que la democracia no solo debe ser analizada en el plano del régimen, sino también en el plano del Estado sobre todo del Estado como sistema legal; y de ciertos aspectos del contexto social general (O'Donnell, 2007: 21-22).

Además, sostuvo que el triunfo de las visiones formalistas (derivadas de la lectura de Schumpeter) coincidió con el del neoliberalismo que, bregando por la reducción del Estado, incitó a la anulación de la política y redujo el amplio proceso democrático al concepto de régimen político (excluyendo la democracia civil, social, cultural, etc.). "Si se abandona el estrecho refugio del régimen, se acaba equiparando la democracia con todo lo que a uno le gusta, con lo que pierde todo valor práctico y analítico" (O'Donnell, 2007: 14).

Este escritor, plantea la necesidad de realizarle "críticas democráticas a la democracia" y su concepto para realizar este proceso es el de *accountability*, es decir, el control y la revisión de las acciones tanto en un sentido horizontal (entre las esferas del Estado) como vertical (ciudadanía a autoridades). Recuperar la *accountability* es la forma de "matar al animal" democrático que surgió de priorizar la delegatividad por sobre la representatividad.

Por su parte, Dahl propuso dejar de lado el uso de la expresión democracia y adoptar el término *poliarquía*. Sin embargo, Sartori se pregunta por qué, a pesar de que muchos intelectuales acuerdan con que este concepto da cuenta acabada de los "regímenes democráticos realmente existente", no se ha logrado imponer su uso. Al respecto, expresa:

> Se ha constatado que las democracias son, de hecho, poliarquías. Admitida la afirmación como exacta, ¿por qué no llamarlas así? La respuesta es que aun cuando el término democracia no nos sirve para fines descriptivos, es necesario para efectos normativos. Un sistema democrático es ubicado por una deontología democrática, y ello porque la democracia *es* y no puede ser desligada de aquello que la democracia *debería ser* [...]. De ello deriva que el problema de definir a la democracia se desdobla, porque, si por un lado la democracia requiere de una definición prescriptiva, por el otro no se puede ignorar la definición descriptiva. Sin la verificación, la prescripción es 'irreal', pero sin el ideal, una democracia 'no es tal' (Sartori, 2003: 22. Cursivas en el original).

Al respecto, O'Donnell (2007: 23) explica que definir un caso como democrático (o no), no es solo un ejercicio teórico-académico, sino que trae consecuencias morales, "en la medida que en la mayor parte del mundo contemporáneo hay consenso en cuanto a que la democracia, no importa lo que este concepto signifique para cada uno, es la forma de gobierno normativamente preferible". Linz, llamará a este sentimiento *Zeigeist* y expresará que

> existe un *Zeitgeist*, un sentimiento compartido más allá de los límites nacionales, de que un tipo particular de sistema político es el más deseable o el más dudoso. Este sentimiento tiende a verse reforzado o debilitado por la percepción positiva o negativa de otros Estados o naciones más poderosas que tienen éxito con un tipo particular de régimen. [...] La legitimidad de la democracia se basa en la creencia de que para un país concreto y en un momento histórico dado ningún otro régimen podría asegurar un mayor éxito de los objetivos colectivos (Linz, 1996: 41-42).

Este clima de ideas, surgido al calor de la primavera transicional, como se explicó anteriormente, solapó la existencia de "formas revolucionarias" de democracia, asociando casi irremediablemente la democracia con la forma liberal del Estado. De esta forma, la democracia hegemonizó los debates políticos que dejaron de tratar sobre el binomio revolución y reforma, para remitir a la organización democrática como la única forma deseable que podía adquirir la política tras las dictaduras.

Sartori (2009) explica que la democracia es preferible, porque la civilización occidental (caracterizada por este régimen de gobierno) es superior respecto a los valores éticos políticos que la sustancian (comparados con países del "tercer mundo"). Esta definición plantea, ante todo, una de las problemáticas centrales de la teoría de la democracia: su eurocentrismo, o expresado de manera más correcta, su tendencia a tomar modelos de Europa y Estados Unidos, considerarlos universalmente correctos y aplicables, y juzgar desde allí la organización democrática de otros países (contradiciéndose muchas veces los mismos autores, que plantean que la democracia es una respuesta a una historia particular). Dentro de esta generalización de los modelos considerados exitosos, se niegan otras opciones y, sustancialmente, se rechazan los modelos soviético y cubano.

Enfrentándose a esta lectura, Zizek (2010) determina que las alternativas de luchar por el poder del Estado (democráticamente) o combatirlo hasta su destrucción son dos caras de la misma moneda, la moneda de considerar que el Estado democrático (tal como existe en la actualidad) está destinado a durar, por lo que las únicas acciones disponibles son: alejarse o derribarlo. Para desarrollar su pensamiento, cita a Lenin y sugiere que el fin de la violencia revolucionaria no es tomar el poder, sino transformarlo: modificar radicalmente sus relaciones de base, su funcionamiento. No se supone que deba utilizarse para tomar el Estado.

Al respecto, O'Donnell (1988) había planteado que la vía revolucionaria había perdido sentido y, de manera explícita, culpó a estas tendencias de haber desencadenado, en muchos casos, las dictaduras.

> La experiencia latinoamericana de las últimas tres décadas demostró que no hay (ni es posible que haya en el futuro previsible) una "vía revolucionaria" abierta a los países que han alcanzado una expansión de las relaciones sociales capitalistas [...]. Los intentos de transformación revolucionaria no solo fracasaron en su totalidad; también han sido un factor poderoso que condujo a la emergencia de regímenes autoritarios (O'Donnell, 1988: 25).

Como Lesgart (2003) explica, a partir de los '80 vivir en democracia significó dar discusiones en torno a la revalorización del Estado de derecho, los derechos humanos, las garantías constitucionales o los recambios presidenciales. "Incluso en 1988/89, cuando ya se percibía que la democracia no parecía poder cumplir con algunas de sus promesas fundacionales (como por ejemplo, la de ajusticiar a los militares, dar empleo, proveer comida o mejorar la educación), ella seguía englobando muchas cosas" (Lesgart, 2003: 15).

Todos los autores (incluso aquellos que importaron fórmulas "para la democracia" con pretensión de universalidad) afirman que la democracia es resultado de un desarrollo histórico imposible de separar de la cultura en la que emerge.

Lo que deja ver la democracia en existencia, lo mismo en Latinoamérica que en todo Occidente, no es más que la exposición de una obviedad: está empapada por el medio en el que se encuentra. Es decir, por el Estado, la sociedad, la cultura y la economía, el contexto y la estructura internacionales, la historia, y en todos ellos (tal como entonces se ven situados) los individuos y sus agrupamientos (Strasser, 1999: 83).

La democracia es un producto histórico, explicitó Sartori (2003: 62): "las matrices mentales y culturales se reflejan sobre el modo de concebir la democracia".

Según Schmitter (1991) el tipo de democracia se relaciona, entre otras cosas, al contexto, a la transición, a la tradición histórico-constitucional, al contexto internacional y, también, agregará el autor, "a la inercia" que caracteriza a esa sociedad política con respecto a los movimientos societales.

Si lo que dominó la transición fue la incertidumbre[111], Przeworski (1991 y 2010) sostuvo que la democracia es la institucionalización de esa incertidumbre, o mejor dicho, la aceptación de la incertidumbre sobre los resultados que se generen en torno a disputas políticas. Manin agregó que esa incertidumbre debería ser la de los ciudadanos, quienes no saben demasiado sobre los temas públicos y desconocen la decisión correcta a tomar.

> La democracia, por su parte, lejos de ser el destino inescapable al que se dirigían irremisiblemente todos los países que padecieron formas de hegemonía política ajenas a ella, supone más bien la consolidación de reglas de juego en las que no pueden existir posiciones predeterminadas para ninguno de los actores. De aquí justamente la problemática e importancia de las transiciones democráticas: el riesgo y la incertidumbre los define. Por ello, en materia de democracia, y en materia de transiciones, nunca nada está ni puede estar escrito de una vez y para siempre (Hurtado, 1991: 8).

Algunos autores sugirieron que debía existir una cultura democrática previa para que se pudiera establecer y consolidar la democracia propiamente dicha. Para resolver esta contradicción, Hirschman (1986: 24) sostuvo que era necesario advertir el desajuste entre la cultura prevaleciente y "el tipo de actitud que se requiere para la democracia".

Estas actitudes requeridas funcionarían en este caso como prerrequisitos de la democracia, ¿de cuál? Schmitter (1991: 111) atina una respuesta: "el tipo de democracia depende en gran parte (pero no exclusivamente) del tipo o de

---

111 O'Donnell, 1988; O'Donnell, Schmitter, y Whitehead, 1988; Schmitter, 1991; Barba Solano, Barros Horcasitas, y Hurtado, 1991; entre otros.

la modalidad de la transición. De ese momento muy incierto surge el contexto en el que los actores escogen las instituciones y reglas que van a condicionar su futura cooperación y competencia" (Schmitter, 1991: 111).

En contra de la proliferación de múltiples lecturas y de reconceptualizaciones de la democracia, Sartori sugiere que atravesamos una época de lo que él denomina "democracia confusa" y que si bien se puede aceptar que el término democracia comprenda diversos significados es imposible que "pueda significar cualquier cosa" (Sartori, 2001: 25). Lechner (1991: 273) responde que "el límite entre lo que podemos esperar de la democracia y lo que no le podemos pedir será siempre tenue y cambiante", y dependerá más del factor dinámico y activo de la sociedad que de lo estático de las instituciones. La democracia (que no tiene ya nada que ver con su etimología "el gobierno del pueblo") dejó de ser un régimen donde los individuos deciden los designios políticos.

> Lo que ha sucedido en los estados democráticos es lo opuesto totalmente: los grupos, grandes organizaciones, asociaciones de la más diversa naturaleza, sindicatos de las más heterogéneas profesiones y partidos de las más diferentes ideologías se han convertido cada vez más en sujetos políticamente relevantes, mientras que los individuos lo han hecho cada vez menos. Los grupos y no los individuos son los protagonistas de la vida política en una sociedad democrática, en la cual ya no hay un soberano –el pueblo o la nación, compuesto por individuos que han adquirido el derecho a participar directa o indirectamente en el gobierno, el pueblo como unidad ideal (o mística)–, sino el pueblo dividido, de hecho, en grupos contrapuestos y en competencia entre sí, con su autonomía relativa respecto al gobierno central (autonomía que los individuos han perdido o no han tenido nunca si no es en un modelo ideal de gobierno democrático que siempre ha sido desmentido por los hechos). El modelo ideal de la sociedad democrática era una sociedad centrípeta. La realidad que tenemos a la vista es una sociedad centrífuga, que no tiene un solo centro de poder, (la voluntad general de Rousseau), sino muchos (Bobbio, 1986: 28).

Sartori hace una diferenciación entre democracia política, social, industrial o económica, y sostiene que la democracia política es macrodemocracia, mientras que las demás constituyen democracias de menor escala y que no son imprescindibles. "Las democracias en sentido social y/o económica amplían y complementan la democracia en sentido político; cuando existen, [...] son microdemocracias, democracias de pequeños grupos" (Sartori, 2003: 27).

Linz (1996) apoya esta división y desde ella critica a los teóricos de la dependencia latinoamericana dado que, sostiene, para ellos la estabilidad del régimen tiene como requisito la solución de los problemas sociales y económicos.

Lejos de considerar la economía o el conflicto social, Przeworski (1991) sostuvo que la democracia es el sistema en el cual los partidos pierden y ganan elecciones. Estos partidos expresan la división de intereses, valores y opiniones y se relacionan en una competencia regulada. Periódicamente hay ganadores y perdedores en contiendas electorales mediante las cuales se cubren cargos públicos.

Dahl (1965, 1989, 1991) intentó realizar un modelo operacional de la democracia (derivando luego en su concepto de poliarquía) y estableció que toda organización dentro de la cual las decisiones políticas se tomen respetando los principios de la soberanía popular y de la igualdad serían organizaciones democráticas. Entonces, las "condiciones operacionales" de la democracia son: a) participación masiva en las elecciones; b) igual ponderación en la preferencia de cada individuo (es decir, que cada voto tenga igual peso); c) debe garantizarse el triunfo de la posición que más votos obtenga dentro de las alternativas presentes; d) todos pueden presentarse a elecciones; e) la información es la misma para todos; f) las posiciones ganadoras reemplazan a las perdedoras; g) los actores no electos acatan las decisiones de quienes fueron efectivamente elegidos; y h) las decisiones tomadas por elección son más valiosas que las que no se tomaron con el apoyo electoral. Dos críticas que se desprenden rápidamente de esta lectura son primero, su incapacidad para comprender sociedades con desigualdades económicas muy marcadas, como las de América Latina; y segundo, su presunción de igualdad entre electores, y entre electores y elegidos.

Lechner (1980) critica la teoría pluralista que entenderá el proceso democrático como una "competencia regulada entre grupos" obviando su validez y sus procesos de construcción. Agrega, además, una crítica específicamente geográfica: en América Latina los grupos en pugna tienen intereses materiales tan antagónicos que no pueden resolverse ni canalizarse institucionalmente.

Acordamos con Zolo (1994) en que la idea de democracia ya no puede distinguir adecuadamente los sistemas democráticos de los no democráticos. El pluralismo democrático (desde Schumpeter, Lipset, Dahl, Sartoti y Aron) es igual de rudimentario que la doctrina clásica de la democracia, a cuya falta de complejidad y realismo declararon oponerse (Zolo, 1994).

Desde una visión crítica y observando América Latina, Lechner (1991) expresa que "cada transición a la democracia ocurre bajo condiciones específicas [...]. No obstante, parece conveniente abandonar al supuesto que el desarrollo económico es un prerrequisito de la democracia, aunque seguramente sea una condición favorable". Los ochenta, década de resurgimiento de las democracias en la región, fueron años de profundas crisis económicas que socavaron duramente las estructuras sociales. "Los procesos políticos y las estructuras materiales interactúan, pero en una relación de asincronía. La situación latinoamericana sugiere una hipótesis: considerar la transición democrática en una relación complementaria con los procesos socioeconómicos" (Lechner, 1991: 260). Como sugiere Borón (2003: 253) la democracia latinoamericana ha sido condicionada muy fuertemente por las crisis económicas y en particular la deuda externa; sin embargo, la democracia capitalista siguió en pie y funcionando.

Bobbio (1986) explica que la democracia dejó un conjunto de promesas incumplidas que serán su cheque en blanco con la sociedad: a pesar de ser el gobierno de la mayoría, no es más que el gobierno de grupos corporativos con la capacidad de imponer sus intereses; si bien se considera el gobierno de la representación, aún no puede resolver los problemas de quién representa a quién, cómo y durante cuánto tiempo; no ha podido derrotar al poder oligárquico, aún quedan elites de un poder inconmensurable (tanto político como económico) que imponen decisiones; no ha desarrollado la democracia social, quedando atrapada en los discursos y prácticas de la democracia política; no consolidó el aprendizaje de la ciudadanía; derribándose así el "mito de que el aprendizaje de la democracia se desarrolla con el ejercicio de la práctica democrática" (Bobbio, 1986: 29). Otra falla la conformó el aumento del voto clientelar o "de intercambio" y el descenso del voto de opinión, lo cual podemos asociar con la desigualdad de la información, económica y sociocultural. Además, el autor agrega que más que preguntarse quién vota, hay que replantearse dónde se vota, con el fin de ir aumentando los espacios donde las decisiones surjan del debate y de la elección (empresas, aparatos administrativos, partidos políticos, unión de empresarios, etc.).

Podemos observar entonces, que el consenso en torno a la democracia fue internacional y no solo trajo aparejada la idea de ser la democracia el mejor régimen disponible y consolidable, sino también que dicho régimen era igual de aplicable –como una fórmula química internacional– y que, aunque sus resultados no se acercasen a lo esperado, seguía siendo preferible sobre otras opciones, en tanto garantizaría el consenso (frente a la lógica del enfrentamiento) y la paz civil (incluso sobre la base de desigualdades materiales fuertes e innegables).

Sin embargo, "históricamente, todas las democracias han definido un grupo interno excluido –se puede componer de esclavos, indígenas, mujeres, pobres, u, hoy en día, inmigrantes extranjeros en situación irregular, o puede pertenecer a determinadas razas, etnias o religiones–" (Brown, 2010: 60).

Al proceso de aceptación de la democracia a pesar de sus deficiencias, Badiou (2010) lo caracterizó como "la consolidación del emblema democrático", es decir que no es relevante cuánto se denuncie el horror económico, o cuántas críticas feroces se hagan en torno a su organización, porque la democracia se volvió un emblema dominante de la sociedad política contemporánea y el emblema es "lo intocable de un sistema simbólico" (Badiou, 2010: 15). El autor explaya que cuando se toca este emblema, será tratado como antidemócrata, más allá de cuál haya sido la estrategia de crítica. Entonces, los "demócratas" (quienes se proclamaron socialmente como los representantes de todo el mundo) "gente de emblema, de Occidente, van a la cabeza y los demás son de otro mundo que, en su calidad de otro, no es un mundo propiamente dicho" (Badiou, 2010: 16). De esa forma, un significado de democracia se volvió hegemónico y atravesó fronteras, cargando consigo un conjunto de preceptos ético-morales para juzgar procesos y regímenes de más allá de las fronteras, con lentes centralmente europeas y filtros de economías desarrolladas.

La democracia-emblema se impuso como cosmogonía, como la forma de percepción del mundo y de sus relaciones y, sobre todo, como una manera de acallar las disputas materiales históricas.

> En resumen, del supuesto de que el 'mundo' de los demócratas es el mundo de 'todo el mundo' se deduce que la democracia como emblema y guardián de los muros en donde su pequeño mundo disfruta y cree vivir reúne a una oligarquía conservadora, cuyo oficio, a menudo guerrero, es mantener bajo el nombre usurpado de 'mundo', lo que no es nada más que el territorio de su vida animal (Badiou, 2010: 16).

Se ocultó detrás de este emblema democrático la asociación (naturalizada y, por lo tanto, invisibilizada) entre la democracia liberal actualmente existente en "todo el mundo" con el capitalismo como modelo económico vigente.

2. Algunos apuntes sobre el concepto de democracia en América Latina

Para el caso de América Latina, O'Donnell (1988) sostiene que la democracia se identifica mucho más con un mecanismo para contener seguidores que como un ordenamiento institucional que se adecue a la representación, procesamiento y eventual satisfacción de las aspiraciones de los seguidores. El enraizamiento ideológico de la democracia no es favorecido por la naturaleza restrictiva, cuando no fraudulenta, de las democracias pasadas de la mayoría de los países de la región. Agrega que en los países latinoamericanos se combinan elementos democráticos y autoritarios como rasgo principal de los Estados, lo cual le da un "carácter esquizofrénico" (O'Donnell, 1993).

Fals Borda (1980: 13) sostuvo que la realidad política de América Latina se crea en torno a un péndulo que va de la autocracia al gobierno popular. Para el autor, a esa entidad en formación, se la denomina "democracia" y es, en la práctica, una democracia limitada, restringida y viable que "vive sujeta a los intereses creados del capitalismo a nivel mundial y a la lucha ideológica y de clases sociales que se adelanta a nivel regional en estos momentos".

Dentro del mismo núcleo de ideas, Borón explica que la democracia en la región fue vaciada de su contenido prescriptivo y quedó convertida en un cálculo institucional, de reparto de poder.

> El aumento de la violencia y la criminalidad, la descomposición social y la ano-mia, la crisis y fragmentación de los partidos políticos, la prepotencia buro-crática del Ejecutivo, la capitulación del Congreso, la inanidad de la Justicia, la corrupción del aparato estatal y de la sociedad civil, la ineficacia del Estado, el aislamiento de la clase política, la impunidad para los grandes criminales y la "mano dura" para los pequeños delincuentes y, *last but not least*, el resenti-miento y la frustración de las masas, constituyen el síndrome de esta peligrosa decadencia institucional de una democracia reducida a una gramática del poder y purgada de sus contenidos éticos (Borón, 2003: 261).

González Casanova (1980, 1986, 2003 y 2007) propone entender que el proyecto democrático de las clases dominantes es diferente al de las clases dominadas. El proyecto principal de "los dominantes" es la preservación de un régimen democrático sin ninguna concesión en el orden del trabajo y en el de la propiedad de los medios de producción y acumulación. Dentro de esta implantación de modelo de las elites económicas y políticas, cualquier medida popular que exija la redistribución, la independencia económica, la justicia so-cial será tachada de subversiva y comunista; en resumen: de antidemocrática. El autor explica que una de las limitaciones más grandes del modelo democrá-tico conservador es pretender que haya democracia sin justicia social, sin libe-ración nacional. Pero no es esta la única limitación. "El proyecto conservador llega a plantear un sistema democrático en el que no haya derecho a escoger, en que las grandes opciones de nuestro tiempo, entre socialismo y capitalismo, no se den ni siquiera a nivel electoral" (González Casanova, 1980: 9).

De esta forma, carentes de otra oferta electoral, la inconformidad de los sectores marginados de las sociedades latinoamericanas es mediada o represen-tada por intermediarios que pertenecen al mundo de los que sí participan, a los grupos dirigentes (González Casanova, 2003). Y esta intermediación opera en torno a dos formatos de intermediadores "los que forman parte del gobierno o de las organizaciones gubernamentales, con la ideología oficial más o menos radicalizada, y los que operan por su cuenta como amigos del gobierno con actitudes ideológicas más moderadas que la extrema izquierda o la extrema derecha" (González Casanova, 2003: 113).

La asociación entre democracia y capitalismo en la región ya no puede disolverse, ni esconderse detrás de "etapas de la democracia" como plantearon otros autores. La democracia política goza de vigorosa salud en varios países donde las desigualdades estructurales no decrecen ni merman.

> La democracia siempre ha estado (y está) radicada en un orden capitalista. Históricamente, por cierto, es el único con el cual ha podido avenirse, hay que tenerlo en cuenta. Pero es un orden, precisamente, capitalista. Por sí, desinteresado de la igualdad y factor permanente de desigualdades. La democracia no ha podido y/o no ha sabido y/o no ha querido frenar el crecimiento de la desigualdad a través de sus instituciones, dirigencias y partidos. Sin hablar de conductas personales abdicatorias de las propias convicciones, ni de mandatos procurados y recibidos pero no ejecutados, ni de aprovechamientos puramente egoístas, aunque por supuesto existen, instituciones, dirigencias y partidos han quedado (sobre todo en América Latina) suficiente si no principalmente envueltos, condicionados o atrapados por el cuadro que recién reseñamos (Strasser, 1999: 86-87).

La democracia latinoamericana, sostiene Strasser (1999), adquirió de la modernidad mucho más los rasgos liberales que los populares y mucho más los individualistas y defensivos que los colectivistas y participacionistas. Además, rediseñó un sujeto (llamado ciudadano) pasivo y retraído y un objeto (el poder político) que solo se relacionó con el Estado, ya no con la capacidad de acción de la sociedad.

> [...] el reclamo democrático es una constante de la vida política sudamericana, hecho que marca una importante diferencia con las otras áreas del llamado Tercer Mundo, como la asiática o africana. Mientras que en estas, con la excepción quizás de India, el liberalismo no fue exportado como ideología desde Europa en el siglo XIX, en América Latina en cambio ese flujo tuvo un lugar definitorio y aunque no haya cuajado institucionalmente salvo en ráfagas, forma parte de una tradición nacional. (Portantiero, 1988: 140).

Desde una lectura gramsciana, Portantiero (1988) afirmó que el proceso de modernización estatal en el Sur no alcanzó a absorber las demandas de la participación masiva en el consumo y en la política, por lo que los procesos actuales pueden ser entendidos como las tentativas de integrar y excluir algunos sectores sociales. "La democracia aparece así como el momento del equilibrio hegemónico entre sociedad civil y Estado cuya condición de posibilidad es precisamente que se mantenga lo que Gramsci llama su capacidad de absorción molecular de las demandas de todos los actores sociales significativos" (Portantiero, 1988: 67).

La democracia significa entonces un pacto, un pacto entendido como compromiso por el cual las partes determinan y aceptan el marco institucional dentro del cual la acción social conflictiva puede desarrollarse, siempre y cuando no disuelva el orden. Este orden se basa en procedimientos reconocidos que lo legitiman. Las demandas populares se canalizan (o no) pero no podrán intervenir fácilmente en la ruptura del orden democrático-capitalista vigente.

La forma en la que el pacto democrático se realiza, se establece y se reafirma no es igualitaria entre los actores intervinientes. La legalidad vigente se distancia de la realidad política sobre la que rige y la participación social de esta se reduce a un acto electoral simbólico.

La democracia, como fue hegemonizada en la región, comienza a operar en un terreno no material, despegada de los procesos sociales y económicos, convirtiéndose en un dispositivo que, con una pretendida base de consenso, libertad e igualdad reproduce las injusticias estructurales de otras formas de gobierno, al tiempo que clausura los debates en torno a su legitimidad y margina las críticas al terreno de lo "antisistema", de lo "comunista radical" o del "retorno al pasado autoritario".

La democracia trabajó como un discurso político hegemónico que impuso simbologías y significancias, pero a su vez fue contenedora de expectativas y depositaria de sentidos por parte de diversos actores sociales, que mutaron sus percepciones en torno a dicho régimen político.

Así como la transición se volvió un discurso con pretendida asepsia que intentó neutralizar los debates en torno a los núcleos ideológicos de lo político[112] y pretendió traer una fórmula democrática que, sin discutir concepciones de política y dominación, se impusiera como superadora de las crisis del pasado; la democracia, como concepto ambiguo, quedó asociada a un conjunto de preceptos que no le fueron propios originalmente, sino que adoptó de su adjetivo "liberal" (elecciones periódicas, transparencia electoral, recambio de autoridades por votación, estabilidad de las instituciones, apego a las leyes, etc.).

Coincidimos con Couchonnal (2008: 18) en que "el caso paraguayo ofrece una clara imagen de la manera en la que el discurso democrático opera

---

112 Para más detalles sobre la relación entre lo político, la política y la democracia, se recomienda Rancière (2006).

más como una doctrina para el desarrollo político que para el desarrollo del proceso histórico social. Al mismo tiempo, esto implica que el proceso histórico está escondido detrás del discurso formal que opera a un nivel imaginario".

Daremos sobre esta afirmación dos ejemplos, uno proveniente de la producción académico-teórica y otro de los movimientos campesinos.

a. En un libro publicado en el año 2012, año en el que se ejecutó el juicio político que destituyó a Fernando Lugo, Soler expresó que:

> sería falaz y de un pesimismo coyuntural no seguir afirmando que Paraguay venía experimentando –y seguramente continuará– un inédito proceso democrático. Negarlo, es desestimar la advertencia metodológica realizada por Reinhard Bendix (1974) sobre la falacia del determinismo retrospectivo. Para decirlo claramente, es la primera vez en la historia que Paraguay registra antecedentes de estabilidad política a través de elecciones democráticas limpias por un período consecutivo de veintitrés años (Soler, 2012: 17).

De esta forma, la autora da por sentada una definición de democracia que tiene que ver, indiscutiblemente, con una valoración de los procesos electorales y su transparencia a lo largo del tiempo, sin interrupciones militares. Asimismo, centraliza la lectura en la estabilidad política que, incluso sosteniendo que efectivamente existió –desestimando algunos traspiés que presentó–, también remite a un tipo de democracia y no involucra por ejemplo, una modificación en la distribución económica o una interpelación directa a las bases estructurales del poder (lo que Tomás Palau en 2010 llamó "los poderes de facto del Paraguay"[113]).

Este pensamiento en torno a la democracia en Paraguay desde 1989 ha prevalecido en los estudios recientes. Sin embargo, insistimos en que no permite percibir las bases ideológicas que subyacen detrás de la democracia, puesto que quedan en segundo plano, escondidas tras un manto de pretendido consenso en el cual las elecciones parecen explicar todo y la sucesión presidencial de manera pacífica, la forma de medir la estabilidad del régimen y su preservación.

b. Los campesinos paraguayos, en el período posdictatorial, ataron sus reclamos al concepto de "tierra malhabida", es decir, aquellas tierras cuya apropiación fue realizada ilegalmente en tiempos de la dictadura stronista. Entonces, se descentralizaron de posturas en contra de la

---

113 Palau (2007) explica que el poder real en Paraguay se reparte en cuatro grupos sociales –oligarquía ganadera, empresariado corrupto, narcos y corporaciones transnacionales– que se resisten a los cambios estructurales. Este autor afirma que la única manera de poder enfrentar los intereses de tales sectores consiste en acumular fuerzas y respaldo social y que dicha base social tenga un alto grado de unidad y claridad ideológicas.

hiperconcentración de tierras y ganancias en el país, para declararse en contra de aquellas hectáreas que fueron adquiridas por fuera de la ley y por fuera de la democracia.

Desde 1990 muchos actores de la izquierda en Paraguay hicieron una vuelta política, adoptando una política institucionalista basada en el Estado de derecho, en vez de su anterior apoyo a la reforma agraria redistributiva. El cambio fue parte del auge general, en las décadas después de la guerra fría, de políticas basadas en los derechos y no en la igualdad económica. En el caso de la tierra, la idea era que solo expropiando las tierras malhabidas uno podría crear una reforma agraria sin hablar de redistribución económica en sí. (Hetherington, 2012: 31).

Esta estrategia atada al respeto del emblema democrático dejó al campesinado sin una de sus herramientas históricas de lucha, deslegitimó la toma de tierras como forma de resistencia y los atrapó dentro de un largo *vía crucis* institucional dentro de diferentes esferas del Estado. Asimismo, al posicionar como "rupturistas del orden democrático" a quienes insistieran con mantener las estrategias previas, estos quedarían desamparados ante la judicialización y la persecución.

Podemos afirmar que, como surgió en las entrevistas realizadas, una metamorfosis discursiva similar sucedió con los líderes de partidos políticos de izquierda o con una marcada tendencia anti capitalista.

Para poder desentrañar cuál era el destino al que se planificaba llegar mediante la transición, analizaremos las representaciones de democracia de la clase política paraguaya.

3. La democracia en Paraguay: representaciones de un concepto complejo, histórico y políticamente construido

3.1. La "democracia" anticomunista, sin libertades, con injusticias y violación de derechos humanos del stronismo.

Los discursos en torno a la democracia no se iniciaron en 1989. Durante los 35 años de la dictadura stronista, también se llenó de contenido el concepto democracia y se lo utilizó para justificar, por ejemplo, las llamadas leyes liberticidas. Una de estas, denominada "de Defensa de la Democracia" (Ley Nº 294/55), en su artículo segundo, determinaba:

Art. 2º: "Serán reprimidos con la pena de seis meses a cinco años de penitenciaría: 1) Los que difundieren la doctrina comunista o cualesquiera otras doctrinas o sistemas que se propongan destruir o cambiar por la violencia la organización democrática republicana de la Nación. 2) Los que organizaren, constituyeren o dirigieren asociaciones o entidades que tengan por objeto visible u oculto cometer el delito previsto en el inciso precedente" (Ley Nº 294. 1955).

La otra, llamada "de Defensa de la Paz Pública y libertad de las personas" (Ley Nº 209/70), la complementa y realiza un detallado informe sobre los actos políticos que serán considerados delitos, por proponer "destruir el régimen democrático" vigente en el Paraguay.

Ya para el 11 de agosto de 1954, apenas a semanas del inicio de la dictadura stronista –y muy en sintonía con un clima regional de ideas impulsado prioritariamente por Estados Unidos– el Partido Colorado firma la resolución Nº 14 "por la que se confirma la posición democrática del coloradismo frente al comunismo internacional". En el Artículo 6, declara "que el Partido Colordado es esencialmente nacionalista, democrático y cristiano, y como tal categóricamente adverso a la organización comunista mundial, a sus tácticas de felonía, subversión y violencia, a su menosprecio por las virtudes de nuestra civilización cristiana, y a su supeditación a una potencia y a un régimen político extranjero" (ANR, 1954: 5. DP).

Entonces, el primer sentido que se le atribuye a la democracia en esta época es su anticomunismo; no su valor antidictatorial, sino su capacidad de oponerse a la temida violencia de los comunistas, esas "minorías que nos combaten con saña y obstinación" (Stroessner, s/d: 13. *Discurso pronunciado en 1964*). Agrega Stroessner, en este mismo discurso, un rasgo más de su democracia:

> El gobierno del Paraguay, democrático por sus orígenes y sus convicciones encarna con el normal funcionamiento de sus tres Poderes: el Ejecutivo, el Legislativo y el Judicial, el perfecto equilibrio institucional. Junto con la Asociación Nacional Republicana, Partido Colorado, en que su larga existencia, jamás auspició, prohijó, ni defendió regímenes dictatoriales, se hallan enfrentados a una oposición de desertores consuetudinarios de la democracia, que levantan la vieja bandera de las invasiones con el deshonor que corresponde a los legionarios de todos los tiempos y de todos los lugares, que atentan por dinero ajeno contra los intereses de su Patria (Stroessner, s/d: 14. *Discurso pronunciado en 1964*).

División de poderes, declaró Stroessner, como un bastión de su "democracia". En la misma línea, Argaña (Argaña, s/d: 111. *Discurso por los cinco años de la Magistratura Judicial.* 1983), en un discurso dado frente a la Magistratura Judicial, sostuvo: "La democracia es un concepto eminentemente político, pero ella sin la justicia es una mentira", y agregó luego "pienso que cuando ejercemos la función judicial, estamos ejerciendo una función sagrada, casi divina, que escapa tal vez a la misma naturaleza humana. El mismo Jesús hizo aquella pregunta ¿quién soy yo para juzgar?" (Argaña, s/d: 98. *Mensaje a los magistrados judiciales.* 1984)[114].

El anticomunismo que se combina con una división republicana de poderes, dentro de un desarrollo institucional "equilibrado" que se enmarca fuertemente por una parte, en un mandato moral (con funciones sagradas) y, por otra, en una ideología nacionalista que resiste los embates de las "invasiones extranjeras" (legionarios o ideologías importadas que quieren destruir la patria) son parte constitutiva de la democracia durante el stronismo. Sin embargo el voto no podía quedar excluido, por eso, en 1977 la ANR sostuvo la innegable importancia

> del voto, acto con el cual el hombre colorado expresa su vocación democrática y su pasión nacionalista, porque sabe que eligiendo expresa su condición de hombre libre, y eligiendo a Stroessner, ejercita su patriotismo nacionalista, manifiesta su fe en el destino superior de la Patria y consagra al hombre, al estadista, capaz de realizar, mañana como hasta hoy, las más caras y queridas aspiraciones del pueblo paraguayo. Esto demuestra que para nosotros los colorados, el ejercicio de la democracia, que honra al ser humano porque exalta su condición de hombre dueño de su voluntad, es un deber moral profundamente entroncado en su educación cívica (ANR, 1978: 18. Discurso de Apertura de Campaña electoral. DP).

La fórmula stronista de "paz y progreso" fue acompañada por esta representación de democracia que puede verse resumida en la siguiente afirmación: "en el amplio camino de progreso en que estamos, percibimos que la paz es el primer gran fruto de nuestra democracia, de nuestra comprensión del bien común y de nuestra predisposición solidaria para mantener unidos lo que unidos conquistamos en el campo de la civilización (Stroessner, s/d: 17. Discurso pronunciado en 1964). Progreso, paz y democracia solo serían garantizados si se apoyaba la "unión indisoluble de Gobierno, Asociación

---

114 Agrega luego: "¿De qué le vale al hombre poder votar, elegir a sus representantes, sean estos senadores, diputados o concejales municipales, si no pueden hacer justicia de las instituciones para su honra mancillada, para su propiedad violada o para la reparación de la muerte injusta de un hijo? Por ello la Justicia está más allá de la política, es un grado superior, más excelso, es un fin o una razón de ser del Estado" (Argaña, s/d: 98. *Mensaje a los magistrados judiciales.* 1984).

Nacional Republicana y Fuerzas Armadas de la Nación". El progreso, medido en obras de infraestructura; la paz, comprendida como el establecimiento de un orden represor; y la democracia, malentendida como la realización periódica de elecciones (fraudulentas) dieron sentido a un discurso stronista que se sostuvo, prácticamente inalterable, durante los 35 años de dictadura.

Esta democracia no aceptaba opositores, aperturas políticas ni pluralismo, ni siquiera un formalismo que no socave el poder real. Todos los "enemigos" del régimen eran acusados de comunistas y, como tales, antidemocráticos. La oposición fue negada. En el discurso de apertura de la farsa electoral del año 1977, la ANR declaraba:

> Si los cómputos finales dicen de pocos opositores es sencillamente porque no hay opositores porque el soberbio magnetismo del patriotismo colorado y del nacionalismo de Stroessner, han atraído a todo paraguayo que se considera hombre de bien y amante de su Patria, y ha dejado de lado a quienes abandonaron su bandera y corrompieron el significado de sus banderas para acogerse a las flacas legiones del marxismo golpista, que nada tiene que hacer hoy, mañana y nunca en el juego de la democracia paraguaya (ANR, 1978: 23-24. Discurso de Apertura de Campaña electoral. DP).

En 1980, frente a la coincidencia de intereses antidictatoriales entre el Partido Revolucionario Febrerista, algunos miembros del MOPOCO y Domingo Laíno (PLRA), la Asociación Nacional Republicana imprime un nuevo documento explicando cómo todos ellos se han pervertido por la izquierda radical internacional y se volvieron detractores del pueblo paraguayo que ama su democracia.

> El 'Frente Popular' que alinea a unos cuantos renegados de diversas facciones políticas, pretende enjuiciar a todo: hombres, situaciones e instituciones, buscando extraviar a la opinión pública para despistar su origen foráneo, antiparaguayo, de inspiración totalmente extranjera […]. Este 'frente popular', porque ese es el nombre que le corresponde por los antecedentes internos y externos de este tipo de contubernios, está siguiendo los mismos pasos de los grupos marxistas y comunistas alienados en el extremismo internacional, que en el Paraguay no tuvieron, ni tendrán vigencia, porque el pueblo ama la democracia, tiene gratitud hacia sus líderes nacionales y ha elegido libremente a sus autoridades, otorgándoles la legitimidad de la voluntad popular (ANR, 1980: 9. Manifiesto de la Junta de Gobierno al Pueblo Colorado de la República. DP).

Para 1986, el Ingeniero Carlos Romero Pereira fue invitado a participar de una mesa debate junto con políticos y periodistas. Él, representando a la ANR, sostuvo que la democracia era un sistema de elección de candidatos y aseguró que el simple sometimiento a voto de los cargos públicos daba como resultado garantido la capacidad del candidato electo.

> 'El pueblo se ha reservado el derecho de designar los mandatarios que han de dirigir sus destinos, elevando los puestos públicos, a ciudadanos honestos, idóneos, capaces de hacer su felicidad y establecer en el país el reinado de la justicia y la moralidad política'. A este sistema democrático nacional y republicano –me refiero– cuando exijo que nuestro modelo político sea de una vez por todas democrático y deje de ser el proceso de democratización que nunca culmina (Pro-Demos y Centro de Estudios de los Jesuitas, 1986: 21. Ing. Carlos Romero Pereira).

La soberanía popular era la que, mediante el voto, acompañaría las decisiones del Gobierno. Sin embargo, sostiene después, "la democracia que exigimos debe superar la pura ecuación aritmética de las mayorías que mandan y las minorías que acatan, porque la democracia no es una operación de suma y resta" (Pro-Demos y Centro de Estudios de los Jesuitas, 1986: 21. Ing. Carlos Romero Pereira). O sea, más allá de la expresión electoral de la mayor parte de los votantes (en caso de que eso fuera verídico) la democracia colorada debía superar la tiranía de la mayoría.

En 1989, apenas un día antes de que Rodríguez encabezara el golpe que derrocó a Stroessner, en el diario *Patria* (Vocero de la Junta de Gobierno del Partido Colorado, fundado en 1917) la editorial –titulada "La democracia se hace con la ley"– sostenía que la democracia stronista estaba siendo atacada por detractores que "recurren como viejas lloronas a los fotos internacionales para acusar al Gobierno de violación de los derechos humanos" cuando, prosigue, la realidad es que esas minorías "no saben marchar derecho ni ajustar su conducta a las exigencias de la ley para el disfrute de sus libertades, respetando la de los demás, como debe ser en una sociedad democrática" (ANR- *Patria*, 1989. 2 de febrero. DP-ANR).

Además, sostuvo que

> La oposición irregular pretende articular la democracia como ella quiere. Pretende ser más que la Constitución y la ley, y esta es la aberración que la vuelve contumaz. […] Pretenden hacer la democracia como les venga en ganas, y como saben que esto es arbitrario e imposible, desertan de la participación, denuncian fraude […] (ANR- *Patria*, 2 de febrero de 1989. DP-ANR).

Quizás esta deconstrucción del concepto de democracia en la dictadura, nos da algunas evidencias del interés de Stroessner de mantener su mandato presidencial siempre dentro de "la ley", razón por la cual implementó cambios reiterados en la Constitución y en las leyes electorales.

Dictadura que se consideró democracia: "democracia" anticomunista, fuertemente nacionalista, con un apego a leyes sancionadas en medio de una fachada de republicanismo y división de poderes. "Democracia" que violaba derechos básicos de la sociedad. "Democracia" del miedo, la represión y las desigualdades económicas. La dictadura se apropió de este significante y lo llenó de contenido, un contenido a tono del contexto internacional y a tono de los intereses hegemónicos locales.

A pesar de la amplia variedad de significados que la democracia ha adquirido, acordamos con Sartori (2003) que no todo puede ser llamado democracia, ni creemos que porque una dictadura como la stronista se autodenomine democracia, ello la vuelve una efectivamente. Sin embargo, es interesante comprender las lógicas argumentativas que, escondidas debajo de estos discursos, jugaron un papel fundamental en el intento del régimen de legitimarse a escala nacional e internacional y, asimismo, marcaron a fuego algunos horizontes de sentido que no pudieron superarse incluso en la actualidad.

3.2. La democracia en tiempos que se consensuaron "democráticos". Metamorfosis de un concepto con historia

Al dar el golpe de febrero, Rodríguez improvisó una primera comunicación en la que llamó a la unión de las fuerzas armadas y del coloradismo, para reunificar la nación y comenzar el proceso democrático. Luego participó de una serie de entrevistas, discursos, mensajes y artículos en el diario *Patria*, en los que presentó su candidatura a presidente y definió su noción de democracia (régimen que él decía iniciar). La postura de Rodríguez es muy relevante por dos causas centrales: la primera, no remite solo a su opinión sino que expresa un clima de época y un consenso de ciertos sectores dominantes en torno a esa idea; la segunda, porque fue bajo su gobierno, y bajo la gestión de ese grupo, que la democracia formal comenzó su proceso de normalización plasmándose en una reestructuración del Estado y en la sanción de nuevas leyes, así como en una planificación económica liberal y un llamamiento a la reunificación del pueblo paraguayo.

En una famosa entrevista para la prensa, realizada el 3 de febrero, Rodríguez sostuvo:

pienso dar inicio a la democratización del Paraguay, como asimismo infundirle el respeto que debe tener el ciudadano paraguayo, al de su religión cristiana, que es la religión Católica Apostólica Romana. Respetar los derechos humanos que tanta falta nos hace [...]. Que Dios y la Virgen María Santísima acompañen este pensamiento y que se lleve a la realidad (Rodríguez, s/d: 5. Declaraciones a periodistas del diario *Última Hora*. 3 de febrero de 1989. DP-ANR).

Posteriormente, y quizás sea esta la parte más transparente de su desconocimiento de las materias sobre las que se decía ser el precursor, Rodríguez –quien además de consuegro de Stroessner, fue parte activa del núcleo de poder y de beneficios de la dictadura– es interpelado por el periodista, quien le consulta: "¿pueden los paraguayos estar tranquilos en el sentido de que vamos a tener una plena democracia en el país?". El General le respondió: "considero que pueden tener, así como yo, la esperanza de que podamos dar inicio a estas cosas" (Rodríguez, s/d: 5. Declaraciones a periodistas del diario *Última Hora*. 3 de febrero de 1989. DP-ANR.). Rodríguez, quien meses después sería el primer presidente de la transición, cambió "tranquilidad en" por "esperanza de" y "plena democracia" por "inicio de estas cosas". Aún no sabía bien cuál sería el porvenir político ni podía dar cuenta de cuál sería "la democracia plena" que el periodista decía que los paraguayos esperaban.

En abril del mismo año, Rodríguez dio una conferencia en la Concentración de la ANR en Caacupé, donde hizo nuevamente mención de la democracia, pero no la anterior, sino la "verdadera".

> Con las Fuerzas Armadas salimos de nuestros cuarteles para instaurar una verdadera democracia en el Paraguay. Porque no era democracia el auge de la arbitrariedad y de la prepotencia de que hacían gala algunos de los más connotados individuos del régimen depuesto. No era democracia la discriminación manifiesta con que se avasallaba a la ciudadanía cada vez que esta pretendía dejar oír su voz en reclamo de sus legítimos derechos[...] No era democracia la discrecionalidad con que se consumía el dinero de las arcas del Estado [...] salimos de los cuarteles para hacer respetar los derechos humanos. Porque los derechos humanos fueron, en su mayoría, letra muerta para el régimen anterior. [...] Salimos de nuestros cuarteles en defensa de nuestra religión cristiana, católica, apostólica, romana, para restituir el verdadero sentido religioso al que el pueblo paraguayo está educado (Rodríguez, s/d: 30-31. Discurso pronunciado en la gran Concentración de la ANR en Caacupé. 8 de abril de 1989. DP-ANR).

Más adelante, reconociendo que el stronismo no fue más que una dictadura (de la cual, olvida, él había sido parte), afirmó: "yo quiero ser optimista y decir que vamos a aprender lo que es democracia, y que nos tomaremos el trabajo de practicar su difícil pero gratificante gimnasia. Comencemos ya, ahora mismo, a respetarnos, a tolerarnos, a comprendernos, a ayudarnos y hasta, si se puede, a mirarnos con simpatía" (Rodríguez, s/d: 33. Discurso pronunciado en la gran Concentración de la ANR en Caacupé. 8 de abril de 1989. DP-ANR).

La democracia como ejercicio del consenso, aquello que regionalmente se había indicado, conformó la nueva lectura democrática de Rodríguez. Más adelante, en su discurso de asunción presidencial, sostendría que lo que iba a defender era la libertad que dentro del régimen republicano generaba una auténtica y creadora democracia.

Casi sin quererlo, Rodríguez repitió la fórmula stronista de república y nacionalismo, a la cual le sumó la libertad, la religiosidad insistente y características muy vagas de lo que efectivamente este régimen implicaría para la ciudadanía. Parecería, casi, que se desconocía lo que la democracia debía ser (al menos teóricamente), aunque reconocía que la utilidad de la misma era indiscutida. No obstante, algunos rastros de la formulación económica de esta "democracia" quedaron expuestos apenas un tiempo después. En 1989, mediante el Decreto Nº 216, el General determina cuáles serán las políticas económicas de su período; entre las medidas centrales se impuso un sistema de cambio libre fluctuante para "contrarrestar oscilaciones bruscas del tipo de cambio, sin interferir las tendencias fundamentales del mercado" (Artículo 1. Decreto Nº 216); se consensuó una ínfima retención del 1% a las exportaciones de algodón y de hasta 10% en los demás productos exportados; por otra parte, se intentó disminuir la emisión monetaria y se promovió el "auto financiamiento" de las empresas públicas. Este último punto, terminaría con la sanción de la Ley Nº 126/91 que aprobó un Régimen de Privatización de Empresas del Estado, creando una lista de "Empresas del Estado sujetas a Privatización" y autorizando al Poder Ejecutivo a "transferir, total o parcialmente, al sector privado las entidades públicas productoras de bienes o servicios" (Artículo 1. Ley Nº 126).

Mientras formaba parte de la competencia electoral, Domingo Laino, representante del Partido Liberal Radical Auténtico, daba la definición de democracia que el PLRA había hecho propia. Paraguay, sostuvo él, necesitaba un gobierno con creatividad, honestidad y coraje.

> Un gobierno democrático, liberal, progresista y tercermundista [...] razonablemente nacionalista y antiimperialista, moderadamente orientador, con sentido de estricta conveniencia para el estímulo de la inversión interna y foránea. No puede ser "leseferista", porque el poder de las grandes entidades productoras de riqueza es sencillamente devorador si no se lo limita y condiciona. Ni puede ser

estatista, por cuanto cree en la iniciativa privada como motor importante del dominio, la explotación y la preservación de las riquezas naturales (PLRA, 1989: 13-14. Discursos del candidato a presidente Domingo Laino. DP-PLRA).

Así, la asociación irreductible entre democracia y liberalismo se hace visible una vez más[115]. Además de un régimen que procura promover la inversión, en un marco razonablemente nacionalista, Laino propuso un diálogo constructivo entre partidos y una forma institucional de canalizar los conflictos que son inevitables. Sostuvo que Paraguay "necesita que las instituciones democráticas se consoliden y se desarrolle honestamente la economía para que el pueblo viva mejor y tenga más oportunidades".

Unos años después el Partido Liberal presentará su programa de gobierno en el cual planteó nuevamente los mismos hitos democráticos: "el bien común presidirá, como principio, la asignación de recursos públicos" (PLRA, 1993: 12. Programa de Gobierno. DP-PLRA). Ese bien común encarnaba una depuración legal y de las normativas electorales, la reforma del Poder Judicial, el achicamiento del Estado (o, como el documento nomina: "convertir el aparato estatal sobredimensionado en un sistema burocrático eficiente"), la privatización de empresas públicas "eliminando la sangría crónica que generan" y el fortalecimiento de la economía de mercado que garantiza la "rentabilidad, el respeto a la propiedad privada, la seguridad jurídica y la apertura de los mercados a la competencia internacional" (PLRA, 1993: 14. Programa de Gobierno. DP-PLRA).

Por su parte, en 1991, Argaña –caudillo tradicional del Partido que, como ya vimos, también hablaba de democracia durante la dictadura–, recicla su discurso y en una de sus intervenciones públicas en función de líder-fundador del Movimiento de Reconciliación Colorada, expresó su definición (renovada) de este régimen.

Dijimos que la democracia, y todo su cortejo, es perfectible y para ello creemos se deben cumplir por lo menos los siguientes requisitos: primero: esforzarnos por asegurar un gobierno de opinión y no de policía. Para ello la opinión del pueblo debe ser expresada libremente en la prensa y en las tribunas abiertas. Segundo: el derecho de la oposición de participar efectivamente en el gobierno del país. No debemos admitir una oposición que se contente con opiniones meramente académicas, sino que tenga acción política útil para los intereses del país. La oportunidad se presenta ahora con la Constituyente que se reunirá próximamente. Tercero: el máximo de justicia social compatible con las posibi-

---

115 En 1993, Laino declaró que era preciso corregir las injusticias y que la forma de eliminarlas era mediante un modelo económico que eleve la productividad y equipare la distribución de los ingresos dentro del sistema democrático. (Laino, 1993).

lidades reales del país. Cuarto: un alto nivel moral en la vida pública y privada de los individuos (Argaña, s/d: 263. Mensaje de fin de año. 1991. DP-ANR).

Quizás sea esta la versión más clara de los "deberes de la democracia" de la década del noventa en Paraguay y quizás, también, la más representativa. Luis María Argaña nos dijo que la democracia no era perfecta, siempre podría ser mejor, pero para ser democracia debería tener requisitos mínimos –no se alejó de aquello que plantearon algunos intelectuales de gran renombre internacional–: a) mayor consenso –o ficción de consenso– sostenido en libertad de prensa y de expresión; b) mayor espacio de desempeño político de la oposición (siempre que sea útil para los intereses de la nación, dando por hecho que existe un acuerdo acabado en torno a estos intereses); c) mayor justicia social, pero siempre que la misma sea coherente con la planificación productiva del Estado –aquí se esconde la desigualdad económica, detrás de una limitación de "posibilidad real del país"–; y d) mayor nivel de ética en la vida privada y pública, lo cual se alinea con el clima regional de ideas que promulgaba discursos de anticorrupción, pero se combina con un pedido de "moral" en la vida privada que iguala las responsabilidades de los actos entre los dirigentes y los dirigidos.

La ética pública también fue parte de la construcción del concepto de democracia en 1998, cuando la Alianza Democrática Para Vivir Mejor se reunió y en su propuesta de gobierno expresó:

> Una democracia plena para garantizar la libertad, la solidaridad y la igualdad de oportunidades para todos requiere vencer el continuismo, eliminar la corrupción y la delincuencia y desterrar la pobreza. El reconocimiento de que el respeto de los Derechos Humanos constituye la base y el límite del accionar del Estado. Una economía sólida para generar empleo y garantizar la equidad y el bienestar social requiere de un gobierno con gobernantes eficientes, honestos y austeros, capaces de poner al país en primer lugar (Alianza Democrática Para Vivir Mejor, 1998: 160. DP).

La anticorrupción, madre de muchas críticas a la democracia en la región, se convertía en un factor que haría de esta definición la democracia plena y permitiría el salto de país pobre a país sin pobreza (y sin delincuencia, que parecerían asociadas).

Luego de esta definición, pasamos a otras surgidas en un momento emblemático de tensión política y social en el Paraguay: el Marzo de 1999.

Tras el asesinato de Argaña y de su guardaespaldas, la Cámara de Diputados se reúne en una seguidilla de sesiones extraordinarias.. El 24 de marzo, a las ocho y media de la mañana, se abre la comisión en la cual debatirían el comunicado de repudio al crimen de los dos hombres y, sobre tablas, el inicio del juicio político a Cubas (que estaba fechado para iniciar en abril, pero que por el contexto social que se atravesaba querían adelantar).

Al tomar la palabra la diputada Mirian Alfonso González, miembro de la ANR, dijo emotivamente que como madre, esposa y colorada, ella no recordaba momentos de tanta violencia política como los que atravesaban y que debían repudiar que hechos como estos ocurran en una democracia, condenando a quienes hayan ejecutado y planeado este crimen. Así agrega que mientras que en "el período pasado" (refiriéndose, sostenemos, al período dictatorial, enfrentado al "período presente" que es democrático) ella siempre elevó su voz en contra de la violencia, hoy es su deber condenar efusivamente lo que le hicieron a Luis María Argaña. Debía condenarse que esto suceda en democracia, tanto a un líder partidario como a cualquier ciudadano. Y luego afirmó:

> Lastimosamente, nuestra Constitución y nuestras leyes vigentes no nos permiten volver al sistema de fusilamiento en la plaza pública, pero para mí la persona que lo ha hecho y quienes estén complicados en esto, se merecen el fusilamiento en la plaza pública en presencia de miles y miles de paraguayos porque hechos de esta naturaleza no podemos, de ninguna manera, apañar y debemos repudiar como un Poder del Estado, como Diputados Nacionales (Intervención de la diputada Alfonso González, Honorable Cámara de Diputados. Asamblea Extraordinaria, 24 de Marzo de 1999. *Actas de debates parlamentarios*).

Es este uno de los discursos en torno al concepto amorfo de democracia que encarna más contradicciones y más demuestra que la definición en sí fue ampliada de tal manera que perdió capacidad descriptiva. La diputada, en medio de un clima de crisis social, política e institucional, decía que el asesinato de su correligionario era una afrenta a la democracia y que la forma que ella hubiera esgrimido para resolverla era una que incluye la violación clara de derechos humanos –pena de muerte y en espacios públicos para ser utilizada como caso ejemplificador– y que "lamentablemente" eso está prohibido por la ley. Lo que detiene su accionar criminal es la existencia de una Constitución y unas leyes; la Ley (omnipresente y superior) media entre su instinto más salvaje y su pertenencia al Poder del Estado.

En el mismo debate, cuando se comenzó a tratar la aprobación del juicio político a Cubas Grau, Benítez Cantero, también representante de la bancada colorada, dio su aporte a la construcción de lo que la democracia debe ser diciendo que no podían aprobar la ejecución del juicio porque la democracia debía escuchar al votante y era este quien había posicionado con más del 54% a ese presidente en ese lugar.

> No podemos venir a falsear la voluntad de ese electorado que nos dio la mayoría en esta Cámara de Diputados a los colorados [...]. No podemos venir a falsear la representación popular, juntando minorías en contra de una mayoría que nos ha dado un mandato, el de acompañar con mayoría las gestiones del Gobierno del presidente de la República del Paraguay, el ingeniero Raúl Cubas Grau. Es imposible pensar que nosotros los Parlamentarios dejaremos de lado lo que nos exige nuestro mandante, que es el pueblo (Intervención del Diputado Carmelo Juan Gregorio Benítez Cantero. Honorable Cámara de Diputados. Asamblea Extraordinaria, 24 de Marzo de 1999. *Actas de debates parlamentarios*).

El mismo partido que en 1999 sostuvo esta idea, y puso a la figura presidencial dentro de las protegidas por el amparo popular, en el año 2012, con idéntico discurso pero invertido en su lectura, removió a un presidente elegido por el electorado y al cual, siguiendo este argumento, el Parlamento debía apoyar.

3.3. La democracia en los discursos y documentos actuales

Como pudimos ver anteriormente, la democracia fue adquiriendo ribetes diferentes, aunque hubo ciertas características que las mantuvo intactas. Tanto los discursos de la dictadura como los surgidos en la posdictadura sostuvieron (insistimos, discursivamente) una valoración del proceso electoral, el republicanismo, la división de poderes, la economía liberal, el nacionalismo ideológico y el apego a la religión.

La percepción o representación de la democracia que se hegemonizó puso a los actores en una situación compleja, como bien lo sostiene Hetherington (2012). Un ejemplo más que paradigmático es el de los movimientos campesinos y la estrategia de reclamar tierras.

Ramón Medina, dirigente nacional de la Organización de Lucha por la Tierra (OLT), tras hacer una caracterización de la lectura de su organización respecto a los problemas económicos de la posdictadura paraguaya –que podría resumirse en su expresión: "el problema principal se concentra en lo que es el problema de la tierra, por un lado el problema de la concentración de la tierra y por otro lado el problema de los sin tierra"– explicó que con la democracia:

> en materia económica no hubo cambios, el modelo económico está prácticamente intacto. Si hubo mayor apertura política, libertad de organización [...]

193

Hubo represiones, hubo crímenes, pero con mayor apertura. Vos podías reunirte, podías denunciar, podías movilizarte, podías llamar a la radio y hablar abiertamente (Ramón Medina, dirigente nacional de OLT, diciembre de 2010. *Entrevista personal.*)

El militante explica cómo, a pesar de que las bases del modelo económico y del modelo represivo del Estado estaban intactas, la democracia garantizó apertura política y libertades (que nosotros diríamos mínimas, como la de prensa, la de expresión y la de organización, huelga y movilizaciones). Una lectura liberal de la democracia que no solo confirma la escisión entre la esfera económica y la política, sino que demuestra un reduccionismo operativista de la democracia.

Asimismo, esta democracia sostenida en la teoría de la representación que le viene incluida se demuestra en cómo los sujetos, incluso aquellos altamente politizados y organizados en torno a reclamos políticos (como la reforma agraria radical o estructural) no se perciben a sí mismos como sujetos de la política, sino que para serlo, deberían construir un frente electoral y posicionarse dentro de la estructura administrativa del Estado. Es decir, la politicidad de un movimiento dependería de su inserción efectiva dentro de los poderes. Al respecto Medina, refiriéndose a la estrategia de reforma agraria y ocupaciones, nos decía:

> Lo que nunca se logró definitivamente es llevarlo a un plano más político en la dirección de cambiar o de profundizar la reforma agraria por ejemplo. Ese era el objetivo de la lucha por la tierra principalmente. Es decir, se llegó a tensionar en varios momentos, pero nunca alcanzó esto un nivel de construir una dirección política en función de ganar espacio en el poder político (Ramón Medina, dirigente nacional de OLT, diciembre de 2010. *Entrevista personal*).

Entendemos la necesidad de formar parte de las esferas de poder para lograr un cambio legislativo en materia de posesión de tierras, dentro de la legalidad establecida por la democracia vigente en Paraguay, sin embargo, el desplazamiento semántico entre ser un actor político y ser una autoridad política dentro del Estado es un reduccionismo liberal. La negación de la politicidad de los actores que no pertenecen a la elite política significó no solo la negación del rol eminentemente político de las agrupaciones y movimientos sociales, sino también la negación del rol político de las elites económicas o de los grandes grupos concentrados de poder a quienes no se los relaciona con los procesos políticos, como si fueran actores neutros de política o marginales, cuyo único fin es la inversión económica.

Medina también habló sobre la relación entre el movimiento campesino y "la defensa del proceso democrático". Los campesinos, a los cuales la democracia no les había dado nada, salieron a defenderla.

> El movimiento campesino, el movimiento social paraguayo, tiene un protagonismo muy importante en la defensa del proceso democrático. [...] Intentos de golpe de Estado, la derecha por su crisis interna llegó al grado de asesinarse, el tema de Argaña. Son crisis políticas sumamente importantes que se daban dentro del modelo, todo lo que fue Lino César Oviedo, como un intento de derechización fuerte, fascista, en el país. El tema de las privatizaciones, el tema del Marzo Paraguayo, dentro de lo que es la base neoliberal que se daba en la región. En todos esos procesos el movimiento campesino, el movimiento popular general respondió efectivamente. El movimiento social siempre tuvo una presencia política en ese aspecto, el refrenar los procesos reaccionarios, el evitar cierta profundización también del neoliberalismo, y en varios momentos logró unificar sus fuerzas teniendo una debilidad en no poder mantener una estructura unitaria permanente, esa fue un poco la otra parte. Siempre se tuvo la capacidad de reaccionar positivamente ante un hecho político que significaría retroceder en el proceso democrático, pero en ningún momento se logró mantener una estructura unitaria que se perfile como una referencia política para la sociedad paraguaya, una alternativa política de cambio profundo. Esa es un poco la contradicción, hay muchas, por lo menos nosotros vemos muchas, dificultades en la construcción de una dirección política de referencia para la sociedad. Hay mucha atomización de las organizaciones también (Ramón Medina, dirigente nacional de OLT. Diciembre de 2010. *Entrevista personal*).

Así, el líder expresaba que hasta no construir una línea viable unificada que plantee cambios más rotundos, defender la democracia era la única opción viable (aunque por democracia solo se entendiese la estabilidad política y el liberalismo económico, siempre y cuando no se extralimite y quiera profundizar el neoliberalismo). La democracia liberal, nuevamente, se había perpetrado como la mejor opción existente. La reforma agraria debía esperar a que los movimientos sociales (negados en su condición de actores políticos), lograsen un puesto de poder tal, que pudieran ejecutarla desde adentro del Estado democrático.

Desde otro extremo de la línea ideológica, encontramos a Campos Ortiz del Partido Patria Querida, quien también se refirió a la política y a la democracia. Para él (y para la gran variedad de intereses que él representa) la democracia incluye necesariamente transparencia, eficiencia y anticorrupción en los asuntos públicos –características que, asumimos, pueden pertenecer también a una monarquía–. Asimismo, la democracia presupone un sistema de partidos que debe ser preservado.

En cuanto a la visión que tenemos como partido político inserto en la vida política nacional, más que nunca estamos convencidos de que nuestra participación en la vida política tiene una fundamental importancia. Consideramos que somos una suerte de partido bisagra. Hemos procurado en este tiempo muchísimo para constituirnos en un partido serio, responsable, trabajador, coherente, racional. Y creemos que la ciudadanía nos reconoce en ese sentido. Somos un partido que hemos logrado marcar pautas de comportamiento como actores en la vida política. Haciendo en cuestiones muy profundas pero muy sencillas [...]. Cuestiones que nunca antes en la política nacional se han dado. Como, por ejemplo, entre la participación de nuestros senadores y diputados hay una exigencia fundamental del partido que es la de no solamente participar sino tener una destacada gestión para lo cual el partido les da todo el soporte institucional e inclusive a través de la Fundación Feliciano Martínez, que es una fundación del partido que funciona paralelamente donde tenemos más de 120 técnicos que trabajan gratuitamente, estos desarrollan todo su conocimiento con los senadores y diputados, apoyándolos en su función, en su gestión. La exigencia que tenemos por ejemplo una es la participación de un 100% de ser posible de todas las actividades parlamentarias para las que ellos fueron electos. (Roberto Campos Ortiz, presidente PPQ, exparlamentario Mercosur, diciembre de 2010. *Entrevista personal*).

También resaltó el aporte a la democracia de los parlamentarios del PPQ por "devolver viáticos no utilizados cuando viajan". Planteó una democracia con un rol de *tecnócratas*[116] muy fuerte, en la que la institucionalidad, la transparencia y el sistema de partidos son los ejes de la política. Oposición y gobierno deben tener una conexión para lograr estos fines. Por esa causa, ellos se caracterizan como oposición responsable.

Cuando habló de democracia y economía, dejó muy en claro una política fuertemente liberal (en ambas esferas). Sostuvo que lo que produce pobreza es la migración del campo a la ciudad y que por ello hay que evitar que la gente migre a la ciudad (PPQ tiene un fuerte arraigo en los grupos de poder relacionados a la producción agraria, razón por la cual la industrialización y otras formas de redistribución de la renta productiva no fueron incluidas en sus exposiciones). Sobre la reforma agraria fue contundente:

Partimos de la premisa que no todos los campesinos son agricultores [...]. Todo paraguayo necesita tener tierra propia, siempre y cuando esta la convierta en tierra productiva. Creemos en una profunda reforma agraria. [...] hoy muchos

---

116 Sobre los candidatos que deben ejecutar tareas en el gobierno, Campos Ortiz afirmó "nosotros apuntamos a la selección de los mejores, los más probos, los más honestos, los más capacitados para estas gestiones" (Roberto Campos Ortiz, presidente PPQ, exparlamentario Mercosur, diciembre de 2010. *Entrevista personal)*

de ellos [los campesinos] han aprovechado de ir a solicitar tierras por el sencillo mote de decir que son pobres y que no tienen tierras, para que una vez que vos se las adjudicaste, después estén vendiendo de vuelta. Entonces tampoco es lo que funciona. (Roberto Campos Ortiz, presidente PPQ, exparlamentario Mercosur. Diciembre de 2010. *Entrevista personal*).

Ese sujeto político (que no sería "realmente político", en tanto no lograba imponerse en el Gobierno) es, para esta visión de la democracia, un actor "tramposo" que "finge" ser pobre para robarles tierras al Estado y venderlas luego. La corrupción, "quiste canceroso de la sociedad y la democracia paraguayas" como solía decir Argaña, se volvió la sospecha constitutiva de todo el régimen. La pobreza, aliada histórica de la democracia paraguaya, no tiene relación con el modelo macroeconómico, sino con la corrupción.

A esta corrupción, Nicanor Duarte Frutos la llamó "descomposición moral" y mercantilización de la política.

Al ser interrogado sobre por qué el Partido Colorado perdió las elecciones de 2008, el expresidente, quizás sin desearlo, nos brindó una lectura de lo que la democracia debía ser, y del accionar que los partidos tenían que tener dentro de ella, expresando en primera instancia que los partidos son parte fundante de dicho régimen.

Y bueno, eh, llegamos al poder, el nuestro fue un proyecto inconcluso, lamentablemente perdimos, por un proceso de descomposición y un tremendo daño interno que, que nos veníamos haciendo. Una pérdida de compromiso histórico del partido con la sociedad, una descomposición moral, en cierta manera, una mercantilización de la política, la pérdida del sentido de causa. Todo el poderío electoral, descansando sobre el aparato más que sobre la construcción de las convicciones, de proyectos renovados. Y bueno, eh, a mí me toca lamentablemente estar en el centro de la escena, en la fase terminal del modelo. Intentamos nosotros reanimar al partido, pero cinco años es un período muy corto. Y convulsionó nuestro paciente y no pudimos reanimar. (Nicanor Duarte Frutos, presidente Paraguay 2003-2008, ANR, diciembre de 2010. *Entrevista personal*).

El partido, representante de la sociedad, se "mercantilizó" (mezclando economía con política) y dejó de lado los preceptos morales y éticos, para abrir paso a una carrera electoral sin proyectos renovados. La metáfora médica no queda excluida de la democracia nicanorista: intentaron salvar al paciente (a la democracia o al partido, o a la hegemonía total del coloradismo, o quizás a los tres, porque para él serían lo mismo), pero el paciente murió.

Sin embargo, continuó desarrollando y afirmó que por más que él se convirtió en la vergüenza y en el "mariscal de la derrota", el fracaso presidencial del coloradismo fue un acontecimiento saludable para el país y para la democracia. Y aquí Duarte Frutos cuela algunas lecturas que ya hemos expuesto previamente: la democracia se afianza con el cambio de color partidario y la aceptación del resultado por parte del derrotado.

> Un partido con sesenta años de historia que no se puede negar: está ligada con la manipulación electoral, con la violencia, con la distorsión de la voluntad de los poderes fácticos. Sin embargo, el coloradismo esa noche cierra una página de la historia, hace un punto de inflexión, reconoce ante el mundo su derrota, compromete un proceso de traspaso pasivo al poder como nunca en la historia, nunca en la historia paraguaya. Desde 1811 tuvimos un traspase de un partido a otro, en un clima de paz y de civilización, de entendimiento. Alguna vez la historia va a analizar y darle el mérito suficiente, a aquella noche que para mí fue terrible, porque sentía el espectro de mi padre y de muchos caudillos del poder. (Nicanor Duarte Frutos, presidente Paraguay 2003-2008, ANR, diciembre de 2010. *Entrevista personal*).

¿Qué nos dice de la democracia paraguaya el hecho de que en el año 2008 aún se pueda pensar que la no aceptación del triunfo de Lugo era una posibilidad real? La aceptación pacífica de los resultados electorales y el traspaso de mando presidencial respetando las instituciones democráticas vigentes son exigencias muy precarias para una democracia que en 2008 cumplía casi 20 años. Se trata de un partido ligado a la manipulación electoral que se presenta, a partir de 1989, como el paladín de la democracia formalista y que exige para sí el reconocimiento histórico de no haber apelado a mecanismos autoritarios para revertir un resultado desfavorable.

Más adelante, sostiene Nicanor, existieron algunos optimistas (opinólogos, como él los llama) que creyeron que la cultura política del Paraguay se vería modificada por el intercambio democrático de partidos en la presidencia y se daría inicio a "la era de la prosperidad y la transformación moral".

> De manera tan estúpida se creía que los procesos políticos, culturales, éticos se transformaban o iban a transformarse por una sustitución de poder cromático. Porque el colorado, la bandera colorada iba a ser desplazada. Y hoy se multiplicaron los casos de… el despotismo, la corrupción. Estamos en una etapa de absoluta incapacidad de construcción del consenso. Lugo sigue siendo un gobierno en disputa, sin resolución hegemónica de los miembros del bloque. Eso lleva a una absoluta incapacidad de construir, de darle eficiencia a la gestión pública y el transmitir estabilidad y por lo menos gobernabilidad y predecibilidad

(Nicanor Duarte Frutos, presidente Paraguay 2003-2008, ANR, diciembre de 2010. *Entrevista personal*).

Asimismo, sostuvo que el coloradismo volvería al poder porque planteaba reconstruir la pacificación dentro de las controversias, sin matar el debate devolviendo "la legitimidad y la esperanza".

En resumen, se plantea la democracia como un gobierno presidencialista (en el cual el Poder Ejecutivo es el tesoro más preciado), donde rijan el consenso, la construcción de bloques hegemónicos, el acuerdo, la eficiencia, la anticorrupción y la gobernabilidad. Parece que en estas máximas todos los entrevistados se asemejaron. Son los requisitos mínimos que hemos encontrado en común en todas las declaraciones.

En la misma línea, Mirtha Vergara de Franco y Julio César "Yoyito" Franco –cuñada y hermano respectivamente del vicepresidente Federico Franco, parlamentarios ambos en varios períodos de gobierno y vicepresidente él en el período 2000-2003– del Partido Liberal Radical Auténtico agregaron, a estas características, tres elementos más que queremos remarcar.

El primero tiene que ver con la democracia como sistema de partidos, pero en la cual los partidos también elijan a sus candidatos por elecciones, es decir, transparencia en la selección de candidatos (algo que garantizaría aún más la representación). En sus palabras "que los candidatos de los partidos salgan por consenso, siendo la votación por encuestas o lo mejor para lograr el consenso y no la disputa" (Mirtha Vergara y Julio César Franco, legisladores, PLRA diciembre de 2010. *Entrevista personal*).

El segundo plantea una vertiente más contractualista de la democracia, con la propuesta de entender a los gobiernos como *pactos* que deben ser claros desde el inicio (tanto entre la elite dirigente como entre los gobernados y los gobernantes) y que garanticen la promesa del cumplimiento de la letra de esa norma o ley para que "el presidente Lugo, o sea él [que] es el dueño de la lapicera" cumpla con sus compromisos. "No podemos reprocharle a Lugo que no nos dé el espacio suficiente [...], distinto sería si se hubiese hecho eso, un pacto como se hizo en Chile donde se cumple a rajatabla". La Ley Democrática (con mayúsculas, refiriendo a un contrato superior dentro de lo cual todo tiene sentido y ordenamiento) implica el cumplimiento de pactos preestablecidos (tanto explícita como implícitamente), pero en el caso de la Alianza Patriótica para el Cambio ese pacto no existió, dijeron los liberales. La ausencia de este pacto quita el derecho al reclamo y abre otro derecho, el del uso del recurso de la traición. Lugo traicionó al PLRA para dar lugar a los partidos de izquierda, porque "tiene una preferencia de izquierda [...]. Indudablemente que él es un hombre de izquierda, con todo el respeto del mundo" (Mirtha Vergara, legisladora PLRA, diciembre de 2010. *Entrevista personal*).

El tercer elemento es el de la convivencia democrática, muy cercana al consenso y a la construcción de bloques hegemónicos que planteó el coloradismo. Esta convivencia implica la pérdida del temor a las ideologías diferentes y la construcción de un gran diálogo que diferencie pero no distancie: "a las ideologías no hay que tenerles miedo. Hay que tratar de convivir democráticamente con ellas, diferenciando nuestras ideas y nuestra forma de pensar" (Mirtha Vergara, legisladora PLRA, diciembre de 2010. *Entrevista personal*).

Al igual que ellos, Nicanor Duarte Frutos declaró que la ANR planteaba "la solución de los problemas políticos por la vía democrática del voto, nunca por el camino de la violencia. Rechazamos el modelo de los partidos únicos y de los partidos que utilizan la violencia como método de lucha" (ANR, 2007: 35-36. DP-ANR).

Retomando la centralidad que todos los entrevistados (pertenecientes de una u otra manera a la clase política) les dieron a los partidos políticos, preguntamos a Carrillo del Partido Popular Tekojoja cuál era el rol de las organizaciones partidarias dentro de la democracia tanto en el gobierno como en la oposición.

Con un discurso abundante en informaciones de tipo económica, quien luego sería candidato a presidente por el Frente Guasu en el año 2013 nos respondió que la política de su partido y de otros partidos de izquierda dentro del frente luguista era una posición de reclamos rectificadores. Algo que de igual manera declararon Hugo Richer del Partido Convergencia y Najeeb Amado del Partido Comunista.

Sobre el papel del Partido Comunista, Amado sostuvo que para profundizar la democracia, su rol era el de ejercer presión y que justamente, para sostener la democracia (apoyando al gobierno de Lugo) tuvieron que dejar de lado ese rol. Esta es otra de las contradicciones (o paradojas de la democracia) tal como fueron marcadas al inicio de este capítulo: se resigna el rol necesario para el establecimiento de un tipo de democracia, con el fin de fortalecer otro tipo de democracia que se presenta como único posible.

Además de esta contradicción, los partidos autodenominados de izquierda también quedaron atrapados en la división entre política y economía, entre democracia y desigualdad. Y tras señalar el cambio que significó el triunfo de Lugo en la estructura partidaria, en la renovación de las elites de gobierno, en la aparición de actores nuevos en la arena política y en la "profundización de ciertos rasgos democratizantes" como educación y salud; apartan la evolución económica sosteniendo que la misma fue valorable, que se logró la estabilización pero que sigue existiendo la deuda de la justicia tributaria y de la redistribución.

Cuando le preguntamos a Hugo Richer sobre el gobierno de Lugo y las formas de profundización de la democracia, nos respondió que:

> hay tres casos para entender por qué no se puede avanzar mucho. Primero la ausencia de un proyecto, como te dije al principio, más trabajado, la falta de experiencia: gente que por primera vez entraba a la administración del Estado a lo que también le sumaría que el Partido Liberal nunca jugó un rol como partido, nunca jugó un rol oficialista. Una parte del Partido Liberal apoyándolo a Lugo y otra conspirando contra Lugo. En segundo lugar el sistema: o sea el poder judicial, el Congreso, la burocracia, el poder económico, las mafias, los medios de comunicación. Yo creo que eso de alguna manera obliga a Lugo a hacer en algunos casos, a abrir un campo de negociaciones, negociando a veces, tratando de avanzar otras veces, confrontando otras veces. Ese es el cuadro de la situación. Vos decís, ¿hay grandes cambios? No, no hay grandes cambios. Hay grandes cambios desde el punto de vista de la política social, del problema estructural del Paraguay. Sí hay otros cambios, o sea cambios importantes evidentemente es la presencia mucho más activa de la izquierda en el proceso político[…]. O sea una coalición de fuerzas absolutamente desfavorable, que la lucha por la supervivencia del gobierno o de Lugo en particular llevó mucho más tiempo que cualquier otra cosa en este proceso. Además las deficiencias en la gestión de muchos compañeros nuestros evidentemente hacen que este proceso en muchos casos no pueda avanzar. (Hugo Richer, secretario general del Partido Convergencia Popular Socialista, diciembre de 2010. *Entrevista personal*).

Richer plantea nuevamente la dinámica de la democracia tal como fue explicada en este libro. La democracia (liberal, la que devino única) presupone: a) un rol claro y fijo para los partidos oficialistas, rol que debería haber desempeñado el PLRA –que no es más que la misma exigencia que Vergara y Franco del PLRA esperaban de la izquierda–; b) la irrenunciable negociación, con el fin de construir el diálogo y el consenso, incluso con actores como los del poder económico –quienes atentan contra la igualdad, igualdad que no entra dentro de la fórmula democrática hegemonizada–; y c) la "gestión eficiente" que no se pudo llevar adelante por parte de este gobierno por falta de ejercicio y experiencia en los cargos de poder. "Entre organizar la administración, tratar de optimizar de alguna manera la gestión de gobierno y las conspiraciones, entender el proceso nos llevó más tiempo que todo lo otro" (Hugo Richer, secretario general del Partido Convergencia Popular Socialista, diciembre de 2010. *Entrevista personal*).

Había que entender los procesos de gobierno y garantizar la gobernabilidad en un escenario inestable con amenazas de golpe de Estado y con actores "más progresistas" que no entendían las lógicas que los actores de la derecha vienen llevando adelante y legislando desde hace años, sostuvo Richer.

Entonces, la democracia política "marcha mejor" porque se incorporó a la izquierda y a ciertos movimientos sociales, pero la económica no. La reforma agraria no se hacía, no se pudo hacer siquiera el catastro de información inicial; el sistema productivo industrial no incorporaba la mano de obra que estaba disponible; el Estado invirtiendo en obras de infraestructura para emplear mano de obra (como señaló reiteradas veces Aníbal Carrillo) y redireccionando recursos de las binacionales productoras de energía no alcanzaba para detener las presiones del desempleo, el subempleo y el empleo precario.

Nuevamente, democracia política y economía aparecen escindidas y pareciera que la existencia de una implica la desigualdad en la otra, pero deben conformarse con la existencia de esa una porque el fantasma del autoritarismo está aún rondando el país.

> Y en la política económica por un lado se puede ver como un éxito la estabilidad, creo que las reservas del Banco Central crecen, hay un crecimiento del 10%, la inflación es bastante baja, no va a llegar al seis, siete, seguramente. El producto interno bruto crece, pero la distribución sigue siendo extremadamente grave, y ahí ha habido una derrota política importante en la no aprobación del impuesto a la renta personal por este Parlamento. Que probablemente es parcialmente una explicación de una injusticia tributaria, tiene que haber también otras iniciativas que permitan establecer algo más razonable en términos tributarios. [...] [En lo político] hemos avanzado mucho en términos de organización, de estructura, de motivación política, de cierta destreza electoral. Y que sí, puede seguir creciendo, hay condiciones objetivas como para seguir creciendo" (Aníbal Carrillo, secretario político del Partido Popular Tekojoja, diciembre 2010. *Entrevista Personal*).

Amado afirmó que el Frente Guasu debía posicionarse en la cabeza de los debates políticos para plantear un "gobierno democrático nacional" en el que se incluyeran a los demócratas, no de izquierda, sino a ese grupo –que caracteriza a la mayoría de la sociedad, según afirma– de la población que quiere un gobierno democrático.

> Nosotros hablamos de gobierno democrático nacional. La otra vez le decía al presidente [...] Ustedes creen que a nosotros nos da gusto plantear un proceso democrático nacional, no se trata de eso, de lo que se trata es que, nosotros creemos que el proceso educativo nacional puede sintetizar democráticamente los intereses de la mayoría de los paraguayos y desde ahí nosotros podemos trabajar por la pro-

fundización. Alguno creerá que se termina en un Estado en donde un ciudadano puede ir a solicitar casa y el Estado debe construirle y otros creemos que se puede profundizar de cara a la construcción de un Estado organizador, no un Estado pago, que le obligue a la población, que estimule la organización, pero básicamente partiendo de un proyecto educativo nacional. (Najeeb Amado, presidente del Partido Comunista Paraguayo, diciembre de 2010. *Entrevista personal*).

De esta forma, la legalidad democrática, las formas electorales de construcción política y la separación discursiva entre democracia y economía se evidenciaron también en los partidos de izquierda.

Hemos visto que la democracia paraguaya no surge en torno a una sanción al pasado reciente, sino a un olvido, un perdón y una unión necesarios. Al respecto, Carrillo sostuvo:

Lamentablemente, también este es un gobierno que no ha hecho rendir cuentas del pasado, acá hay un manto de impunidad hacia todo el pasado, en derechos humanos, en cuestión económica no ha existido la voluntad en ningún momento de revisar lo anterior, de revisar el pasado y es lo que puede permitir también y hacerle ver con mayor claridad qué es lo que estaban y lo que siguen diciendo. Otro elemento es que todo un sector del Estado sigue casi sin cambios, o sea los que han cambiado, más que nada, son los responsables de primera y segunda línea, todo el resto del aparato estatal sigue siendo predominantemente colorado. (Aníbal Carrillo, secretario político del Partido Popular Tekojoja, diciembre 2010. *Entrevista Personal*).

Haremos dos menciones respecto de esto. Primero, la sanción del resarcimiento económico a las víctimas de la dictadura que se aplicó durante el luguismo, pero que no vino acompañada de una política de justicia ni de "Juicio y Castigo" a los responsables de la dictadura más larga de la región. Segundo, la percepción de que la violación a los DD.HH. y las injusticias económicas pertenecen casi unívocamente al terreno de la dictadura y que no debe hacerse una revisión actualizada de dichos fenómenos, cuando año tras año, la Coordinadora de Derechos Humanos del Paraguay (CODEHUPY) revela en sus informes que la matanza selectiva de líderes sigue ocurriendo, el empobrecimiento, la marginalización, el castigo económico y social a comunidades indígenas y campesinas, etc.

Finalmente, incluso Julio López del Partido de los Trabajadores (uno de los partidos de izquierda que rechazó la participación en el frente luguista, clasificado por otros líderes de izquierda como suicidio político) hizo una caracterización muy similar en su lectura de lo que Lugo significó para la democracia paraguaya.

Nosotros creemos que en realidad la caída del Partido Colorado es un hecho progresivo muy grande. Una conquista, en realidad, democrática del pueblo paraguayo. Porque es la expresión del hartazgo, es la expresión del cansancio de tanta arbitrariedad histórica de la dictadura, de la corrupción, del prebendarismo, de la impunidad. Más allá de que el voto haya sido a favor de Lugo en realidad fue un voto contra el Partido Colorado, ese partido responsable que sostuvo treinta y pico de años de dictadura sanguinaria, criminal. Nosotros decimos que el voto a Lugo representó esa situación del pueblo paraguayo. Y digamos que en el plano ideológico representa un desplazamiento importante de un sector de los trabajadores y del pueblo paraguayo que dejaron de votar a sus partidos tradicionales y se lanzan a probar algo nuevo (Julio López, Partido de los Trabajadores, diciembre de 2010. *Entrevista Personal*).

Incluso desde las posturas más críticas, la idea de que el voto es la representación de la intención de los electores para seleccionar su clase representante no dejó de estar vigente y la percepción de que el cambio de color partidario significaba *per se* un cambio de la estructura de poder, tampoco.

El discurso de la democracia, triunfante a nivel regional, atravesó las interpretaciones y representaciones de la elite política paraguaya, planteando cuál sería la democracia a la cual se transitaba, cuál era el puerto deseado de arribo y cuáles eran las condiciones reales de la democracia existente.

La democracia realmente existente, esta que tiene como pilares a las instituciones, a la legalidad, al capitalismo, al liberalismo, a las elecciones y a la libertad de prensa y expresión, organizó la vida política paraguaya hasta la actualidad y fue la que en medio de una maniobra fraudulenta exterminó el gobierno de Lugo, uno de los más pluralistas y socialmente justos del país (récord que no remite especialmente a un hecho positivo del luguismo, sino a lo negativo en cuestión de justicia social de la historia previa de gobiernos democráticos).

CAPÍTULO VI

¿Y LA DEMOCRACIA?
UNA LECTURA DEL JUICIO POLÍTICO (2012)
Y LA QUEMA DEL SENADO (2017)

En los capítulos anteriores hemos analizado la historia reciente de Paraguay. A su vez, trabajamos sus clivajes políticos, revisamos las tendencias teóricas en torno a la transición y la democracia, y analizamos las leyes, los resultados electorales y los discursos de los líderes políticos actuales, intentando conservar cierto respeto a la pluralidad partidaria. En esta descripción, resultó clara la poca diversidad de género como característica particular de las "grandes ligas políticas del Paraguay": la falta de equidad y de cupos en los cargos políticos para mujeres.

Definimos la democracia paraguaya como un sistema de gobierno con características especiales que coexiste con un sistema económico tendiente a un desarrollo económico sostenido pero fuertemente excluyente. Entonces, podemos decir que la democracia paraguaya se supo reestructurar luego de cada una de las crisis y situaciones de excepcionalidad que atravesó. Dichas crisis, surgidas en el seno mismo del sistema, demuestran que aquellas máximas académicas de la indiscutida estabilidad democrática paraguaya fueron el resultado de un optimismo analítico. Sin embargo, es importante determinar que de todas esas fisuras, el escenario político logró rearmarse y reencauzarse dentro de la "normalidad democrática" histórica, normativa y socialmente construida.

Queremos abordar dos momentos claves en este apartado: el primero en el año 2012, el juicio político a Fernando Lugo; y el segundo en el 2017, la quema del Senado y las protestas de marzo, iniciadas tras el intento del presidente Cartes (en alianza con otros sectores políticos) de sancionar la reelección presidencial prohibida constitucionalmente.

1. Golpe parlamentario: remover sin apoyo popular al presidente en menos de 48 horas[117]

El juicio político, que denominaremos aquí golpe parlamentario, se convirtió en un tema de debate a nivel mundial. La decisión de nomenclatura no es azarosa. Si bien acordamos con Pérez Liñán (2008: 107) en que hay una proliferación muy amplia de terminologías para conceptualizar este fenómeno, desacordamos en que eso no produzca un nudo problemático. Todos los autores refieren, indica Liñán, a "los eventos en los cuales los presidentes electos concluyen su mandato antes de tiempo por motivos ajenos a su voluntad", motivos que son de naturaleza política y no privada. Sin embargo, la forma de llamar a ese proceso clarificará o invisibilizará la responsabilidad de ciertos actores, el formato que adquirió esa remoción, las causas y las etapas. De hecho, no es lo mismo nombrar un evento como "golpe de Estado parlamentario" que como "remoción presidencial". Tampoco es igual una presidencia inestable que una interrumpida. En el 2007, Pérez Liñán había acuñado el nombre "golpe legislativo" para referirse a los casos en los que los legisladores actúan en contra del Ejecutivo o respaldan acciones de otros en contra de este. Para él, es importante la reacción que tenga la población en torno a estas acciones y argumenta que muchas veces las coaliciones callejeras sirven para intervenir la decisión de remoción de las elites. En el caso que analizamos, el Ejecutivo y el Legislativo venían de una relación compleja desde el inicio del gobierno de Lugo Méndez y sus tensiones se fueron acrecentando a medida que pasaba el tiempo. A lo largo del período 2008-2012, la relación entre el Ejecutivo en sus diferentes niveles y el Legislativo fue realmente conflictiva. El Congreso legisló en retiradas ocasiones en contra de las indicaciones del Ejecutivo.

El golpe contra Lugo dio cuenta del entramado de poder que se organiza dentro de la democracia paraguaya. Los partidos tradicionales, protegiendo los intereses económicos y políticos de las elites, lograron coaligarse para ejecutar un juicio en tiempo récord que solo evidenció que los nuevos golpes se hacen a fuerza de interpretaciones forzadas de la Constitución y no se detienen por ninguna apelación a la lógica legal normativa.

Tras este proceso judicial, aquello que pareció ser la evidencia de un "afianzamiento de la democracia formal" fue solo una expresión electoral (plasmada en la preferencia en una fórmula presidencial) que no intervino en los núcleos de poder real. Lo que pareció ser un acto de democracia que-

---

117 Hemos debatido sobre el juicio político a Fernando Lugo en trabajos previos (López, 2017; 2016c; 2014 y 2013b).

dó, de hecho, atrapado en la paradoja de la democracia: no sacudió ninguna estructura de poder (económico, político) ejercido por pequeños grupos mientras que pretendió haber generado una gran consolidación en el proceso democrático.

Es decir, el cambio de color partidario presidencial, el traspaso de mandato de manera democrática y pacífica, y la incorporación de sujetos políticos históricamente marginados de la arena pública demostraron ciertamente una modificación en la democracia de los procesos y las formas, pero la democracia social siguió funcionando como antes del 2008.

El jueves 21 de junio de 2012 se aprobó el enjuiciamiento en la Cámara de Diputados y se nombró a los cinco representantes de dicha Cámara que actuarían como fiscales acusadores[118] en la Cámara de Senadores, al día siguiente, para determinar la culpabilidad del presidente Fernando Lugo sobre los cargos de mal desempeño de la función pública.

Federico Franco, líder del Partido Liberal Radical Auténtico asumió la presidencia esa misma noche, dando un veloz discurso. En pocas horas armó su nuevo gabinete y entre las primeras medidas tomadas se incluyó una liberalización en el control de las semillas cultivadas[119], el permiso para ingresar a multinacionales que pretendían explotar los recursos naturales, y la intensificación del perfil agro ganadero del Paraguay.

Soler y Nikolajczuk (2017: 264) consideran que el proceso destituyente ayudó a conformar "un nuevo ciclo e iniciar un proceso de reestructuración y apertura de la economía paraguaya a la nueva dinámica global de acumulación del capital". Para ello, estiman, la prensa hegemónica (representante de una burguesía local diversificada) "proveyó de una narrativa de la crisis y construyó las representaciones e ideología que justificaran el juicio político a Fernando Lugo en 2012". Según las autoras, "en Paraguay el golpe tuvo la función de posibilitar la inserción del país en la dinámica global de acumulación del capital" (Soler y Nikolajczuk, 2017: 276). Sin embargo, el perfil de inserción del capitalismo global prosiguió perfilado hacia el mismo patrón de acumulación (agudizando e intensificando esos resultados, con un salto productivo marcado en el sector primario, como fue expresado en el capítulo I). Lo que sucedió tras la destitución de Lugo fue una aceleración en la matriz productiva destinada a la proliferación de actividades del sector primario, facilitando la acumulación de importantes ganancias a base de ingreso de semillas genéticamente modificadas, exenciones impositivas, condonación de deudas tributarias, eliminación o

---

118 López Chávez (PUNACE), Ávalos Mariño (PLRA), Liseras Osorio (ANR), Barrios (ANR) y Tuma (ANR).
119 Para más detalles, se recomienda ver el caso del algodón transgénico, que fue analizado en Martínez (2013).

modificación de retenciones, además de la modificación progresiva en las áreas privilegiadas por el Presupuesto Nacional (proceso que sigue hasta la actualidad y pudo verse en el debate del Congreso en torno al Presupuesto 2018).

El triunfo de Lugo en 2008 y el golpe que lo destituye en 2012 se constituyeron en sucesos de alto impacto y cambios muy significativos en el gobierno, pero atribuirle a eso una mutación sustancial de la estructura productiva, o más aún, de la forma de inserción del capitalismo paraguayo en el mundial, presupone una lectura muy optimista.

La remoción de Lugo, del mismo modo que su acceso al poder, no modificó la conformación de los grupos económicos dominantes. Tampoco destronó completamente a los partidos tradicionales que representan de manera sistemática dichos intereses (estos permanecieron en diversos organismos del Estado, gobernaciones, intendencias y en el Parlamento, en tanto el PLRA – como partido de gobierno– conformó también la dupla presidencial).

Todas las medidas ejecutadas tras el *impeachment* no significan un cambio en el patrón de acumulación del capital, sino una profundización. De hecho, pensar lo contrario sería atribuirle a Lugo un cambio radical en las estructuras económicas que, en realidad y como él mismo declaró, no fue capaz de llevar adelante.

2. El golpe desde adentro: causas, sentidos y perspectivas del juicio político a Fernando Lugo

Las causas utilizadas para destituir a Lugo fueron cinco, en el marco de la acusación por mal desempeño de sus funciones (una de los tres posibles desencadenantes de *impeachment* según indica el artículo 225 de la Constitución). Dentro de esta, los diputados que sirvieron de fiscales acusadores apelaron a la figura de "pérdida de confianza" que remite al proceso por el cual el Poder Ejecutivo ya no inspira apoyo del Legislativo y este remueve al máximo mandatario por no creer que pueda seguir llevando adelante sus tareas, pues carece del apoyo parlamentario.

Dos de las cinco causas de remoción remitieron a un factor fundamental de la política y economía del Paraguay: la tierra. La explotación centralmente agro-ganadera le da al Paraguay un perfil productivo fuertemente primario y convierte la posesión de la tierra en un problema social.

Estas dos causas, "Ñacunday"[120] y "Matanza de Curuguaty"[121] pusieron en el centro el debate sobre la tierra. En la primera se lo acusa a Lugo de colaborar con la ocupación de unos territorios por parte del movimiento de Carperos. La segunda responsabiliza al entonces presidente de la "masacre de Marina Cue", en la cual, en un intento de desalojo realizado una semana antes, murieron once campesinos y seis policías y que, hasta la actualidad, permanece sin esclarecerse.

Las otras eran de menor importancia y sobre tópicos diversos: una, llamada "creciente inseguridad"[122] apelaba directamente a la inseguridad como fenómeno individual de ataque a la propiedad privada, robos, atracos, etc.; otra, "acto político en el Comando de Ingeniería de las Fuerzas Armadas"[123], remitía a un evento de Jóvenes por el Cambio realizado en Paraguay para cuya organización se había cedido un predio que era de las Fuerzas; y, finalmente, bajo el nombre oficial de "Protocolo de Ushuaia II"[124] se culpaba a Lugo (por firmar ese acuerdo con las naciones vecinas) de haber cedido soberanía y autonomía frente a la injerencia de las naciones que conforman las uniones regionales.

En cuanto a la evidencia de estas acusaciones, ninguna fue presentada dado que, según indica el documento oficial: "todas las causales mencionadas

---

120 En esta carátula se lo acusa a Lugo de ser "el único responsable como instigador y facilitador de las recientes invasiones de tierras" en Ñacunday, de "conducta cómplice" y se le adjudica "la falta de respuesta de las fuerzas policiales ante las invasiones de supuestos carperos y sin tierras". Además se lo acusa de mantener una política de "puertas abiertas a los líderes de esas invasiones, como es el caso de José Rodríguez, Victoriano López, Eulalio López, entre otros, dando un mensaje claro a toda la ciudadanía sobre su incondicional apoyo a esos actos de violencia y de comisión de delitos que eran propiciados y desarrollados a través de esas organizaciones". Libelo Acusatorio, 2012. Segunda causa acusatoria. Fiscal acusador: Diputado Avalos Mariño.

121 "Hoy, podemos afirmar que este es el final que deseaba Fernando Lugo, este fue siempre el plan ideado por el mismo, con la única finalidad de crear las condiciones de crisis social y, conmoción interna. [...] Este deseo desmedido, hoy nos hace lamentar las pérdidas de vidas humanas, en una cantidad nunca antes vista en la historia contemporánea de la República del Paraguay". Libelo Acusatorio, 2012. Quinta causa acusatoria. Fiscal acusador: Diputado Oscar Tuma.

122 "El presidente Lugo ha sido absolutamente incapaz de desarrollar una política y programas que tiendan a disminuir la creciente inseguridad ciudadana". Se lo responsabiliza también, "por haber mantenido por tanto tiempo como Ministro del Interior a una persona absolutamente inepta e incapaz para ocupar ese cargo" y por la "relación cómplice entre el presidente Lugo y los líderes de la asociación de carperos y otras organizaciones que fueron protagonistas de innumerables invasiones de tierras y otros tipos de agresiones". Libelo Acusatorio, 2012. Tercera causa acusatoria. Fiscal acusador: Diputado Liseras Osorio.

123 Las acusaciones concretas recaen en que "el Gobierno avaló, instigó y facilitó esos actos políticos dentro del cuartel". Libelo Acusatorio, 2012. Primera causa acusatoria. Fiscal acusador: Diputado López Chávez. Además, se lo acusa a Lugo de no respetar a las Fuerzas Armadas y de no permitir un trato digno de las mismas. Es importante mencionar que esta fue una de las premisas del entonces presidente, quien en su discurso de asunción presidencial dijo "Queremos que en este tiempo las Fuerzas Militares se dignifiquen y sean amigas y compañeras de la comunidad", a lo que luego complementó con la frase "Un soldado hermano está naciendo en Paraguay" (Fernando Lugo. *Discurso del presidente en su asunción al mando*. 15 de agosto de 2008).

124 La acusación única, expuesta por el diputado Clemente Barrios, remite a la responsabilidad de Fernando Lugo por haber suscrito al documento, el cual argumenta es un "atentado contra la soberanía de la República del Paraguay".

más arriba, son de pública notoriedad, motivo por el cual no necesitan ser probadas, conforme a nuestro ordenamiento jurídico vigente" (Libelo Acusatorio, 2012. Pruebas que sustentan la acusación).

No existió tiempo para la defensa y el único respaldo que sustenta la acusación es un artificio, el de "la pública notoriedad de los hechos". La defensa del primer mandatario ensayó un intento organizado de marcar las irregularidades y las desprolijidades del proceso, centrándose en los elementos de ilegalidad del mismo. No había capacidad de generar un alegato en términos jurídicos, dado que tampoco existieron pruebas o nexos lógicos que confirmen la culpabilidad del presidente.

En una entrevista personal realizada a Oscar Tuma (ANR) en 2015, él sostuvo: "es una cuestión subjetiva el tema de la pérdida de confianza. No hay nada que probar. Se perdió la confianza, 'vos perdiste mi confianza' y perdiste. Cómo vos vas a probar por qué perdiste o por qué no perdiste. Para los senadores se perdió la confianza y se perdió, no hay otro elemento que probar". (Oscar Tuma, diputado ANR, marzo 2015. *Entrevista Personal*).

De esta forma, en tiempo récord y con más votos de los mínimos necesarios, el Congreso aprobó la destitución de Fernando Lugo.

En las presentaciones orales y escritas de los fiscales acusadores, pudimos ver bases argumentativas fuertes, que surgen del pasado histórico, se forjan a fuego durante el stronismo y tienen vigencia hasta la actualidad: el anticomunismo, el militarismo (entendido como un apoyo a las Fuerzas Armadas y una presuposición de su honestidad) y el rechazo a la Triple Alianza.

Si bien sostenemos que la dictadura stronista significó un gran influjo del sentimiento anticomunista paraguayo, es indiscutible que este se remite a tiempos previos. Encontramos discursos antianarquistas en los tempranos 1900 y abiertamente anticomunistas desde la década del '20.

La utilización del discurso anticomunista en Paraguay no solo remite al contexto en el que se enuncia, sino también a toda la historia que con este se evoca. "Una palabra se convierte en concepto si la totalidad de un contexto de experiencia y significado sociopolítico, en el que se usa y para el que se usa una palabra, pasa a formar parte globalmente de esa única palabra" (Koselleck, 1992: 117).

Lugo fue acusado de comunista a pesar de su intento de separarse de esa tradición y de declarar mediáticamente: "yo no soy socialista ni tampoco comunista". Esta acusación encarnó, además, un conjunto de contenido que proviene desde antes de su gobierno, que nos remonta a las leyes anticomunistas y los programas para erradicarlo tramados durante la dictadura de Stroessner para ejercer un amplio control social. Trajo consigo aquello expresado por Natalicio González, líder de los "guiones rojos", quien sostenía que los comunistas adherían a doctrinas extranjeras, foráneas y que se apartaban de la nobleza del pueblo paraguayo.

La acusación de comunista proveyó de un horizonte común de interpretación, de una forma de entender su accionar y de una manera socialmente válida de justificar su remoción. No fue solo después del golpe que los medios hicieron eco de esto, durante todo el gobierno de Lugo utilizaron el concepto para separar a Lugo de los "paraguayos que aman a su nación".

El discurso sobre la "nueva guerra" contra la Triple Alianza fue, al igual que el anterior, una forma de inculpar al entonces presidente por ser funcional a un entramado de poder que, tejido desde los países vecinos, castigaría al Paraguay. Este discurso fue fuertemente distribuido por algunos grupos mediáticos (centralmente *ABC*, el diario de mayor tirada del país).

La guerra contra la Triple Alianza es, probablemente, el acontecimiento histórico más importante del Paraguay poscolonial.

Brezzo (2004) explica que la guerra sirve para perpetuar la imagen del vecino a partir de la idea estereotipada de contrincante, contendiente.

La imagen de la guerra aquí utilizada como recurso de argumentación fue una representación marcada por la impronta de la vertiente nacionalista tradicionalista, fuertemente arraigada durante la dictadura militar de Alfredo Stroessner, que remonta sus inicios a los estudios de la guerra de O'Leary. En esta interpretación de la guerra, Paraguay era un país más desarrollado que el resto de la región en tecnología y economía. Durante el golpe a Lugo, se invocó esta representación social y se la utilizó para esgrimir que los países vecinos querían atacar la autonomía paraguaya, país soberano con estabilidad democrática y respeto a las instituciones.

La elite política paraguaya, representada por el Congreso, apeló a una historia traumática y trajo con ella su invocación, su propia forma de comprenderla, porque la historia, sus interpretaciones y el presente conforman una compleja y constante operación de cambio, pero a veces también de permanencia.

El golpe parlamentario significó un revés a aquellas investigaciones que hablaban de una indetenible evolución de la democracia paraguaya. En realidad, fue la cristalización de una realidad más fuerte que las instituciones democráticas: se puede forzar la voluntad popular cuando algunos actores logran que sus intereses confluyan y forjan una lectura de la Constitución que les resulte adecuada a su voluntad.

La definición más difundida de democracia, en Latinoamérica, incluye como componente central la elección popular del presidente. Sin embargo, este fue destituido por un grupo de congresales. Esto nos lleva a un problema previamente abordado y sobre el que nos gustaría reflexionar un momento: la representación política.

Hemos trabajado anteriormente (López, 2017) con un conjunto de preguntas de muy difícil respuesta, dado que por el mismo acto electivo todos los representantes involucrados fueron instituidos en el poder por un cuerpo de ciudadanos mediante el voto. ¿Quién representa más la voluntad del votante: el presidente o alguna de las dos Cámaras que lo destituyeron? ¿Quién fue elegido para decidir los designios del presidente? ¿Qué incluye el *pool* de actividades que los representantes harán en nombre de los representados?

Tras la remoción de Lugo y el ascenso de Franco también se tensionan los componentes de la representación entre la figura del presidente y del vicepresidente. ¿Encarna el vicepresidente, en estos regímenes centralmente presidenciales, algún tipo de representación popular?

Al pensar en la conexión entre el electorado y sus representantes resta preguntarnos ¿se modifica este vínculo entre elegido y elector más a menudo que lo que el acto electoral puede legitimar? ¿Había Lugo perdido apoyo popular como indicó Tuma solo porque la movilización para exigir la cancelación del juicio fue de cinco mil personas? La carencia o exceso de protesta de la sociedad, ¿determina si hubo un quiebre en la representación? ¿Es suficiente la manifestación? ¿Demuestra el grado de aceptación? ¿Es representativa de la popularidad?

En expresiones como las de su discurso luego del golpe parlamentario, Lugo apelaba al pueblo, a sus conciudadanos, a los paraguayos y paraguayas solidarios con la patria, tras ser destituido por el Congreso en el nombre de la democracia, del pueblo y de la patria:

> este ciudadano respondió y seguirá respondiendo, ayer ahora y siempre, al llamado de los compatriotas, a los más humildes y excluidos, y los que gozando del buen vivir e incluso de la abundancia saben que tenemos un deber de solidaridad con nuestra patria y con nuestra historia […] Después de cuatro años, este ciudadano paraguayo quiere agradecer profundamente a todos los paraguayos y paraguayas que pusieron su hombro, su tiempo, su valer, para consolidar esta democracia y este buen vivir de nuestro país. (Fernando Lugo, 2012. *Discurso de aceptación de remoción de la presidencia*).

Uno de los diputados acusadores centrales, Oscar Tuma, quien presentó la causa de la "masacre de Curuguaty", expresó:

[…] es un error que a veces invocamos los políticos cuando hablamos en el nombre del pueblo. Yo creo que hablar en el nombre del pueblo no se puede, en todo caso se habla en el nombre de una mayoría circunstancial que se formó en la Cámara de Senadores que genera una posición en un sentido u otro, desde la conformación de un proyecto de ley hasta la de un juicio político. Es una mayoría la que establece que muchas veces saca una ley que uno no está de acuerdo. Uno no anda consultando para eso, haciendo encuestas o mediciones […] En el momento en el que se habla de una mayoría en el senado se habla de la representación popular en su mayoría, que son los senadores. (Oscar Tuma, diputado ANR, marzo 2015. *Entrevista Personal*).

Tuma desentrañaba aquí, quizás sin saberlo, uno de los nudos problemáticos centrales de la teoría de la representación. Sin embargo, el problema no sería resuelto hasta las elecciones generales del año siguiente, en las que Cartes llegó a la presidencia logrando una modificación en el estatuto interno del Partido Colorado, sin la cual su candidatura interna hubiera sigo ilegal. Además, devolvió el Poder Ejecutivo a la ANR, partido que lo detentó durante más de 60 años ininterrumpidos.

Horacio Cartes asumió el mandato el día 15 de agosto de 2013. En su discurso de asunción presidencial, mencionó dos aspectos centrales que quisiéramos remarcar. En primera instancia, sostuvo que su gobierno significaba "el fin de la transición a la democracia" y el inicio de la democracia propiamente dicha. Y luego expresó que sería "una democracia con rostro humano".

Paraguay había atravesado desde 1989 crisis e inestabilidades, había logrado la alternancia y había sobrevivido a intentonas de golpes de Estado y dobles acefalías. Cartes sostuvo que él representaba el inicio de la democracia. Él había ganado las elecciones, él había vuelto a cambiar el color partidario de la presidencia y él seguiría detentando un poder sostenido sobre desigualdades insalvables. No quedaban dudas, para algunos, esto era la democracia. Para él, también.

El suceso del juicio político tuvo su cierre cuando en las elecciones de 2013 se retornó a la legalidad democrática. En el 2017, un evento sorprendió nuevamente al mundo. Aquellos partidos y líderes, enfrentados cinco años antes en el contexto del golpe, se congregaron dentro de una misma causa: lograr la reelección. Analizaremos a continuación dicho proceso.

3. El país del Senado en llamas: la crisis de marzo/abril de 2017

Como adelantamos previamente, el artículo N° 229 de la Constitución Nacional establece que "el Presidente de la República y el Vicepresidente durarán cinco años improrrogables en el ejercicio de sus funciones, a contar desde el quince de agosto siguiente a las elecciones. No podrán ser reelectos en ningún caso". Paraguay es uno de los pocos países latinoamericanos que mantiene la prohibición total de la reelección, elemento que suscitó numerosos debates y contradicciones.

Si bien el proceso de intentar aprobar una modificación en el 229 para que los presidentes puedan recandidatearse se dio en varios momentos históricos desde el inicio de la transición, el factor original del 2017 fue lo cerca que estuvo de lograrse. Para esto, se utilizaron ciertas facultades de la Cámara de Senadores, que podrían considerarse violatorias del proceso necesario para una enmienda. Ya previamente Nicanor Duarte Frutos había intentado forzar los límites legales y jurídicos para lograrlo, pero el intento fue desactivado.

Al debatir teóricamente la reelección, ponemos en tensión tres centros conflictivos. En primer lugar, si es necesario modificar la Constitución (es decir, si consideramos que la reelección aportará elementos a la estabilidad, a la calidad y a la universalidad democrática). En segundo lugar, si la modificación constitucional puede ser realizada a partir de una enmienda o si era necesaria una reforma (lo que se transforma en un debate plenamente constitucionalista). Y finalmente, sobre la legitimidad de esa acción: si tiene validez a pesar de no ser una demanda "desde abajo".

Respecto a si la reelección podría aportar al escenario político paraguayo, debemos reconocer que la respuesta académica está muy atada al encuadre teórico, conceptual e ideológico de quien realiza el juicio. Por una parte, algunos autores han señalado que Paraguay debe habilitar la reelección porque eso permite una planificación a largo plazo y una estabilidad en políticas de gobierno sostenida más allá de los cinco años de mandato. Dentro de este campo, González Bozzolasco (2017: 2) expone: "podría afirmarse que la ausencia de reelección presidencial en el Paraguay generó un sistema político que proscribe a sus más destacados liderazgos, una vez que estos hayan alcanzado el máximo escalafón de política: la Presidencia de la República". Por otra, múltiples investigadores, con cuya perspectiva coincidimos, indican que la construcción de la democracia paraguaya es aún muy endeble y que habilitar la reelección pondría en riesgo un conjunto de garantías que la alternancia (obligada) aún resguarda. Además, ponen el peso en los problemas que pueden surgir de modificar la Constitución para esta causa y sus posibles reinterpretaciones posteriores.

Si lo miramos con distancia, el debate en torno a ambas posturas tiene cercana relación con qué grado de consolidación democrática se considera que Paraguay atraviesa o qué características se le atribuyen a la democracia del país.

Dijimos que, en segundo lugar, el debate sobre la reelección está dado en el plano jurídico y constitucional. La Constitución explica que se modificará por enmienda y por reforma. Los artículos 289 y 290 disponen estas definiciones. En el caso de la enmienda, explica: "no se utilizará el procedimiento indicado de la enmienda, sino el de la reforma, para aquellas disposiciones que afecten el modo de elección, la composición, la duración de mandatos o las atribuciones de cualquiera de los poderes del Estado" (Artículo N° 290. *Constitución Nacional de la República del Paraguay. 1992*). Algunos juristas aseguran que aprobar la reelección es una forma de modificar la duración de los mandatos, por lo que obligatoriamente debe realizarse mediante una reforma. Otros opinan que el mandato permanece y solo se cambian las candidaturas, aunque no el modo de elección.

La reforma es un proceso mucho más complejo que implica una petición del 25% de los legisladores, del presidente o 30 mil electores, elecciones para conformar una Convención Nacional Constituyente, un período estipulado y controlado por el Tribunal Superior de Justicia Electoral (TSJE). La enmienda se peticiona con los mismos números pero solo involucra a las Cámaras ya conformadas. Debe conseguir mayoría absoluta en la Cámara de origen y en la revisora, si no la reúne, se descarta. En caso de aprobarse, se llama a un referéndum que, en caso de resultar afirmativo, confirma el cambio constitucional.

El debate está ceñido al interpretacionismo de los constitucionalistas y al interés político de los diferentes líderes, sobre todo de los expresidentes, para apelar a estas interpretaciones y usarlas como evidencias para dar la pelea legal.

En tercer lugar, dijimos que el debate sobre la legitimidad de esta modificación también tiene un rol importante. Siendo la tensión a la que los líderes menos referencias hacen, es la que pone en juego, nuevamente, la teoría de la representación. Los intentos de modificación fueron hechos, si usamos una expresión muy habitual de la ciencia política, "desde arriba". Es decir, no derivaron de un reclamo popular ni fueron solicitados por el 30% del electorado.

De hecho, en la protesta de marzo y abril de 2017 fue este tercer elemento el que entró en disputa. Se resolvió políticamente que la reelección era necesaria, se consiguió incorporar el pliego de petición, se rechazó su tratado en sesión según orden del día, se conformó una sesión paralela del Senado integrada por un grupo de representantes tanto de la ANR cartista, del PLRA y del FG de Fernando Lugo que, dentro de una oficina, modificaron el reglamento interno de la Cámara, aprobaron el proyecto de enmienda y decidieron enviarlo hacia Diputados. Estas acciones, maniobras de dudosa legalidad, despertaron un fuerte rechazo dentro de las alas antienmienda de los dos partidos tradicionales que también negociaban la modificación.

Es decir, la crisis de la reelección enfrentó a correligionarios. El clivaje dejó de ser el partido político (que habitualmente vota en bloque por una medida) para ser el acuerdo o rechazo al proyecto.

El sector antienmienda convocó a una masiva marcha en repudio a la maniobra del grupo de senadores. Sin embargo, el hecho excedió a la convocatoria y los participantes fueron múltiples y de diferentes orígenes.

La protesta inició el 31 de marzo y se extendió hasta la madrugada del 1 de abril. Los desmanes comenzaron al poco tiempo y, rápidamente, grupos de personas tomaron el Congreso Nacional, ingresando a las oficinas de los parlamentarios involucrados en la votación irregular, e incendiando parte de la Cámara de Senadores, imágenes que rápidamente impactaron en la prensa mundial.

La respuesta del Estado fue rápida: desarrolló una intensa labor represiva que involucró a varios sectores de las Fuerzas de Seguridad y cometió abusos de varios tipos. Además de ingresar por la fuerza al Comité Central del Partido Liberal Radical Auténtico, un militante que se encontraba resguardado dentro del edificio fue asesinado mientras corría para alejarse de los disparos en la filial. La policía se excusó argumentando que allí se estaban armando bombas para proseguir con el incendio. Rodrigo Quintana, líder de la Juventud Liberal, murió de un disparo en la espalda.

La situación retomó su cauce la mañana siguiente. La quema del Congreso y la posterior represión desmedida dejaron un saldo de múltiples heridos, un muerto, daños económicos, causas judiciales y un terremoto político poderoso. El presidente de la Cámara de Diputados se negó a dar ingreso al proyecto hasta que no se revisara la legalidad de la comisión *mau* (como se la llamó popularmente, en referencia a su irregularidad). El presidente Cartes se desprendió del proceso en un intento de limpiar su reputación, aclarando en una carta dirigida directamente a la cúpula de la Iglesia católica que no se presentaría nuevamente a la presidencia y que se bajaba de la corrida por la enmienda.

El 25 de abril, la Comisión de Asuntos Constitucionales de la Cámara de Diputados emitió el rechazo al proyecto, dando por cerrada, al menos momentáneamente, la puja en torno a la reelección.

Si bien existe cierto consenso en que parte de los desbordes de la manifestación fueron organizados previamente, queremos remarcar que la manifestación se vio superada y que muchos actores que intervinieron en las protesta y en la quema del Senado no respondían a un mando organizado de ninguno de los líderes políticos que habían originalmente convocado.

La manifestación rechazó la reelección, o al menos, la forma que había adquirido. La cláusula antidictadura había sido violada por una polémica alianza entre los actores que en 2012 habían estado en banquillos enfrentados. Los mismos partidos que expulsaron a Fernando Lugo, incluso muchos de quienes votaron por su remoción, se habían unido para habilitar la enmienda que volvería a permitirles correr como candidatos al menos a tres líderes centrales: Nicanor Duarte Frutos, Fernando Lugo y Horacio Cartes.

4. El después de la crisis: rearmando la institucionalidad democrática

Si bien la democracia paraguaya se recuperó de ambas crisis, no lo hizo sin sufrir consecuencias trascendentales. En el caso del golpe, sentó una jurisprudencia clave: "normalizó" que la pérdida de confianza es un proceso subjetivo por el que pasan los representantes y no tiene que incluir necesariamente a los representados. El Congreso podrá obviar el resultado electoral y remover a un presidente si tiene los votos necesarios para dicho proceso. En el caso de la quema del Senado, puso de manifiesto que las alianzas coyunturales por la permanencia o accesibilidad o retorno al poder son incluso más importantes que las filiaciones partidarias o los sentimientos de lealtad o traición generados.

Las causas por las que decidimos repensar estos procesos son varias. Entendemos el juicio político como uno de los elementos más contundentes para demostrar que la construcción de la democracia paraguaya es inestable y compleja y que sus tensiones internas ponen en jaque toda la estabilidad que muchos investigadores le atribuyeron. La remoción de un presidente votado por el 40% de la población en manos del Congreso puso en disputa elementos de la legitimidad, la legalidad, la teoría de la representación, la potestad, y la capacidad de construcción y movilización de bases de diversos actores.

Por su parte, consideramos las protestas desencadenadas por el intento de aprobar un proyecto de reelección como una de las manifestaciones más concretas de la incapacidad de lograr estrategias de interpretación de la voluntad popular.

Si, como Oscar Tuma recomendó en una entrevista personal, consideramos que la destitución de Lugo fue aceptada porque solo cinco mil personas se manifestaron, entonces deberíamos considerar que las miles de personas que lo hicieron en marzo de 2017 sí sancionaron la decisión del Congreso de modificar la Constitución. Si creemos que en la quema del Senado participaron solo por estar convocados por los líderes de los dos partidos tradicionales, entonces deberíamos pensar que la ausencia de una movilización en apoyo a Lugo no fue producto de una falta de interés, sino de la determinación de los dos partidos con recursos y estructura que bregaron por su remoción.

A pesar de lo tentadores que resultan esos análisis, la presencia o ausencia de manifestaciones populares es explicada por una multiplicidad de factores y no remite necesariamente, de manera lineal, a la decisión política del manifestante o de quien no se manifiesta.

La Constitución paraguaya (y en este caso, la "cláusula antidictadura") se constituyó como el límite último a la tiranía: una respuesta ante la dictadura, el último bastión antes del regreso a los años oscuros. Si no se modifica de una forma consensuada, legal y tal como estipulan las normas vigentes, el peligro del estallido popular sigue existiendo, sea este "vehiculizado" o no por líderes reconocidos.

CONCLUSIONES

LA DEMOCRACIA PARAGUAYA: LOS VAIVENES DE UN CONCEPTO POLIVALENTE

Entre los logros alcanzados por este libro se encuentra haber realizado un análisis pormenorizado de la historia política reciente del Paraguay, atravesando el debate surgido en torno a la transición a la democracia y las disputas políticas que allí se dirimieron.

Estudiamos el rol de los partidos políticos y de los líderes en este período, con la certeza de que no podría entenderse la política en Paraguay sin comprender la centralidad de los partidos ni podría comprenderse la transición dejándolos de lado.

No obstante, quizás el aporte más relevante fue la recopilación de teorías sobre la transición política y su anexo, en un vínculo irrompible, al tipo de democracia al cual se aspiraba en cada una.

Si bien entendemos que hay aspectos cuyo abordaje resultó inconcluso, consideramos que en esas grietas se construye también el conocimiento. No podíamos cerrar nuestro razonamiento en torno a la idea de representación si no pasábamos primero por los debates de la transición. No podíamos expresar nuestra concepción de la democracia paraguaya si no estudiábamos primero cómo se construyó ese andamiaje institucional que sostuvo la democracia tal como se la planteó. No podíamos tomar una postura epistemológica en torno a decisiones conceptuales si antes no desgranábamos los significados que subyacen detrás de cada elección de categoría. Pretendemos en este apartado abrir nuevos interrogantes que permitan pensar investigaciones futuras.

Dijimos que unas de las preguntas que motivaron esta investigación, en sus inicios, eran las causas por las que Lugo triunfó en las elecciones del 2008. Rápidamente, entendimos que los factores que colaboraron con este triunfo fueron varios, entre ellos el contexto social y económico, el agotamiento de liderazgos del coloradismo y su división del UNACE, la figura "limpia y transparente" de Lugo como miembro de la Iglesia y no como "político corrupto", la asociación de los electores independientes con el PLRA, entre otros.

Los factores políticos pueden desglosarse de la siguiente manera:

a) las rupturas internas del Partido Colorado –no solo la ocurrida años atrás con la separación de la facción oviedista, sino las acaecidas en torno a las sospechas de fraude electoral de las elecciones internas de 2007;

b) la unificación de la oposición detrás de un candidato con la suficiente cintura política para poder garantizarla a pesar de las diferencias programáticas insalvables entre unos y otros partidos y movimientos;

c) el uso de la base electoral y del aparato partidario extendido a nivel nacional del Partido Liberal, sin el cual Lugo no habría triunfado en las elecciones –en oposición a lo que algunos analistas políticos sostenían en el 2008;

d) la elección de un candidato considerado *outsider* de la política partidaria y de las estructuras partidarias tradicionales, que lograse atraer el voto independiente[125], urbano, "incrédulo" de la política y cercano a las críticas de "los indignados" –en contra de la violencia económica extrema, del desempleo, de la corrupción, de la violación a los derechos políticos y civiles, etc., pero sin una exigencia de cambio del sistema capitalista;

e) un mal cálculo estratégico de parte del coloradismo (expresado incluso por Duarte Frutos en la entrevista que le realizamos), que no consideró los votos que Oviedo le extraería de su base electoral ni tuvo en cuenta la conjugación de fuerzas y voluntades políticas que se organizó en torno a la Alianza Patriótica para el Cambio; y –quizás con una influencia menor, pero no por eso menos remarcable;

f) la aparición de una mujer como candidata, que si bien se encargó de remarcar que podría ser una excelente presidenta, no olvidó (y confesó públicamente reiteradas veces) que Paraguay era un país con una estructura patriarcal y machista muy fuerte.

Estos no fueron los únicos elementos que incidieron, podemos mencionar también el agotamiento del modelo económico. Sin embargo, ya a partir

---

125 Para Abente Brun (2010), este sector independiente constituye entre un quinto y un sexto del electorado y se conforma con clases medias urbanas y periurbanas, ubicándose en el centro del espectro ideológico. Solo una pequeña parte es rural, campesina y de izquierda.

de la segunda mitad del gobierno de Nicanor la economía comenzó a repuntar, proceso que persiste hasta la actualidad. Además, las propuestas económicas de Lugo no fueron lo suficientemente explícitas a favor de la redistribución ni lo suficientemente radicales a favor de las clases empobrecidas; tampoco se comprometió con los grandes intereses económicos. Mantuvo siempre una postura de centro (como él mismo dijo que haría). De hecho, en la entrevista personal que realizamos, él aceptó que no contó con el apoyo del Parlamento para desarrollar algunos cambios más sustanciales y que esto lo llevó a declinar ciertas transformaciones incluso menores.

El gobierno de Lugo no cumplió con una gran cantidad de promesas previas y no cambió ni alteró las estructuras más sólidas de poder económico y político. No pudo atacar la creciente desigualdad ni consolidar una política tributaria más justa. La distribución del ingreso continuó siendo regresiva, generando ricos cada vez más ricos y pobres cada vez más pobres. En el año 2012, en una perspectiva comparada de una década, Paraguay pasó de detentar ingresos de 4,2% en el quintil más pobre y 51,8% en el más rico en el año 2002, a 3,8% y 52,7% en el 2011 siendo en ese año el único país del Cono Sur en presentar un empeoramiento extendido de su distribución del ingreso.

Independientemente del optimismo utilizado para analizar los "grados de progresismo" del luguismo, el desenlace de su gobierno mostró que un conjunto de decisiones fundamentales, tanto económicas como políticas, sigue quedando en manos de un pequeño núcleo de protagonistas y que su base de decisión no se ha extendido.

Estudios que centran sus análisis y abordajes en el respeto a las reglas normativas, a las leyes y al valor del voto como acto individual (del elector) y como acto institucional (mediado por partidos y utilizado para sostener un sistema democrático) hablaron de un "aumento en la democratización" midiendo elementos que no son intrínsecos a la democracia ni naturales a su comportamiento. Son un conjunto de elementos seleccionados según un modelo de democracia que no tiene estricta relación con la democracia que existe en Paraguay.

En este sentido, apuntamos a reflexionar: ¿cómo se promedian los diferentes factores que hacen a la democratización? ¿Simplemente por tener más votantes o incorporar nuevos actores e institucionalizar sus demandas, podemos decir que "aumentó la democratización" de un país, incluso cuando dentro del mismo período, otros actores desplazan de manera ilegal e ilegítima al líder popular? ¿Es el aumento de la cantidad de partidos en el Parlamento una característica *per se* democratizante, incluso cuando los intereses representados son los mismos? ¿Puede existir democratización real sobre la base de una forzada teoría de la representación sobre la que no se discute teóricamente? ¿En qué enriquece a países pequeños con una corta historia de democracia establecer esta clase de estudios basados en contar partidos, electores y escaños? ¿Por qué estas perspectivas no priorizan la lectura de la desigualdad económica o los problemas de las formas de funcionamiento del capital dentro del sistema de producción?

Lugo no realizó la reforma agraria, ni siquiera logró finalizar el período de catastro, el cual le trajo grandes problemas con los *brasiguayos* que determinó declaraciones de Lula da Silva (presidente de Brasil para el 2009), en las que planteaba su voluntad de defender a los ciudadanos brasileros incluso por fuera de la frontera.

Para el año 2012, Paraguay seguía siendo uno de los tres países en los que el índice Gini subió (en comparación a los diez años anteriores), aumentando la diferencia entre ricos y pobres. No se logró mejorar las condiciones de los trabajadores, manteniéndose un porcentaje de trabajo informal muy amplio, que dio resultados como una muy baja protección social: Paraguay pasó entre el 2002 y el 2011 de tener un 33% a un 40% de población de asalariados afiliados a sistemas de salud, lo cual lo posiciona entre los tres países[126] con menor adhesión de trabajadores a un servicio médico y a más de 20 puntos porcentuales de la media de América Latina. Asimismo, un resultado similar arroja la afiliación a sistema de pensiones de los asalariados, donde Paraguay tiene nuevamente el tercer lugar en la terna de los países peor posicionados con un 28% de trabajadores aportando a un sistema de pensión en 2002 y un 35 en 2011, nuevamente 20% por debajo de la media de la región[127] (CEPAL, 2013b).

Sin embargo, a pesar de mantenerse esto intacto, indudablemente el gobierno de Lugo significó una mejoría en algunos frentes. Reorganizó el sistema de inyección monetaria en extrema pobreza, "Tekopora", y creó el programa "Pensión para adultos mayores" que intenta disminuir la extrema pobreza en personas mayores, contrarrestando el poderoso déficit en la temática en el que se encuentra el país por su casi inexistente sistema previsional. Registró avances en salud, retornando al principio de la gratuidad y la universalidad. También se reportó una mejoría en aquello que podríamos generalizar como medidas tendientes a hacer "más digna" la pobreza, dentro de una democracia que –como requisito de existencia– no ataca las bases de la desigualdad económica ni el modelo productivo imperante.

---

126 Los otros países son Nicaragua que pasó de 29 a 36% entre 2002 y 2011 y Honduras que pasó de 36 a 37% en el mismo período.

127Bolivia presentó el 26% en 2002 y el 32 en 2011, así como Nicaragua pasó del 33 al 34%, siendo estos los únicos dos países en la región con menores índices que Paraguay.

Este tipo democracia generó la siguiente pregunta: ¿a qué democracia transitaron los paraguayos a partir de 1989?

La democracia paraguaya se asoció con la idea de democracia formal-procedimental y todo el correlato social quedó reducido a convertirse en un sistema de gobierno que garantice:

a) las libertades políticas mínimas;

b) el funcionamiento de una red de instituciones, las elecciones periódicas y (tolerablemente) transparentes;

c) un apego a la ley (entendida como neutra y "naturalmente" justa y buena –argumento que pudo evidenciarse en momentos de crisis institucional como en el Marzo Paraguayo, en las elecciones del año 2000, o en el juicio político a Fernando Lugo en 2012 y en la crisis de la reelección en 2017);

d) la aceptación de los resultados electorales de manera pacífica; y

e) una convivencia pacífica con las estructuras de poder económico afianzadas.

Los partidos de izquierda y los movimientos sociales que exigían históricamente más medidas radicales quedaron también atrapados en esta representación de democracia, por esa causa es que sostenemos que se volvió hegemónica y no simplemente una idea imperante. Y, a pesar de criticar la desigualdad económica, en cierta forma cayeron en la división de economía y política y lograron ser parte del régimen político esperando, casi de forma etapista, que detrás de una radicalización de la democracia política se pudiera dar paso a una democratización económica.

La democracia realmente existente se convirtió en la referencia en contra del pasado dictatorial y del retroceso a las dictaduras, por lo que contradecirla tiene un costo muy alto.

La "capacidad del pueblo de elegir a sus representantes", en una ficción de libertad e igualdad de la que hablaron los autores clásicos, acalló las bases reales de la desigualdad (manifestada en imposibilidades de acceso a educación, vivienda, trabajo digno, libertad de elección; así como en mercantilización del voto, desinformación de los asuntos públicos, enajenamiento de la vida política, paupérrimas condiciones de empleo, explotación) y perpetró un concepto muy estrecho de democracia como el único posible, alcanzable o, en el peor de los casos, existente.

El día de las elecciones del año 2008, Blanca Ovelar sostuvo: "gracias a la democracia los paraguayos somos todos iguales en este día". La ficción de la igualdad estaba confirmada, ese día, procedimentalmente, eran todos iguales. Solo ese día.

Dijimos entonces que solo al poder definir democracia, podríamos determinar qué era la transición y, a modo de un aporte al prolífero debate académico, sugerimos que la transición es el período en el cual se plasman las luchas de intereses con el fin de hegemonizar una representación de la democracia a la cual se pretendía llegar (y en torno a ella estructurar la institucionalidad legal y política, y el modelo económico y social que permitirían con su funcionamiento consolidar el ejercicio democrático).

Esta transición adquiere en cada sociedad una conformación diferente, porque está profundamente arraigada a la historia en la que se desarrolla la disputa y, sobre todo, a los grupos sociales y económicos intervinientes y sus organizaciones.

Los grupos que cuenten con las condiciones materiales para triunfar en la disputa lograrán hegemonizar su representación de democracia y con esto interpelarán a otros actores, a los que volverán parte del proyecto triunfante.

Las pujas que se desarrollen deberán hacerlo en un clima no autoritario ni dictatorial, con respeto a los derechos humanos y a las libertades políticas. Sin embargo, reconocemos que dentro de estas disputas las condiciones prioritarias las tendrán los grupos pertenecientes al poder político o económico, aunque la presencia de movimientos sociales organizados sirvió en algunos países de la región para lograr arreglos democráticos que tienden a beneficiar en algunas materias específicas a grupos más vulnerables.

Podríamos pensarlo en términos más optimistas: cuando surja una crisis en el modelo de democracia que atravesamos en la actualidad, puede darse inicio o, mejor dicho, continuidad a esta puja por la percepción triunfante de democracia. Indudablemente, para que esto suceda, deben organizarse actores sociales que logren tener, además de una propuesta simbólica, una capacidad material de disputa con la que enfrentar las posiciones dominantes más arraigadas (incluso en la clase dominada).

En Paraguay, la transición se orientó hacia la democracia liberal, dejando como saldo trágico una desigualdad social marcada, sostenida en una economía:

a) eminentemente agroexportadora en la que las tierras se concentran en pocas manos y las retenciones e impuestos que tributan son los más bajos de la región;

b) vendedora de energía hidroeléctrica a los países vecinos a un precio menor del que indica el mercado y en detrimento de la prestación de servicio energético doméstico del país; y, por último,

c) atada a lo que el gabinete del Ministerio de Hacienda en la entrevista denominó el modelo de "economía subterránea" o contrabando directo.

Esta desigualdad en el modelo económico que se mantuvo y mantiene intacto genera que el 10% más pobre de la población haya participado para el año 2011 del 1,1% de los ingresos, mientras que el 10% más rico lo hizo con 41,2%. Los más ricos tuvieron un ingreso medio 39 veces mayor que los más pobres (Encuesta Permanente de Hogares, 2011).

A pesar de este panorama, la presidencia de Lugo no se caracterizó por una política económica concreta, y sus vaivenes –tanto por las disputas con su propio frente como por el bloqueo sistemático que el Poder Legislativo ejercía sobre algunas medidas concretas del Ejecutivo (como las peticiones de presupuesto, la propuesta de un impuesto a la renta personal, el proyecto de ampliar el subsidio a la tercera edad o el de ampliar la cantidad de beneficiarios del plan de lucha contra la extrema pobreza "Tekopora")– lo volvieron más que "el Gobierno del Cambio" el Gobierno de la contradicción, y en el 2013, el Partido Colorado volvió a imponerse en las elecciones presidenciales.

Se han realizado muchos trabajos, ensayos y artículos sobre el triunfo de la ANR en Paraguay. En ellos se da cuenta de los andamiajes del poder y de su forma de reproducción en la alta esfera decisional en su lucha por defender los intereses económicos de sus líderes más influyentes. También hemos leído cómo la ANR se disfraza de ideologías variadas, desde un conservadurismo patriótico durante la dictadura de Stroessner o el gobierno de Rodríguez, hasta un neoliberalismo extremo con Wasmosy a la cabeza, pasando por fachadas de reformismo con Duarte Frutos y el giro neoliberal con una impronta tecnocrática, en el "nuevo rumbo" que prometió Horacio Cartes.

Parece que hay algo que no nos atrevemos a enfrentar. Estos "oscurantistas" del pasado transicional (como los llaman varios periodistas de medios alternativos) han sido votados en el pasado y en el presente, y al menos a partir de la reglamentación de la ley electoral, los candidatos ganadores de las contiendas electorales abiertas han sido votados dentro de la legalidad y han pasado por la institucionalidad requerida. Son, por definición, los representantes del pueblo.

¿Es este sujeto político que vota en función de su desmedro un misterio? ¿Puede explicarse su decisión por el clientelismo, el prebendarismo, el desconocimiento, la negación al cambio, la falta de cultura política?

Muchos especialistas en ciencia política y sociología han afirmado que sí, que este comportamiento electoral se produce por estas causas. También los líderes que pudimos entrevistar han afirmado que el Partido Colorado tiene mucho arraigo en el interior, y que sus políticas tienden a perjudicar a los pobres, pero los pobres los siguen votando.

Evidentemente, no acordamos con estas lecturas. Ni el clientelismo, ni la "no-cultura" democrática, ni la resistencia al cambio explican este fenómeno y, de hecho, le agregan al análisis una cuota de elitismo y de prejuicio sobre el comportamiento electoral de los sectores marginados.

Una lectura equivocada del tipo de democracia sobre el que se consensuó ha generado un diagnóstico equivocado de los procesos sociales y políticos. Seguimos a Strasser (1999) para afirmar que la representación de democracia (que se volvió hegemónica en Paraguay, agregamos) apeló a la construcción de un sujeto pasivo. Lo imposibilitó en su capacidad de organización (capacidad que ya venía fuertemente atacada por 35 años de dictadura) y lo convirtió en un *elector*. En un ciudadano que elige a otro que lo representa "como se debe" en los espacios de poder en los que se dirimen los asuntos públicos.

Más aún, para aquellos sectores sociales que decidieran continuar con sus políticas activas, se organizaron nuevos dispositivos legales e instituciones dentro de los cuales canalizar los reclamos y las medidas de protesta.

Asimismo, toda medida debe ser pacífica, porque la violencia se asoció unidireccionalmente con el pasado dictatorial. Las sentadas ciudadanas del Marzo Paraguayo, las caminatas hasta la capital del país de los campesinos, los largos procesos legales para el reclamo de tierras adquiridas irregularmente, el acampe en las plazas; todas las nuevas estrategias se sostuvieron en un sujeto social mucho más pasivo que activo, mucho más receptor que impositor de su decisión o necesidades. La quema del Senado de 2017 rompió con esta pasividad, pero el suceso fue vivido más como una excepcionalidad (un "exceso" o un "desborde") que como un cambio en el repertorio de protesta.

No obstante, es importante mencionar que los 35 años de dictadura dejaron, además de secuelas irreparables en cuanto a derechos humanos, políticos, ciudadanos y económicos, un discurso afianzado que buscaba separar a la sociedad de la política, que se sostenía en un rechazo a los partidos de izquierda, en un nacionalismo a ultranza, en una reivindicación del "ser paraguayo", en un temor al avance de medidas que cambien el orden y que traigan, otra vez, inestabilidad. Además, asoció fuertemente Estado con ANR (unión referencial que se sostiene prácticamente hasta la actualidad), así como "gobierno colorado" con "estabilidad política y económica".

La idea de una carencia de cultura política democrática, muy a tono con algunos paradigmas europeos en sus lecturas sobre América Latina, no explica ni por qué el Partido Colorado siguió ganando en la transición, ni por qué lo hizo Lugo, ni el comportamiento electoral de las clases dominadas ni a qué clase de cultura democrática se refiere. Porque como podemos remarcar, el pueblo paraguayo sí construyó, a fuerza de luchas y resistencias, una cultura política específica que le sirvió para sobrevivir 35 años de dictadura y 29 años más de desigualdades económicas marcadas y crisis políticas reincidentes.

Aportamos al debate la propuesta de repensar la transición y la democracia, con el fin de hallar nuevas respuestas a viejas preguntas referidas al régimen de gobierno.

La democracia como núcleo de estudio nos puso frente a un desafío en dos sentidos. Por una parte, es un concepto que desde el campo social por su gran magnitud y amplia valoración se defiende, aunque no se define. Preguntar ¿qué significa la democracia? genera respuestas que tienden más a al relato de grandes y abstractas máximas que al funcionamiento cotidiano. La democracia funciona teóricamente como una inspiración difusa que motiva su defensa pero no su conceptualización. Es un significante dado por hecho por la sociedad, así como nación o gobierno. Al no definírselo, muy a menudo las expresiones "esto no es democrático" o "en defensa de la democracia" describen y caracterizan situaciones disímiles y son pronunciadas por actores de la más variada pertenencia ideológica (incluso los que declaradamente apoyan golpes militares).

Por otra parte, ha generado debates en el campo académico[128] en el cual la democracia se ha convertido en un *magnus* concepto, definiéndose de manera pormenorizada por autores provenientes de las ciencias sociales, de la filosofía, de la historia y de la lingüística.

Confluyen entonces un doble proceso de no-definición de algo que se supone implícitamente reconocido y reconocible, y una combinación de recursos intelectuales y producciones académicas en torno a este concepto.

A lo largo de este libro, presentamos un recorte de estos debates científicos, con un sentimiento de inabarcabilidad que nos acompañó durante las lecturas críticas realizadas en estos años.

No obstante, nuestro aporte fue mostrar la contracara de estos debates: la representación de democracia de la elite política.

Como dijimos previamente, en el plano social existe casi una definición de democracia por cada sujeto político. Sin embargo, a pesar de las diferencias que en cada percepción de democracia haya, en los presidencialismos sudamericanos contemporáneos, siendo Paraguay uno de ellos –incluso en contra de lo que su constitución quiso modificar– en todas se acordará que el elector elige

---

128 El campo académico es parte del campo social, pero tiene reglas de producción científica, apropiación y reproducción de conocimiento y características propias y diferenciadas, en el mismo sentido que le imprimió Bourdieu al concepto.

al presidente. No porque esta premisa sea innata en el pensamiento social de la región, sino porque fue insistentemente machacado en el conocimiento popular.

En el caso de Paraguay, todos los gobiernos se sostuvieron en la selección de presidente con el voto popular, incluso durante la dictadura, cuando se montaba una farsa de elecciones para refrendar a Stroessner.

A lo largo de los debates por la sanción de leyes electorales y de la constitución en los años noventa, ninguna propuesta atentó contra este presupuesto. Se armó el andamiaje normativo considerando recortes en torno a la presentación de candidaturas, al tipo de partidos y a la organización de los poderes, pero la selección del presidente siempre fue y sigue siendo una competencia del "ciudadano".

Esta máxima fue violentada con el juicio político a Fernando Lugo en el 2012, pero para violentarla hubo que utilizar el recurso de la legalidad constitucional. Solo la Constitución, como ley intermediaria entre el deseo popular y la acción de los gobernantes, puede justificar que se violente algún prerrequisito de la democracia: como si la ley no fuera el resultado, también, de una puja de intereses que se plasma en un momento, priorizando ciertos intereses sobre otros, como resultado de una lucha y una negociación; como si todo el andamiaje político democrático no fuese también el resultado de constantes pujas con avances y retrocesos en derechos.

En esa búsqueda de responder a la vieja pregunta de la democracia y la transición abrimos nuevos interrogantes que excedieron los límites de este libro. ¿Qué posibilidades hay de generar procesos sociales que logren una construcción de la democracia más igualitaria?

¿Qué capacidad de incidencia en, y de colaboración con, construcciones políticas democráticas que tiendan a la eliminación de la desigualdad estructural tenemos los investigadores, desde los debates de las ciencias sociales?

¿Qué rol cumplen aquellos autores que reproducen acríticamente las definiciones formales de democracia y las temporalidades "impuestas" de la transición?

¿Qué formas de resistencia se pueden construir y articular desde los movimientos sociales, para que, respondiendo a la legalidad que se les exige, puedan generar líneas de acción que tiendan a romper con la presunción de sujetos pasivos, repolitizarlos y proponer una democratización social, política y económica?

Asimismo, queda abierto el desafío de hegemonizar un significante de democracia que, al tiempo que reconozca que es un sistema de organización social, incluya formas de emancipación económica y mejore las bases de la legitimidad tanto del régimen propiamente dicho, como de algunos de sus supuestos (la teoría de la representación, la teoría de la igualdad jurídica y política, etc.).

Pese a que la producción científica de conocimiento ha dejado de lado la intervención política y social en pos de una pretendida toma de distancia y superación de conflictos, hemos intentado desde este libro un pequeño aporte para repensar nuestras realidades contemporáneas y deconstruir discursos, no como un mero ejercicio científico, sino con la firme intención de colaborar en la generación de otros discursos y otras prácticas materiales (desde lo simbólico y lo material) para alcanzar una democracia igualitaria.

BIBLIOGRAFÍA

AA.VV. (2011). *Estado y Economía en Paraguay. 1870-2010*. Asunción: CADEP.

Abente Brun, D. (2011). "Hacia una democracia con calidad", en Abente, D y Borda (Eds.). *El reto del futuro. Asumiendo el legado del Bicentenario*. Disponible en http://www.hacienda.gov.py/web-hacienda/pub018.pdf

Abente Brun, D. (2010). "Después de la dictadura (1989-2008)", en Telesca, I. (coord.) *Historia del Paraguay*, Asunción: Taurus.

Abente Brun, D. (1990). "Informe de la Comisión Internacional de la LASA para observación de las elecciones paraguayas. Las elecciones del 1º de mayo de 1989 en el Paraguay: ¿rumbo a una nueva era de democracia?". *Revista Paraguaya de Sociología* (CPES), 27 (77), 179-198.

Abente Brun, D. (1989). "Contexto internacional, autoritarismo y democracia en el Paraguay". *Revista Occidental. Estudios Latinoamericanos*, 6, 3. IICLA. 257-287.

Abente Brun, D. y Massi, F. (Eds.). (2005). Estado, Economía y Sociedad. Una mirada Internacional a la Democracia Paraguaya. Asunción: CADEP.

Aboy Carlés, G. (2016). "Populismo y democracia liberal. Una tensa relación", en *Revista Identidades*, Dossier 2, Año 6, abril.

Alberti, G. (1991). "Democracy by Default, Economic Crisis and Movimientismo in Latin America", *World Congress of International Political Science Association*, Buenos Aires, Julio.

Alcántara Sáez, M. y Cabezas Rincón, L. M. (Eds.). (2013). *Selección de Candidatos y elaboración de Programas en los partidos políticos latinoamericanos*. Valencia: Tirant Lo Blanch.

Alcántara Sáez, M. y Tagina, M. L. (Eds.). (2011). *América Latina. Política y elecciones del bicentenario (2009-2010)*. Madrid: Centro de Estudios Políticos y Constitucionales.

Anderson, B. (2007). Comunidades imaginadas. Reflexiones sobre el origen y la difusión del nacionalismo. México: Fondo de Cultura Económica.

Annunziata, R. (2013). "Entrevista a Bernard Marin. Representación y deliberación en las democracias contemporáneas", en Revista *Temas y Debates*, año 17, julio-diciembre.

Ansaldi, W. (2006). "El silencio es salud. La dictadura contra la política", en Quiroga y Tcach (Comps.) *Argentina 1976-2006. Entre la sombra de la dictadura y el futuro de la democracia*. Rosario: Homo Sapiens.

Arditi, B. (1995). "Cálculo y contingencia en las transiciones a la democracia. La experiencia paraguaya". *Revista Europea de Estudios Latinoamericanos y del Caribe*. N° 59 (junio) Amsterdam.

Arditi, B. (1992). *Adiós a Stroessner. La reconstrucción de la política en el Paraguay*, Asunción, CDE.

Arditi, B. (1992b). Elecciones municipales y democratización en el Paraguay. *Nueva sociedad*, 117, 48-57.

Arditi, B. (1991). *Del granito al archipiélago. El Partido Colorado sin Stroessner*. Documento de trabajo N° 37-Diciembre. Asunción: CDE.

Ashwell, W. (1998). *Concepción 1947: cincuenta años después*. Asunción: Edipar.

Badiou, A. (2010). "El emblema democrático", en Agamben, A.; Badiou, A. et al, *Democracia ¿en qué estado?* Buenos Aires: Prometeo.

Barba Solano, C.; Barros Horcasitas, J. L. y Hurtado, J. (Comp.). (1991*). Transiciones a la Democracia en Europa y América Latina*. México: FLACSO.

Bareiro, L. (2003). "Tres Nicanores distintos y un solo presidente del Paraguay ¿Cuál será el verdadero?". Revista *Novapolis*, N° 4.

Bareiro, L. (1999). "Crimen y victoria popular ciudadana", en Revista *Acción*, N° 192. Abril. Asunción.

Bareiro, L., y Soto, L. (2008). "Regulación jurídica de los partidos políticos en Paraguay". En Zovatto, Daniel (Coord.) *Regulación jurídica de los partidos políticos en América Latina* (pp. 739-66). México: Instituto de Investigaciones Jurídicas/UNAM.

Becker, G. (1999). "Dictadura-Democracia-Transición. El proceso de transformación en Paraguay" en Potthast, Barbara; Kohut, Karl y Kohlepp (eds.) *El Espacio interior de América del Sur. Geografía, historia, política, cultura*. Frankfurt/Main-Madrid: Publicaciones del Centro de Estudios Latinoamericanos de la Universidad Católica de Eichstätt.

Becker, G. (1996). "El sistema Electoral Paraguay. Bases Constitucionales y legales", en *Serie Estado de Derecho*, N° 1. Asunción: Konrad Adenauer Stiftung.

Bensaïd, D. (2010). "El escándalo permanente", en Agamben, A.; Badiou, A. et al, *Democracia ¿en qué estado?* Buenos Aires: Prometeo.

Bobbio, N. (1986). "Las promesas incumplidas de la democracia", en *La Ciudad Futura, Revista de Cultura Socialista*. N° 1. Agosto. Buenos Aires, pp. 28-29.

Borda, D. (2009). *Crecimiento, Inclusión Social y Gasto Público*. Asunción: CADEP.

Borda, D. (2001). *Presupuesto, Política Fiscal y Desempeño Económico en la Transición*. Asunción: CIDSEP/UCA/Konrad Adenauer Stiftung.

Borda, D. y Massi, F. (1998). *Los límites de la transición. Economía y Estado en el Paraguay en los años 90*. Asunción: UCA/CIDSEP.

Borón, A. (2006). "La verdad sobre la democracia capitalista", en Panitch, L. y Leys, C. *Diciendo la verdad. Socialist Register*. Buenos Aires: CCC/CLACSO.

Borón, A. (2005). "Prólogo", en Sautu, R., Boniolo, P., Dalle, P. y Elbert, R. *Manual de Metodología. Construcción del marco teórico, formulación de los objetivos y elección de la metodología*. Buenos Aires: CLACSO.

Borón, A. (2003). *Estado, Capitalismo y democracia en América Latina*. Buenos Aires: CLACSO

Brezzo, L. (2010). "Reconstrucción, poder político y revoluciones (1870-1920)", en Telesca, I. (Coord) *Historia del Paraguay*. Asunción: Taurus.

Brezzo, L. (2004). "La Guerra de la Triple Alianza en los límites de la ortodoxia: mitos y tabúes", en Revista *Universum*, N° 19, Vol 1. Talca.

Brítez, E. y Morínigo, J. N. (1993). *Democracia Tramparante*. Asunción: RP Ediciones.

Brown, W. (2010). "Hoy en día, somos todos demócratas", en Agamben, A.; Badiou, A. et al, *Democracia ¿en qué estado?* Buenos Aires: Prometeo.

Caballero, E. (1988). "Actores políticos y sistemas de partidos en el Paraguay", en *¿Hacia un nuevo orden estatal en América Latina? 1*. Democratización/Modernización y actores socio-políticos. Vol. 1. Buenos Aires: CLACSO.

Caballero Aquino, R. y Livieres Banks. L. N. (1993). *Los Partidos Políticos en América Latina. El sistema político paraguayo*. Buenos Aires: Konrad –Adenauer- Stiftung/CIEDLA.

Caballero Carrizosa, E. (1998). "Elecciones y Democracia en el Paraguay. 1989-1996", en Rial, Juan y Zovato G. Daniel (Eds.) *Elecciones y Democracia en América Latina 1998-1996: urnas y desencanto político*. San José de Costa Rica: Instituto Interamericano de Derechos Humanos.

Cardozo Rodas, V. (1990). La lucha sindical por la democracia económica y política en el Paraguay 1984-1989. *Documento de trabajo*, 22. Asunción: BASE Investigaciones Sociales.

Carter, M. (1991a). *El papel de la Iglesia en la caída de Stroessner*. Asunción: RP Ediciones.

Carter, M. (1991b). "La iglesia católica paraguaya: antes y después del golpe" en *Revista Paraguaya de Sociología*, (28) 81. Asunción.

Castorina, E. (2007). "¿Transición democrática o transición neo-liberal?" en Emiliozzi, S.; Pecheny, M. y Unzué, M. (Comps.) *La dinámica de la democracia. Representación, instituciones y ciudadanía en Argentina*. Buenos Aires: Prometeo.

Céspedes, R. (2006a). "Capacidades y libertades: participación en la elecciones municipales de 2001 en Paraguay". *Revista Latinoamericana de Desarrollo Humano* (UNDP) N° 23. Julio.

Céspedes, R. (2006b). "Paraguay: recursos y libertades, participación en las elecciones municipales de 2001". *Revista Latinoamericana de Desarrollo Humano* (UNDP) N° 22. Junio.

Céspedes, R. (1999). "Los actores sociales en el Marzo Paraguayo de 1999" en Morínigo (comp.) *Marzo de 1999: huellas, olvido y urgencias*. Asunción: UCA.

Céspedes, R. (1991). "El contrato colectivo en el Paraguay de la transición", en *Revista Paraguaya de Sociología*. N° 81. Año 28.

Céspedes, R. (1988). "Paraguay 1986: La sociedad en movimiento", en Céspedes, R., Herken, P. y Simon, J.L. *Paraguay. Sociedad, Economía y Política*. Asunción: El Lector.

Céspedes, R. (1983). *El Febrerismo: Del movimiento al Partido (1936-1951)*. Asunción: Luxe.

Couchonnal, A. (2012a). Donde nací como tú. Historia, modernidad y constitución del sujeto político liberal en el Paraguay. *Tesis para optar por el título de Dra. en Ciencias Sociales*. Facultad de Ciencias Sociales. Universidad de Buenos Aires.

Couchonnal, A. (2012b). "El presente del pasado. Apuntes para un porvenir político", en Carbone y Soler (Eds). *Franquismo en Paraguay*. Buenos Aires: El Octavo loco.

Couchonnal, A. (2008). *Democracy as a Hegemonic Political Discourse: Draws on the Issue of Critique*. Buenos Aires: CLACSO.

Cueva, A. (1999). *El desarrollo del capitalismo en América Latina*. México: Siglo XXI.

Dahl, R. (1991). *La democracia y sus críticos*. Buenos Aires: Paidos.

Dahl, R. (1990). *Prefacio a la democracia económica*. Buenos Aires: GEL.

Dahl, R. (1989). *La poliarquía: Participación y oposición*. Madrid: Tecnos.

Dahl, R. (1965). *A preface to Democratic Theory*. Chicago: University of Chicago.

Delecroix, V. (2008). "El perdón en el cruce de lo religioso y de lo político" en Mallimaci, (Comp.) *Modernidad, Religión y memoria*. Buenos Aires: Colihue.

De Riz, L. (2007). "Los dilemas de la democracia paraguaya", en *Seminario de Cultura Política y Alternancia en América Latina*, Madrid.

Dos santos, T. (1991a). *Democracia e Socialismo no Capitalismo Dependente*. Petrópolis: Vozes.

Dos santos, T. (1991b). Realidade e Perspectivas na América Latina. São Luiz. Vozes.

Dos santos, T. (1988). *Latin America - Peace, Democratization and Economic Crisis*. Londres: Zed Books.

Duarte Recalde, L. R. (2012). "Variaciones en el Comportamiento Electoral en Paraguay". Revista *América Latina Hoy*, 60, 117-138. Salamanca: Universidad de Salamanca.

Fals Borda, O. (1980). "Reflexiones sobre la Democracia Limitada en América Latina". *Revista Ciencias Sociales*, 7. Guatemala: Centro de Investigación y Documentación Centroamericana, pp. 13-19.

Favela Gavia, M. y Guillén, D. (Coord.) (2005). *América Latina. Los derechos y las prácticas ciudadanas a la luz de los movimientos populares*. Buenos Aires: CLACSO.

Flecha, V. J. (1991). "Historia de una ausencia. Notas acerca de la participación electoral en el Paraguay". *Revista Paraguaya de Sociología* (CPES), Nº 82, Volumen 28.

Fogel, R. (2006). "Movimientos campesinos y su orientación democrática en el Paraguay", en Grammont, H. *La construcción de la democracia en el campo latinoamericano*. Buenos Aires: CLACSO.

Fogel, R. (1990). *Los campesinos sin tierra en la frontera*. Asunción: CIPAE.

Fogel, R. (1986). *Movimientos Campesinos en el Paraguay*. Asunción: CPES.

Foucault, M. (2008). *La arqueología del saber*. Buenos Aires: Fondo de Cultura Económica.

Foucault, M. (1996). *Genealogía del racismo*. Buenos Aires: Altamira.

Galeano, L. (2009). *La Hegemonía de un Estado Débil*. Asunción: CPES.

Garretón, M. (1987). *Reconstruir la política. Transición y consolidación democrática en Chile*. Santiago: Andante.

Garretón, M (1986). "The political Evolution of the Chilean Military Regime and Problems in the Transition to Democracia", en O'Donnell, G.; Schmitter, P. y Whitehead, L (Eds.). Transitions from Authoritian Rule. Baltimore: John Hopkins University.

González Bozzolasco, I. (2017a). "La disputa por la reelección presidencial en Paraguay. Estrategias, actores y desenlaces posibles", en Revista *Nueva Sociedad*, sección Opinión, Febrero. Recuperado de http://nuso.org/articulo/la-disputa-por-la-reeleccion-presidencial-en-paraguay/

González Bozzolasco, I. (2017b). "Reelección presidencial y crisis política en Paraguay", en *Revista Política Latinoamericana*, N° 4, enero-junio, Buenos Aires.

González Casanova, P. (2007). "La democracia de todos". Conferencia dada en el marco del *XXI Congreso de la Asociación Latinoamericana de Sociología (ALAS)*, San Pablo, Brasil.

González Casanova, P. (2003). *La democracia en México*. La Habana: Editorial de Ciencias Sociales/Instituto Cubano del Libro.

González Casanova, P. (1989). "La crisis del Estado y la lucha por la democracia en América Latina". Revista *Nueva Sociedad*, N° 104, Noviembre-Diciembre.

González Casanova, P. (1986). "Cuando hablamos de democracia, ¿de qué hablamos?". *Revista Mexicana de Sociología*, Vol. 48, N 3, Jul-Sept, pp. 3-6. México: UNAM.

González Casanova, P. (1980). "La crisis del Estado y la lucha por la Democracia en América Latina". Revista *Ciencias Sociales*. Nro. 7-Junio. Guatemala: Centro de Investigación y Documentación Centroamericana.

Gramsci, A. (2003). *El materialismo histórico y la filosofía de Benedetto Croce*. Buenos Aries: Nueva Visión.

Gramsci, A. (1993). *La política y el Estado moderno*. Buenos Aires: Planeta.

Halpern, G. (2012). "Historia de un hecho histórico: referéndum constitucional y migración paraguaya", en Revista *Razón y Revolución*, N° 17, mayo-julio.

Halpern, G. (2009). *Etnicidad, inmigración y política. Representaciones y cultura política de exiliados paraguayos en Argentina*. Buenos Aires: Prometeo.

Herken Krauer, J. (1988). "El pormenorizado recuento de un año económico muy especial" y "La administración de la crisis económica", en Céspedes, R., Herken, P. y Simon, J.L. *Paraguay. Sociedad, Economía y Política*. Asunción: El Lector.

Hetherington, K. (2012). "Tierra Malhabida y el engaño de la institucionalidad", en *Revista de Estudios Políticos Contemporáneos Novapolis* N° 5. Abr-Oct. Asunción: Germinal-CERI.

Hicks, F. (1969). "Política, Poder y el papel del Cura de Pueblo en el Paraguay". *Suplemento Antropológico de la Revista del Ateneo Paraguayo*, Vol. 4, N° 1, pp. 35-45.

Hirschman, A. O. (1986). "Acerca de la Democracia en América Latina". *La Ciudad Futura, Revista de Cultura Socialista*. Número 1. Agosto. Buenos Aires, pp. 23-24.

Hurtado, J. (1991). "Presentación", en Barba Solano, C.; Barros Horcasitas, J. L. y Hurtado, J. (Comp.). *Transiciones a la Democracia en Europa y América Latina*. México: FLACSO.

Koselleck, R (1992). *Futuro pasado*. Barcelona: Paidós.

Lachi, M. (2009). "El debate ideológico en la era 'Lugo' ", en *Ciudadanía y partidos políticos. Protagonistas del proceso electoral 2008*. Asunción: DECIDAMOS.

Lachi, M. (2003). "Nicanor Duarte Frutos, del 'fracaso electoral' al apoyo popular masivo". Revista *Novapolis*, (4).

Lara Castro, J. (1995). "Paraguay: crisis de la dictadura y dimensión política de la 'democracia'", en González Casanova, P. y Roitman Rosenmann, M. (Coord.) *La democracia en América Latina: actualidad y perspectivas*. Mexico: La Jornada/UNAM, pp. 209-227.

Laterza, G. (1989). "Legitimidad y legalidad en el nuevo contexto político paraguayo". *Revista Paraguaya de Sociología*, 26 (76), 143-158. Asunción: CPES.

Lechner, N. (1995). "La democracia entre la utopía y el realismo". En *Revista Internacional de Filosofía Política*. España. Nº 6.

Lechner, N. (1991). "Condiciones socio-Culturales de la transición democrática: a la búsqueda de la comunidad perdida", en *Revista Estudios Internacionales*. Nº 94. Chile.

Lechner, N. (1989). Los patios interiores de la democracia. Subjetividad y política. México: FCE.

Lechner, N. (1986a). "El debate intelectual en América del Sur. De la revolución a la democracia", en *La Ciudad Futura, Revista de Cultura Socialista*. Número 2. Octubre. Buenos Aires, pp. 33-35.

Lechner, N. (1986b). *La conflictiva y nunca acabada construcción del orden deseado*. Madrid: Siglo XXI.

Lechner, N. (1980). "El debate teórico sobre la democracia", en Lechner, Norbert (2007) *Obras escogidas*, Segundo Tomo. Santiago de Chile: LOM.

Leiras, S. (1996). "Transición y consolidación democrática: ¿hacia qué democracias?", en Pinto, Julio (comp.). *Las nuevas democracias del Cono Sur: cambios y continuidad*, Buenos Aires: CBC/UBA.

Lesgart, C. N y Souroujon, G. (2008). "Democracia, política y conflicto. Apuntes teórico-políticos sobre el cambio de clima político-cultural en la última década", en Fernández, Arturo y Lesgart, Cecilia (Comps) *La democracia en América Latina. Partidos políticos y movimientos sociales*. Rosario: Homo Sapiens, pp. 31-62.

Lesgart, C. (2003). *Usos de la transición a la Democracia. Ensayo, ciencia y política en la década del '80*. Rosario: HomoSapiens.

Lewis, P. (2007). *Paraguay Bajo Stroessner*. Madrid: FCE.

Lezcano, C. M. (1989). "El régimen militar de Alfredo Stroessner: Fuerzas Armadas y política en el Paraguay (1954-1988)". *Revista Paraguaya de Sociología* (CPES), 26 (74), 117-147.

Lezcano, C. M., y Martini, C. (2008). "¿Es posible la transición pactada en el Paraguay? Fuerzas Armadas y partidos políticos en la coyuntura", en *Revista Paraguaya de Sociología*, 45 (132/133), 15-42. Asunción: CPES.

Lezcano, C. M. y Martini, C. (1994). *Fuerzas Armadas y Democracia, a la búsqueda del equilibrio perdido. Paraguay 1989-1993*. Asunción: CDE/GCS.

Lezcano, C. M., y Martini, C. (1991). Paraguay: elecciones municipales del 26 de mayo de 1991. Boletín Electoral Latinoamericano, 23-33.

Lezcano Claude, L. (2012a). Historia constitucional del Paraguay (período 1870-2012). Online.

Linz, J. (1996). *La quiebra de las democracias*. Madrid: Alianza.

López, M. (2017). "'Por el bien del pueblo que a través de mi gobierna': Reflexiones en torno a la teoría de la representación democrática a partir del Impeachment paraguayo y brasileño", en Rodrigues Gomes, A. y de Menezes, Marcos Antonio (Orgs.). *Novas epistemes e narrativas contemporâneas*. Campo Grande: LIFE.

López, M. (2016a). "Paraguay: pasado y presente. Una revisión desde la historia política", en *Albuquerque-Revista de história*, Nº 15, Vol 8.

López, M. (2016b). "The 'Anti-communist' Paraguay: A Revision of Stroessner's Dictatorship, 1954-1989". Ponencia presentada en *Unlearning Cold War Narratives: Toward Alternative Understandings of the Cold War World*, National University of Singapur.

López, M. (2016c). "La presencia de la "Guerra contra la Triple Alianza" en las narrativas entorno al juicio político a Fernando Lugo Méndez en Paraguay (2012)", en *Revista Estudios Paraguayos*, Vol. XXXIV, Año 2016, N° 1.

López, M. (2015b). "'Dice un General que por medio de un Golpe nos devolvió la Democracia'. Transición a la democracia en Paraguay: perspectivas teóricas e históricas", en *Revista Contemporânea*. Año 5, N° 8, Vol II. Brasil: Universidade Federal Fluminense.

López, M. (2015a). "Elecciones generales y votos en el Paraguay de 1989-2013. Develando algunos mitos", en Revista *Diálogos de Saberes*, N° 40. Colombia: UniLibre.

López, M. (2014). "Democracia en Paraguay: la interrupción del 'proceso de cambio' con la destitución de Fernando Lugo Méndez (2012)", en Revista *Cuadernos del Cendes*. Año 31, N° 85. Enero-Abril. Venezuela: Universidad Central de Venezuela.

López, M. (2013b). "Huellas de la dictadura en la democracia: Imaginarios stronistas legitimadores del golpe de Estado de junio de 2012 en Paraguay", en *Revista Paraguaya de Sociología*, N° 143, Año 50. Asunción: CPES.

López, M. (2013a). "La Democracia en Paraguay (1989-2008): factores que contribuyeron al triunfo de Fernando Lugo Méndez". *Tesis para optar por el título de Doctora* en Ciencias Sociales en la Facultad de Ciencias Sociales en la Universidad de Buenos Aires.

López, M. (2012). "Paraguay: de la transición a la democracia (1989-2008). Un abordaje normativo-electoral", en Revista *Espacio Abierto*, Venezuela, Vol. 21, N° 2.

López, M. (2010a). "La restauración del orden democrático en Paraguay. Apuntes para entender el triunfo de Fernando Lugo dentro de una larga transición inconclusa", en Revista *Desafíos*, Vol. 22 N° 2, Universidad del Rosario, Bogotá.

López, M. (2010b). "La democracia en Paraguay: un breve repaso sobre los partidos tradicionales, el sistema electoral y el triunfo de Fernando Lugo Méndez". Revista *Enfoques*, Vol. III N°13, Universidad Central de Chile, Chile.

López, M. (2009). "Tras llovido, mojado para los migrantes paraguayos: paraguayos en Argentina en la década del '90, legislación y políticas públicas", en *Informe UNFPA y ADEPO, A 15 años del Cairo: avance y expectativas en el Paraguay*, Asunción, pp. 7-21.

López, M. y Gottero, L. (2011). "El "Caso Lugo" en la prensa paraguaya y argentina: entre la "misión" pública y la "obligación" privada". *Revista Argentina de Comunicación, Revista Académica de la Federación Argentina de Carreras de Comunicación Social* -Fadeccos-, Año 5, N° 6.

López, M y Halpern, G. (2010). "Referéndum y enmienda constitucional: la modificación del artículo 120 de la Constitución paraguaya", en Halpern, G. (comp.) *Migrantes, perspectivas (críticas) en torno a los procesos migratorios del Paraguay*, Asunción, Ápe, Itaipu-Binacional, VMJ.

Manin, B. (1999). *Los principios del gobierno representativo*. Madrid: Alianza.

Martínez, F. (2013). "El eje izquierda-derecha en el sistema de partidos políticos del Paraguay", en Revista *Paraguay desde las Ciencias Sociales*, 2. Buenos Aires.

Martínez, F. (2012). "Nuevas representaciones políticas. Debilitamiento o fortalecimiento de los partidos políticos en Paraguay", ponencia presentada en IPSA World Congress. Madrid.

Martini, C. (1999). "Paraguay ¿Comienza la democracia?". Revista *Nueva Sociedad* N° 161. Asunción, pp. 13-18.

Martini, C. (1996). "Hacia el Final de la Transición. Análisis de coyuntura del año 1996", en *Informe sobre los Derechos Humanos en Paraguay-Año 1996*. Asunción: Pre-Ver. Serpaj-Py. SPP. Tierra Viva.

Montaño, J. (1975). *Partidos y Política en América Latina*. México: Instituto de Investigaciones Jurídicas-UNAM.

Morlino, L. (1988). "Consolidación democrática: definición, modelos, hipótesis", en Pinto, J (comp): *Ensayos Sobre la Crisis política Argentina*. 3 Volúmenes. Cetro editor de América Latina, Buenos Aires.

Morínigo, J. N. (2003). "La práctica del 'orokueté' como matriz de discriminación política", en Bareiro, L. (Comp.) *Discriminación y medidas discriminatorias*. Asunción: UNFPA.

Morínigo, J. N. (1999). "La disolución del poder dual y el origen de una nueva legitimidad política", en Morínigo (Comp.) *Marzo de 1999: huellas, olvido y urgencias*. Asunción: UCA.

Nickson, A. (2010). "El régimen de Stroessner (1954-1989), en Telesca, I. (coord.) *Historia del Paraguay*. Asunción: Taurus.

Nickson, A. (2008). "Una oportunidad para Paraguay. Los desafíos de Fernando Lugo". Revista *Nueva Sociedad*, (216), 4-16.

Nolhen, D. (1995). *Elecciones y sistemas electorales*. Caracas: Nueva Sociedad.

Nun, J. (1987). "La teoría política y la Transición Democrática", en Nun, José y Portantiero, Juan Carlos (Comp.) *Ensayos sobre la transición democrática en la Argentina*. Buenos Aires: Punto Sur.

O'Donnell, G. (2007). *Disonancias. Críticas democráticas a la democracia*. Buenos Aires: Prometeo.

O'Donnell, G. (1993). "Acerca del Estado, la democratización y algunos problemas conceptuales. Una perspectiva latinoamericana con referencia a países post comunistas", en Revista *Desarrollo Económica*, N° 130, volumen 33.

O'Donnell, G. (1988). "Introducción a los casos latinoamericanos", en O'Donnell, G., Schmitter, P. y Whitehead (Comps.) *Transiciones desde un Gobierno Autoritario. América Latina*, Tomo 2. Buenos Aires: Paidós.

O'Donnell, G., Schmitter, P. C. y Whitehead, L. (Comps.). (1988). *Transiciones desde un Gobierno Autoritario*. América Latina, Tomo 4. Buenos Aires: Paidós.

Oszlack, G. (1984). *Políticas públicas y regímenes políticos: reflexiones a partir de algunas experiencias latinoamericanas*. Buenos Aires: Centro de Estudios de Estado y Sociedad-CEDES.

Palau, T. (2010). "La política y su trasfondo. El poder real en Paraguay". Revista *Nueva Sociedad* N° 229, Sept-Oct, pp. 134-150.

Palau, T. (2007). "Las buenas intenciones no bastan. ¿Es el proyecto de Lugo sólo un nuevo intento?". Revista *Novapolis. Cómo Cambia la política en el Paraguay del siglo XXI* (Asunción: Centro de Estudios y Educación Popular, Editorial Arandura, tomo I), 63-76.

Pasquino, G. (1986). Lo Spazio della partecipazione política: tra partiti e movimento. En Democracia e diritto. N° 6. Novembre-dicembre. Año XXVI. Editori Riuniti Riviste.

Pérez Liñán, A. (2008). "Instituciones, coaliciones callejeras e inestabilidad política: perspectivas teóricas sobre las crisis presidenciales", en Revista *América Latina Hoy*, N° 49. Ediciones Universidad de Salamanca.

Pérez Liñán, A. (2007). *Presidential Impeachment and the New Political Instability in Latin America*. Cambridge: Cambridge University Press, 2007.

Pérez, C. (2004). "Proceso político 1946/1954: antecedentes al golpe de mayo de 1954. Necesaria autocrítica y revisión de la actuación de los partidos políticos". Revista *Novapolis*, (7), 73-91.

Pitkin, H. (1985). *El concepto de la Representación*. Madrid: CEPyS.

Portantiero, J. C. (1994). "Revisando el Camino: Las apuestas de la democracia en Sudamérica", en *Transformaciones Sociales y Acciones Colectivas. América Latina en el contexto internacional de los noventa*. México: El Colegio de México, pp. 161-180.

Portantiero, J. C. (1988). *La producción de un orden. Ensayos sobre la democracia entre el Estado y la sociedad*. Buenos Aires: Nueva Vision.

Przeworski, A. (2010). Qué esperar de la democracia. Límites y posibilidades del autogobierno. Buenos Aires: Siglo XXI.

Przeworski, A. (1998). "Democracia y representación", en Revista *Reforma y Democracia*, N° 10.

Przeworski, A. (1991). Democracy and the Market. Nueva York: Cambridge University.

Quijano, A. (2004). "El laberinto de América Latina ¿hay otras salidas?". *OSAL*, 13. Buenos Aires: CLACSO.

Quijano, A. (2003). "Colonialidad del poder, eurocentrismo y América Latina", en Lander, Edgardo *La colonialidad del saber: eurocentrismo y ciencias sociales. Perspectivas latinoamericanas*. Buenos Aires: UNESCO-CLACSO.

Rancière, J. (2006). *Política, policía, democracia*. Santiago de Chile: LOM.

Respuela, S. (1996). "Las transiciones a la democracia en América Latina. Las teorías de los '80 desde los '90, en Pinto, J. (Comp.) *Las nuevas democracias del Cono Sur: cambios y continuidades*. Buenos Aires: CBC/UBA.

Riquelme, A. M. (1989). *Hacia la transición a la democracia en el Paraguay. Entrevistas, Análisis y Documentos*. Asunción: Editorial Histórica-Fundación Friedrich Naumann.

Riquelme, M. y Riquelme J. (1997). "Political Parties", en Lambert, P y Nickson, A. (Comp.) *The Transition to Democracy in Paraguay*, MacMillan Press LTD.

Riquelme, Q. (2003). *Los sin tierra en Paraguay. Conflictos Agrarios y movimientos campesinos*. Buenos Aires: CLACSO.

Rivarola, D. (1988). "Política y sociedad en el Paraguay contemporáneo: el autoritarismo y la democracia". *Revista Paraguaya de Sociología* (CPES), 25 (73), 141-84.

Rivarola, M. (2009). "Participación electoral en la transición paraguaya", en *Ciudadanía y partidos políticos. Protagonistas del proceso electoral 2008*. Asunción: DECIDAMOS.

Roa Bastos, A. (1984). "Paraguay: anatomía de una "democracia" totalitaria". Revista *Plural, Segunda época*, Vol. XIII-X. N° 154. Julio. México.

Rodríguez, J. C. (1999). "Vencer o Morir por la Democracia y el Sentido de la Victoria". Revista *Acción* nº 192. Abril. Asunción.

Rodríguez, J. C. (1993). "Paraguay. Mansa transición democrática". Revista *Nueva Sociedad*, (127), 18-22.

Rossanvallon, P. (2015). *La contrademocracia: la política en la era de la desconfianza*. Buenos Aires: Manantial.

Rossanvallon, P. (2008). *La Légitimité démocratique*. Paris: Seuil.

Rustow, D. (1970). "Transition to Democracy. Toward a Dynamic Model", en Revista *Comparative Politics*, Vol. 2, Nº 3. Abril.

Sartori, G. (2009). *La democracia en 30 lecciones*. Buenos Aires: Taurus.

Sartori, G. (2003). *¿Qué es la democracia?* Buenos Aires: Taurus.

Sartori, G. (2001). *Teoría de la democracia. 1. Los debates contemporáneos y 2. Los problemas clásicos*. Madrid: Alianza.

Sartori, G. (1998). "En Defensa de la Representación Política". Conferencia dictada en el *Vigésimo aniversario de la Constitución Española de 1978*. 9 de diciembre. Congreso de los Diputados. España. Publicada en Revista *Claves de Razón práctica*, Nº 91.

Sartori, G. (1996). "¿Hay una crisis de representación?", en Revista *Este País*, N° 61, agosto.

Scavone Yegros, R. (2010). Guerra internacional y confrontaciones políticas (1920-1954), en Telesca, I. (Coord.) *Historia del Paraguay*. Asunción: Taurus.

Schmitter, P. C. (1991). "Cinco reflexiones sobre la cuarta onda de Democratizaciones", en Barba Solano, C.; Barros Horcasitas, J. L. y Hurtado, J. (Comp.). Transiciones a la Democracia en Europa y América Latina. México: FLACSO.

Schvartzman, M. (1989). *Mito y Duelo. El discurso de la Pre-Transición a la democracia en el Paraguay*. Asunción: BASE-Investigaciones sociales.

Secretariado internacional de Juristas para la amnistía y la democracia en Paraguay (SIJA-DEP) (1988). *Sistema Electoral y Democracia. Seminario internacional*. Asunción: El lector.

Seiferheld, A. (1986). *Nazismo y Fascismo en el Paraguay: los años de la Guerra 1939-1945*. Asunción: Editorial Histórica.

Seiferheld, A. (1985). *Nazismo y Fascismo en el Paraguay: vísperas de la Segunda Guerra Mundial 1936-1939*. Asunción: Editorial Histórica.

Setrini, G. (2011). Veinte años de democracia electoral en Paraguay. Del clientelismos monopólico al clientelismo plural, en Masi, F y Borda, D (edit), *Estado y Economía en Paraguay 1870-2010*.

Simón, J. L. (1997). "La Constitución de 1992 y la construcción de Derecho democrático. Una aproximación jurídica y politológica", en *Revista Paraguaya de Sociología*, Año 34, N° 98.

Simón, J. L. (1989). "El Paraguay después de Stroessner ¿de la transición incompleta a la democracia?". *Cuadernos de discusión*. Asunción: Centro Paraguayo de Estudios Sociológicos.

Soler, L. y Nikolajczuk, M. (2017-2018). "Actores económicos y medios de comunicación. El golpe parlamentario a Fernando Lugo (2012)", en *Chasqui. Revista Latinoamericana de Comunicación* Nº 136, diciembre/marzo.

Soler, L. (2012). *Paraguay. La larga invención del golpe. El stronismo y el orden político paraguayo*. Buenos Aires: Imago Mundi.

Soler, L. (2009a). "Grandes estructuras y largas duraciones. Análisis socio-histórico de las condiciones de la democracia en Paraguay", en *II Taller "Paraguay como objeto de estudio de las ciencias sociales"*. Asunción.

Soler, L. (2009b). Régimen político y legitimidad. La construcción del orden stronista (1954-1989). *Tesis de maestría en investigación en Ciencias Sociales*, Universidad de Buenos Aires, Facultad de Ciencias Sociales, Argentina.

Soler, L. (2007). "La familia paraguaya. Transformaciones del Estado y la nación de López a Stroessner", en Ansaldi, W. (Dir.) *La democracia en América Latina. Un barco a la deriva*. Buenos Aires: FCE.

Speratti, J. (1984). *La revolución del 17 de Febrero de 1936*. Asunción: Escuela Técnica Salesiana.

Stefanich, J. (1946a). *El Paraguay en Febrero de 1936*. Buenos Aires: El Mundo Nuevo.

Stefanich, J. (1946b). *Renovación y Liberación. La obra del Gobierno de Febrero*. Buenos Aires: El Mundo Nuevo.

Strasser, C. (1999). *Democracia y Desigualdad. Sobre la "democracia real" a fines del Siglo XX*. Buenos Aires: CLACSO/Asdi.

Tapia, L. (2008). *Política Salvaje*. La Paz, CLACSO, Muela del Diablo, Comunas.

Telesca, I (Coord.). (2010). *Historia del Paraguay*. Asunción: Taurus.

Telesca, I. (2004). *Ligas Agrarias Cristianas, 1960-1980. Orígenes del movimiento campesino en Paraguay*. Asunción: CEPAG, 2004.

Tocqueville, A. de (1961). *La democracia en América*. Tomo 1. Madrid: Alianza.

Torrents, A. (2012). *Consultoría de investigación sobre Memoria Colectiva e Histórica*. Asunción: Secretaria Nacional de Cultura y Centro de Investigaciones en Filosofía y Ciencias Humanas (CIF).

Unzué, M. (2007). "El origen de la idea de democracia representativa", en Emiliozzi, S.; Pecheny, M. y Unzué, M. (Comps.) *La dinámica de la democracia. Representación, instituciones y ciudadanía en Argentina*. Buenos Aires: Prometeo.

Yore, M., y Palau, M. (2000). "Presidencialismo moderado y gobierno de coalición. Emergencia y fracaso de una experiencia inédita". Colección BASE IS. Documento de trabajo nº 101. Asunción: BASE IS.

Yore, F. (1992). *La dominación stronista. Orígenes y consolidación, "Seguridad Nacional" y represión*. Asunción: BASE IS.

Zermeño, S. (1980). "¿Cuál democracia?. Revista *Ciencias Sociales*. Nº 7-Junio. Guatemala: Centro de Investigación y Documentación Centroamericana, pp. 67-91.

Zizek, S. (2010). "De la Democracia a la Violencia Divina", en Agamben, A.; Badiou, A. et al, *Democracia ¿en qué estado?* Buenos Aires: Prometeo.

Zolo, D. (1994). *Democracia y Complejidad: Un enfoque realista*. Buenos Aires: Buena Visión.

Documentos Partidarios (DP), Documentos de Afiliados (DA), Informes y Discursos Impresos

Argaña, L. M (1998). Memoria Política I. Orientación Política. Convención Ordinaria de 19 de Septiembre de 1998. Asunción: ANR.

Argaña Contreras, J. E. (s/d). Recopilación de discursos del Líder y Fundador del Movimiento de Reconciliación Colorada, Luis María Argaña. DA-ANR. Asunción: AGR.

Alianza Democrática para vivir mejor (1998). Programa de Gobierno 1998-2003. Asunción: Alianza Democrática.

ANR. Asociación Nacional Republicana (2007). Línea ideológica u doctrinaria del Partido Colorado. Aprobada en la convención ordinaria de la Asociación Nacional Republicana del 28 de abril. DP-ANR. Asunción: ANR.

ANR. Asociación Nacional Republicana (2005). El ideario Republicano y el Programa Económico y Social del Gobierno. DP-ANR. Asunción: ANR.

ANR. Asociación Nacional Republicana (1992). Estatutos aprobados por la convención extraordinaria del 15 al 19 de julio de 1991 y por decreto del P.E. N° 12.693 del 28 de Noviembre de 1992. DP-ANR. Asunción: ANR.

ANR. Asociación Nacional Republicana (1992). Proyecto Argaña 1993. Mensajes y propuestas. Separata del libro 'Hacia un nuevo ordenamiento político, social y económico del Estado' Proyecto de reconciliación colorada y nacional. DP-ANR. Asunción: ANR.

ANR. Asociación Nacional Republicana (1991). Proyecto de constitución para la República del Paraguay. Diciembre. DP-ANR. Asunción: ANR.

ANR. Asociación Nacional Republicana. Diario Patria (1989). Editorial: La democracia se hace con la ley. Jueves 2 de febrero. Patria, vocero de la Junta de Gobierno del Partido Colorado. Decano de la Prensa Nacional. DP-ANR. Asunción: ANR.

ANR. Asociación Nacional Republicana (1986). El Partido Colorado y el Diálogo Nacional. Publicaciones bajo la Dirección de la Junta de Gobierno N. 38. DP-ANR. Asunción: ANR.

ANR. Asociación Nacional Republicana (1985). La democracia y el Comunismo. Conferencia pronunciada por el Presidente de la Junta de Gobierno Dr. Juan R. Chávez, en la Ciudad de Concepción, en el local de la Seccional Colorada el 2 de julio. Cuadernos políticos N° 30. DP-ANR. Asunción: ANR.

ANR. Asociación Nacional Republicana (1980). Manifiesto de la Junta de Gobierno al Pueblo Colorado de la República. I) Desagravio de las Fuerzas Armadas. II) 'Frente Popular' Alianza de Renegados Políticos. Publicaciones bajo la dirección de la Junta electoral-Marzo. DP-ANR. Asunción: ANR.

ANR. Asociación Nacional Republicana (1978). Discursos pronunciado por el Presidente de la Comisión Electoral del Partido Colorado Dr. Pedro Hugo Peña, en el marco de las elecciones generales, campaña electoral 1977-1978. DP-ANR. Asunción: ANR.

ANR. Asociación Nacional Republicana (1976). Principios y métodos para combatir al comunismo internacional, Asunción: Comisión Permanente Especial Encargada de Llevar a la Práctica la Lucha Contra el Comunismo. DP-ANR. Asunción: Partido Colorado.

ANR. Asociación Nacional Republicana (1954). El Coloradismo Paraguayo frente a la Organización Comunista Internacional. Resolución N 14. DP-ANR. Asunción: Imprenta Nacional.

Base de Datos Políticos de las Américas (1998). Funciones del Vicepresidente de la República. Análisis comparativo de constituciones de los regímenes presidenciales. [Internet]. Georgetown University y Organización de Estados Americanos.

BCP-Banco Central del Paraguay (2013). Informe Económico Agosto, 2013. Asunción: BCP.

Censo Agropecuario Nacional (2008). Ministerio de Agricultura y Ganadería. Informe final publicado en 2009.

CEPAL (2013). Perspectivas económicas de América Latina 2013. OCDE/CEPAL. Disponible en http://www.eclac.org/publicaciones/xml/4/48374/leo_2013.pdf [1/11/2013]

CEPAL (2013b). Documento Informativo: Panorama Social de América Latina. Naciones Unidas. CEPAL.

Discurso del presidente Fernando Lugo en su asunción al mando. 15 de agosto de 2008.

Chaves, J. R. y Argaña, L. M. (1990). *Propuestas del Coloradismo Tradicionalista*. DA-ANR. Asunción: El Foro.

CODEHUPY (2011). Modelo represivo imperante. Radiografía de la opresión. Fascículo 9. Asunción: Coordinadora de Derechos Humanos del Paraguay. Disponible en http://www.codehupy.org/dictadurasnuncamas/sites/default/files/09-FASCICULO.pdf [09/09/2012].

CODEHUPY (2010). Informe Derechos Humanos en Paraguay. Yvypóra Derécho Paraguáipe. Asunción: Plataforma interamericana de Derechos Humanos, Democracia y Desarrollo.

CODEHUPY (2007). Informe Chokokue: Ejecuciones y desapariciones en la lucha por la tierra en el Paraguay (1989-2005). Asunción: Coordinadora de Derechos Humanos del Paraguay.

DGEEC, Censo Nacional de Población y Viviendas, 2002.

EPH (2016). Resultados de la Encuesta Permanente de Hogares (EPH) 2016. Asunción: Dirección General de Estadística, Encuestas y Censos.

EPH (2015). Resultados de la Encuesta Permanente de Hogares (EPH) 2015. Asunción: Dirección General de Estadística, Encuestas y Censos.

EPH (2012). Resultados de la Encuesta Permanente de Hogares (EPH) 2012. Principales indicadores de empleo e ingresos. Asunción: DGEEC.

EPH (2011). Principales Resultados de Pobreza y Distribución de Ingreso (EPH) 2011. Asunción: DGEEC.

IDD-LAT (2003). Índice de Desarrollo Democrático de América Latina. Konrad Adenauer Stiftung.

Informe de las Finanza Públicas de la República del Paraguay. Proyecto de Presupuesto General de la Nación 2018. Ministerio de Hacienda bajo la conducción de Lea Giménez, Presidencia Horacio Cartes.

Informe de gestión 2013-2017. Subsecretaría de Estado de Tributación. Bajo subsecretaria Marta González Ayala. Presidencia Horacio Cartes.

Informe MEVES (2009). Museo virtual de Memoria y Verdad sobre el stronismo.

Disponible en http://www.meves.org.py/?node=page&meves=guided,617,0# [22/09/2012].

Galaverna, J. C. (2010). Entrevista al Senador Galaverna. Radio Ñanduti. 15 de mayo.

González, N. J. (1947a). "El malón de la barbarie y la obra constructiva del Gobierno", en González, N. J. y Morínigo, V. *Bajo las Bombas del Malón*. Asunción: Editorial Guarania.

González, N. J. (1947b). Discurso a la nación paraguaya. Asunción: Editorial Guarania.

González, N. J., y Morínigo, V. (1947). Bajo las bombas del malón. Asunción: Editorial Guarania.

Laíno, D. (1993). Discursos. Asunción: Cerro Corá.

Laíno, D. (1985). "Bases para un proyecto de transición de la Dictadura a la Democracia en Paraguay". Conferencia La transición de la dictadura a la democracia en el Tercer Mundo, organizado por la Third World Foundation for Social and Economic Studies. Del 27 al 29 de agosto. Universidad de Buenos Aires. Argentina.

Lugo, F. (2009). "El Celibato es imperfecto, el Único Perfecto es Dios". Revista *Reflexión y Liberación*, Año XX, N° 81. Abril-Mayo. Santiago de Chile, pp. 26-27.

Oddone, R. y Pesoa, M. (2001). *Crónicas y Documentos Liberales.* Asunción: GEOISA. DA-PLRA.

PLRA. Partido Liberal Radical Auténtico (2001). Estatutos. Convención del 25 de Marzo. DP-PLRA. Asunción: PLRA.

PLRA. Partido Liberal Radical Auténtico (2000). Reforma del Estado: Documentos para el Debate. Proyecto de Deliberación Pública en los Partidos Políticos.

PLRA. Partido Liberal Radical Auténtico (1993). Programa de Gobierno 1993-1998. DP-PLRA. Asunción: PLRA.

PLRA. Partido Liberal Radical Auténtico (1989). Programa de Gobierno, democracia Auténtica sin corrupción. DP-PLRA. Asunción: PLRA.

Plan Programático Alianza Democrática para vivir mejor (1998). Programa de Gobierno 1998-2003. Asunción: Alianza Democrática.

PNUD (2013). Informe Nacional sobre Desarrollo Humano Paraguay 2013. Trabajo Decente y Desarrollo Humano. Asunción: PNUD. OIT.

Pro-Demos y Centro de Estudios de los Jesuitas (1986). "¿Es posible la democracia en el Paraguay?", en el *Panel de debate con Humberto Rubín, Carlos Romero Pereira (ANR) y Fernando Vera (PRF).* Asunción: Centro de Investigaciones Sociales y Políticas 'Tetagua'.

Rodríguez, A. (s/d). Vamos a construir el Paraguay moderno y democrático. Compilación de discursos del Presidente Andrés Rodríguez. DP-ANR. Asunción: ANR

Stroessner, A. (s/d). Discurso pronunciado por el Excelentísimo Señor Presidente de la República Gral del ejército Don Alfredo Stroessner, en la zona de Itapúa, con motivo de la inauguración de grandes obras nacionales. Asunción: El Arte.

Stroessner, A. (1983). Mensaje del General de Ejército Don Alfredo Stressner a la gran concentración de colorados del Chaco, realizada en la Ciudad de Bahía Negra en enero. DP-ANR. Asunción: ANR.

Villalba, F. (2010). *Recopilación Partidaria. Material de estudios políticos de la ANR "Partido Colorado".* DA-ANR. Asunción: ANR.

Wasmosy, J. C. (1998). La respuesta de la Democracia. Asunción: Ricor Grafic.

Ynsfrán, E. L. (1956). *Tríptico republicano: Democracia, Agrarismo y Paraguayidad.* DA-ANR. Asunción: Editorial América Sapucai.

Legislación Consultada

Constitución Nacional de la República del Paraguay. 1940.

Constitución Nacional de la República del Paraguay. 1967.

Constitución Nacional de la República del Paraguay. 1977.

Constitución Nacional de la República del Paraguay. 1992.

Decreto- Ley N° 204. Estatuto Electoral. Sancionado el 28 de julio de 1959.

Decreto N° 216. Por el cual se adoptan medidas de Política Económica, Financiera, Monetaria y Cambiaria. 1989.

Decreto de Convocatoria de plebiscito. 1943

Decreto N°1. 18 de Febrero de 1940.

Enmienda de la Constitución de la República del Paraguay, 25 de Marzo de 1977.

Ley Nº 1. Código Electoral de 1990.

Ley Nº 600. Por la cual se aprueba, con modificación, el Decreto-Ley Nº 204 del Estatuto Electoral. 1960.

Ley Nº 126 de 1991. Que establece un Régimen de Privatización de Empresas del Estado.

Ley Nº 209. En defensa de la Paz pública y Libertad de las personas, 18 de septiembre de 1970.

Ley Nº 294. De defensa de la Democracia, 17 de octubre de 1955.

Ley Nº 776. De sucesión presidencial, 22 de mayo de 1962.

Ley N° 834. Código Electoral Paraguayo. Sancionada el 17 de abril de 1996.

Ley Nº 1825 de 2001. Que establece el Voto Electrónico en determinados municipios, locales de votación y cantidad de Mesas Receptoras de Votos para las Elecciones Municipales de 2001 y se suspenden los efectos de los artículos…

Ley Nº 3.017 de 2006. Que reglamenta la utilización de urnas electrónicas, dispuesta en el artículo 351 del Código Electoral Paraguayo.

Ley Nº 3.212 de 2007. Que amplía las disposiciones del Código Electoral y crea la figura de las concertaciones.

Ley Nº 4559. Que establece la inscripción automática en el Registro Cívico Permanente. Sancionada el 1 de Diciembre de 2011

Ley Nº 4.584 de 2012. Que modifica los Artículos 247 y 258 de la Ley N° 834/96 "Que establece el Código Electoral Paraguayo", modificados por Ley N° 3.166/07.

Libelo Acusatorio. 2012.

Entrevistas personales (en 2010, 2012 y 2015)

José María Carrón. Diciembre de 2010.

Roberto Campos Ortiz. Diciembre de 2010.

Nicanor Duarte Frutos. Diciembre de 2010.

Najeeb Amado. Diciembre de 2010.

Hugo Richer. Diciembre de 2010.

Mirta Vergara de Franco. Diciembre de 2010.

Luis Alberto Wagner. Diciembre de 2012.

Aníbal Carillo Diciembre de 2010.

Ramón Medina. Diciembre de 2010.

Julio López. Partido de los Trabajadores. Diciembre de 2010.

Miguel López Perito. Diciembre de 2010.

Lilian Soto. Diciembre de 2010.

Fernando Lugo. Diciembre de 2012 y marzo de 2015.

Oscar Tuma. Marzo de 2015.

Autoridades de gestión del Tribunal Superior de Justicia Electoral. Diciembre de 2010.

Autoridades del Partido Colorado. Diciembre de 2010 y marzo de 2015.

Autoridades del Partido Liberal. Diciembre de 2010 y marzo de 2015.

Hemos compilado apariciones televisivas y radiales de todos los candidatos a presidentes por los partidos con capacidad de ganar. Además, rastreamos entrevistas en periódicos. Se estudiaron todos los discursos de cierre de campaña de los candidatos centrales, y de asunción presidencial de los ganadores, así como los dados frente a la Convención Colorada por los candidatos de este partido. Se cubrieron las apariciones mediáticas de campaña y los spots de las mismas, así como la música que acompañó las candidaturas. Analizamos las actas de debates parlamentarios disponibles en la Biblioteca del Congreso de la República del Paraguay. Todas estas acciones se realizaron metódicamente para el período 1989-2013.

Otros títulos en Sb editorial

Don y reciprocidad.
De Bartomeu Melià
a la filosofía contemporánea

Sebastián D. Castiñeira

Presentación de Bartomeu Melià

9789871984923 - 308 págs.

> *"Las naciones indígenas que he conocido tienen en común, a pesar de sus diferencias lingüísticas y culturales, su cosmovisión y su educación identitarias, que son sociedades sin mercado, en las cuales toda comunicación de bienes y de palabras pasa por el don y la reciprocidad, aunque esa sea a veces negativa, como lo es la venganza"*
>
> **Bartomeu Melià (extraído de la Presentación)**

Para la filosofía contemporánea, las relaciones entre el don y la reciprocidad han sido siempre problemáticas. En gran parte se debe a la perspectiva de una economía de mercado basada en el intercambio: el don corre la amenaza de ser reducido a simple objeto tras quedar encerrado en el círculo que obliga devolver lo que se ha recibido. A partir del famoso Ensayo sobre el don de Marcel Mauss han aparecido como respuestas diferentes posturas que forman una trama verdaderamente compleja.

Frente a ello, la cosmovisión de las naciones indígenas puede constituir una propuesta alternativa y superadora. El antropólogo, lingüista y jesuita Bartomeu Melià ha conocido y estudiado en profundidad al pueblo Guaraní, proporcionándonos un recorrido de vivencias e interpretaciones de un valor incalculable. De allí se comprende que la economía del don y la reciprocidad que practican los Guaraníes constituye uno de sus principales núcleos culturales. Ella se distingue de la economía de mercado ya que no se basa en el intercambio, sino que se encuentra fuertemente unida al carácter festivo y celebrativo de su cultura, donde prima la gratuidad y el interés por el otro. Esta perspectiva, no reductiva de lo humano ni del mundo, puede ser una respuesta frente a las actuales crisis ecológicas, económicas, sociales, políticas y religiosas que implican, entre otras cosas, una mirada fragmentada de la realidad.

Esta obra presenta y reelabora los rasgos fundamentales de esta interpretación poniéndolos en relación con las posiciones y debates de la filosofía contemporánea.

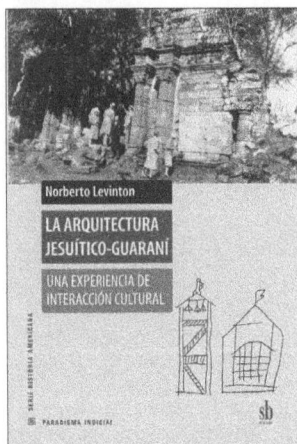

La arquitectura Jesuítico-Guaraní: Una experiencia de interacción cultural

NORBERTO LEVINTON

9789871256235- 160 págs.

La arquitectura jesuítico-guaraní lleva su nombre en función de una experiencia de interacción cultural. En esta obra se afirma la idea de que no existe una arquitectura 'representativa' de la Compañía de Jesús vinculada con un estilo característico de ella o algún tipo de definición formal sino que, más bien, se trata de la realización de una arquitectura de composición, que se explica por la concepción universal de la esencia del hombre proclamada por San Ignacio de Loyola y sus seguidores, y el respeto por Ea identidad regional de las comunidades humanas.

Estas prácticas, fundamentalmente abiertas a los diálogos interculturales, tuvieron una gran participación de los miembros de la Compañía de Jesús en la producción de los proyectos. Estos arquitectos o idóneos se apoyaron en Colecciones de Planos, en Pitipiés o en la Tratadística, pero lo más destacado de esta arquitectura es que los jesuitas supieron tener en cuenta la concepción indígena de la experiencia del espacio. En este contexto cultural se crearon las condiciones para que los guaraníes participaran y tomaran decisiones sobre la producción, logrando obtener la pervivencia de sus esfuerzos hasta nuestros días. La está enriquecida con un conjunto de láminas que presentan al lector dibujos de época, croquis y fotos actuales de las reducciones jesuíticas.

Saberes de la conversión. Jesuitas, indígenas e imperios coloniales en las fronteras de la cristiandad

GUILLERMO WILDE (EDITOR)

9789871256938 - 592 págs.

Este libro presenta un recorrido exhaustivo por aspectos relevantes de la acción de los jesuitas en el mundo colonial, contemplando también las respuestas que dicha acción tuvo en los mundos indígenas. Se incluyen contribuciones de los especialistas más reconocidos en el campo de los estudios jesuíticos misionales, brindando al lector una visión interdisciplinaria y un panorama de los debates que atravesaron a la Europa moderna en la época de su primera globalización.

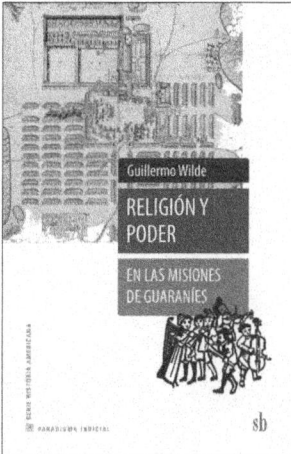

Religión y poder
en las misiones de guaraníes
GUILLERMO WILDE

Prólogo de Carlos Fausto

"Premio Iberoamericano Book Award" de la Latin American Studies Association (LASA, Toronto) a la mejor publicación sobre Latinoamérica en Ciencias Sociales y Humanidades.

9789871984626 - 512 págs.

"El premio se otorga a Guillermo Wilde en reconocimiento al trabajo sistemático, profundo y riguroso de su libro *Religión y Poder en las Misiones de Guaraníes*. En él confluyen la mirada histórica y la aproximación etnográfica en el ejercicio de una historiografía original, comprensiva de la experiencia vital de las misiones jesuíticas. El libro reconstruye la experiencia guaraní en su inserción en el sistema colonial entre los siglos XVII y XIX, discerniendo la trama de redefiniciones en la relación entre religión y poder a lo largo de la experiencia reduccional.

Tanto en sus acercamientos conceptuales así como en la metodología desarrollada, Wilde permite ver que los pueblos indígenas jugaron un papel activo en el proceso cultural llevado a cabo a partir de la conversión al cristianismo [...] negociando su concepción de tiempo y espacio de frente a los miembros de la orden jesuítica".

Co-chairs Judith Boxer Liwerant (UNAM), Donna Guy (Ohio State University),
Guillermo Alonso (UNSAM) y Luis Roniger (Wake Forest University),
miembros del Comité de Selección.

"No es solo contra la imagen edificante y homogeneizante de la experiencia reduccional que Wilde escribe, sino también contra la idea moderna de una esencia guaraní impermeable que busca "permanecer en su propio ser" y resiste a cualquier transformación. Wilde recupera con brillo académico y literario la textura densa y singular de los contextos en que estuvieron insertos los guaraní a lo largo de más de 200 años. En la pluma del autor, ganan vida innumerables personajes guaraní, con nombre y apellido, moviéndose en situaciones sociales singulares. De este modo nos ofrece una visión en escala biográfica de eventos y estructuras ya narrados en escala más amplia. Con el cambio de escala, los "guaraní de papel" ganan nueva vida, ahora en carne y hueso".

Carlos Fausto
(Museo Nacional, Universidad Federal de Rio de Janeiro).
Del Prólogo de la obra

"Negros de la Patria": Los afrodescendientes en las luchas por la independencia en el antiguo Virreinato del Río de la Plata

SILVA MALLO - IGNACIO TELESCA
(EDITORES)

SERIE: HISTORIA AMERICANA

9789871256693 - 278 págs.

Los afrodescendientes, que vinieron esclavizados desde África estuvieron presentes en nuestros territorios desde el inicio mismo de la conquista. Muchos pudieron ganar su libertad, otros permanecieron esclavizados. Ellos también fueron protagonistas de los diferentes procesos de Independencia que se comenzaron a experimentar a partir de 1810. Aunque la historiografía suele quitar visibilidad a su presencia, ellos igualmente están, y su existencia nos devuelve una serie de preguntas que nos permiten recuperar la complejidad original de aquellos sucesos.

¿Qué lugar de experiencia y de definición les quedaba a los afrodescendientes, esclavos y libres, que se veían restringidos a los espacios de mayor exclusión social hasta el punto de no ser sujetos de derecho? ¿Cuándo y cómo se sentían parte? ¿Cuáles eran sus esperanzas y expectativas para el futuro? ¿Cómo se integraban al proceso y qué reconocimiento obtenían por su participación? ¿Cómo vivieron sus amos y la sociedad toda su intervención y el proceso de liberación de los esclavos? ¿Cómo se conjugaron la etnicidad y la política, la libertad del pueblo, y de modo particular, la de los esclavos? ¿Se produjeron cambios en el reordenamiento de la sociedad?

Orientada por estas preguntas, esta obra reúne el trabajo de especialistas de primer nivel en el tema.

Silvia Cristina Mallo fue Profesora en Historia por la Universidad Nacional de La Plata donde dictó Historia Americana Colonial. Estuvo a cargo del Centro de Estudios de Historia Americana Colonial de IdIHCS en la Facultad de Humanidades y Ciencias de la Educación. Fue investigadora independiente del CONICET. Entre sus publicaciones, muchas de ellas sobre los afroamericanos, *La sociedad rioplatense ante la Justicia: 1750 -1850.*

Ignacio Telesca estudió historia en la Universidad de Oxford donde obtuvo su BA y MA en Historia. Se doctoró en Historia en la Universidad Torcuato di Tella. Actualmente es investigador independiente del CONICET y Profesor en la Universidad Nacional de Formosa. Entre sus obras pueden destacarse *Tras los expulsos. Cambios demográficos y territoriales en el Paraguay después de la expulsión de los jesuitas* (CEADUC, 2009) e *Historia del Paraguay* (Taurus, 2010), del que fue coordinador.

Una guerra total: Paraguay, 1864-1870. Ensayo de historia del tiempo presente

Luc Capdevila

Serie: HISTORIA AMERICANA

9789871256747 - 544 págs.

Una de las primeras guerras totales modernas se libró en Sudamérica entre 1864 y 1870. El Paraguay contra la Triple Alianza del Brasil, Argentina y Uruguay. En cinco años el Paraguay fue aniquilado. Perdió durante este conflicto el 40% de su territorio inicial y las dos terceras partes de su población total, el 80% de los hombres en edad de portar armas, es decir, los varones que tenían más de diez años durante la contienda. ¿Cómo pudo producirse en el siglo XIX americano una crisis humana tan grave? ¿Cuáles fueron los mecanismos de movilización, en el joven Paraguay independiente, que luego devendrían una carrera al abismo? ¿Cómo pudo la sociedad paraguaya, después del conflicto, asimilar un traumatismo de tal amplitud? Este libro analiza primeramente esta guerra total desde el lado paraguayo, llevada a cabo al final por un ejército de niños soldados. Propone a continuación un estudio clínico de la memoria, abordando la dificultad, incluso la reticencia, de los veteranos a transmitir su experiencia, mientras que la sociedad paraguaya se identificó con este acontecimiento a través de todo el siglo XX. Estudia finalmente cómo la instrumentalización de la historia participó del dispositivo de encerramiento organizado por la larga dictadura del general Stroessner. El libro concluye con la publicación de una fuente notable: la correspondencia de los cónsules franceses que siguieron la totalidad del conflicto desde Asunción, proponiendo así el relato de un acontecimiento en su totalidad, un hecho que ha marcado a toda una sociedad, hasta hoy.

Luc Capdevila es Doctor en Historia, Profesor de Historia contemporánea en la Universidad Rennes-II e investigador en el *Centre de recherches historiques de l'Ouest* (CERHIO). Publicó *Les Bretons au lendemain de l'Occupation: imaginaires et comportements d'une sortie de guerre, 1944-1945* (1999); *Une colonie française au Paraguay: la Nouvelle-Bordeaux* (2005); *Femmes, armée et éducation dans la guerre d'Algérie: l'expérience du service de formation des jeunes en Algérie*, (2017); co autor de *Genre et événement: du masculin et du féminin en histoire des crises et des conflits* (2006) y de *Les hommes transparents: indiens et militaires dans la guerre du Chaco (1932-1935)* (2010). Fue co director con Frédérique Langue de *Entre mémoire collective et histoire officielle: l'histoire du temps présent en Amérique latine* (2009).

Donde nací como tú
Perspectivas en torno a la articulación de un sujeto político en Paraguay

Ana Inés Couchonnal Cancio

Presentación de Ticio Escobar

Colección: Paraguay contemporáneo

(978-987-4434-51-7 - 192 págs.)

En *Donde nací como tú*, Ana Couchonnal trabaja la figura de la identidad nacional como pieza central del relato nacional paraguayo: el modelo moderno sostenido por la hegemonía liberal. La obra aborda los azares y las contradicciones de esta construcción problemática, señalando su reincidencia en distintos momentos de la historia del Paraguay y alentando la posibilidad de discutir el concepto de identidad como presencia plena y clausurada.

La autora subraya dos figuras básicas como factores aglutinantes del relato fundacional republicano: la de la guerra y la del guaraní. La figura de la guerra acarrea las de destrucción y violencia. Y termina, fuera de control, extraviada en ámbito yermos, poco propicios para sostener las representadores heroicas que traman aquel relato en pos de una soberanía idealizada. La figura del guaraní resulta aún más indócil para sostener la ficción ilustrada: crece al margen y a contramano de la utopía liberal moderna, pero no puede ser evitada por el Estado.

La propia inserción conflictiva del guaraní en ese esquema posibilita que este idioma actúe como una cuña desestabilizadora: el elemento que no encaja en el modelo (aunque se encuentre incluido en él) y deja un resquicio que permite dislocarlo, aun brevemente. Este desplazamiento deja lugar a la acción de la diferencia y, así, abre la posibilidad de trastornar el tiempo lineal, el puesto asignado, la identidad consumada y la memoria fija: al convocar a escena lo excluido promueve la emergencia de una nueva historicidad; quizá el principio, incierto, de otra escena.

Ticio Escobar

Ana Inés Couchonnal Cancio es investigadora adjunta del Consejo de Investigaciones Científicas y Técnicas (Conicet), con lugar de trabajo en el ITePAC de la Universidad de La Plata, donde desarrolla investigaciones sobre identidades transnacionales y lengua guaraní. Es Licenciada en Sociología por la Universidad Católica de Asunción, MSc in Political Theory por The University of Edinburgh y Doctora en Ciencias Sociales por la Universidad de Buenos Aires.

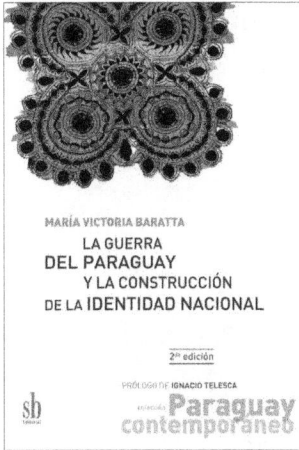

La Guerra del Paraguay y la construcción de la identidad nacional

Victoria Baratta

Colección: Paraguay Contemporáneo

(978-987-4434-56-2 - 204 págs.)

"El general José Esdrillo le escribió al Coronel Álvaro J. de Alsogaray en diciembre de 1868 que se podía dar por concluida la guerra porque solo quedaban "muchachos, viejos y hasta enfermos". Los aliados ya habían tomado Asunción, pero el conflicto continuó. La batalla de Acosta Ñu del 16 de agosto de 1869 fue tristemente conocida: al menos 2.000 paraguayos, en su mayoría niños y pre adolescentes, murieron en pocas horas. Habían peleado contra 20.000 soldados aliados adultos, de los cuales solo murieron 26.

La "Guerra del Paraguay" o "Guerra de la Triple Alianza" enfrentó a Brasil, Argentina y Uruguay contra Paraguay entre 1864 y 1870. Paraguay fue el gran perdedor y quedó devastado territorial y demográficamente. Se trató de la contienda bélica en la que pelearon y fueron víctimas más argentinos, paraguayos y brasileños en toda su historia.

Las guerras decimonónicas pueden pensarse como motor de la formación de los estados nacionales. Este libro se propone analizar las representaciones de la nación y otras identidades político-comunitarias en el discurso de las elites y en algunas manifestaciones de la cultura popular durante esa guerra: ¿Cómo se buscó legitimar una guerra de dimensiones internacionales? ¿Quiénes se opusieron y qué representaciones pusieron en juego? ¿Cómo se representaban mútuamente Argentina y Paraguay? ¿De qué manera se justificó la alianza con Brasil? ¿Cómo incidió la guerra en la mentalidad de aquellos que tuvieron que pelearla? ¿Y en los que se resistieron a hacerlo? ¿Qué rol desempeñó Uruguay durante el conflicto? ¿y Gran Bretaña?

"Una valiente investigación de María Victoria Baratta sobre el impacto de la Guerra de la Triple Alianza contra el Paraguay en los debates sobre la identidad".

Liliana Brezzo, Investigadora principal del CONICET y
Miembro de la Academia Paraguaya de la Historia.

María Victoria Baratta es Investigadora del CONICET con sede en el Instituto de Historia Argentina y Americana "Dr. Emilio Ravignani"; Doctora en Historia por la la Universidad de Buenos Aires; docente de Pensamiento Argentino y Latinoamericano en esa misma casa de estudios. Ha realizado estancias de investigación posdoctoral en la Universität zu Köln, Alemania y en la Universidad Nacional Autónoma de México

La "Literatura ausente": Augusto Roa Bastos y las polémicas del Paraguay post-stronista

CARLA DANIELA BENISZ

Colección: Paraguay Contemporáneo

(978-987-4434-19-7 - 256 págs.)

"Esta obra es una intensa y problematizadora reflexión sobre la literatura paraguaya a partir de los textos ensayísticos que desde diferentes posturas políticas consideran la cuestión de las lenguas y su relación con la identidad nacional, el papel del escritor en sociedades autoritarias y en democracias incompletas, la paradójica función del exilio en la generación de literaturas nacionales, las dinámicas del campo intelectual y literario y los modos de configurar y reconfigurar los grupos antagónicos.

Un aspecto importante es no solo enmarcar los discursos en las condiciones sociohistóricas en las que se produjeron y en los avatares personales de los autores sino también analizar en los textos literarios cómo personajes y relatos exponen, en la dinámica que les es propia, los términos de la polémica y representan, completan, contradicen o muestran las fisuras de las posiciones adoptadas. Las narraciones recrean los conflictos y las negociaciones de las diferencias lingüísticas, las apropiaciones de la lengua del otro y la afirmación de la propia, la apelación a la oralidad y la generación de hibridaciones de diferente tipo, que en todos los casos muestran las ideologías lingüísticas y las valoraciones de los recursos disponibles.

Por otra parte, suministra un instrumental analítico para indagar en los mecanismos de la discursividad polémica gracias a un estudio detenido de cómo los textos, tanto argumentativos como narrativos, exponen el conflicto y se posicionan. Y, finalmente, nos permite pensar desde otro lugar el espacio de la Cuenca del Plata en el que lenguas y literaturas construyen imaginarios compartidos que hacen posibles nuevos vínculos".
(Extraído del Prólogo de la obra)

Elvira Narvaja de Arnoux
Doctora en Lingüística (UBA).
Profesora Titular de Lingüística Interdisciplinaria y Sociología del Lenguaje (FFyL, UBA).

Carla Daniela Benisz es Profesora y Licenciada en Letras por la Universidad de Buenos Aires y Doctora en Humanidades y Artes por la Universidad Nacional de Rosario. Actualmente, investiga sobre la producción literaria y cultural del exilio paraguayo en Argentina durante los años sesenta. Ejerce como docente en el Profesorado de Lengua y Literatura de la Universidad Autónoma de Entre Ríos.

Hacia una historia de los posibles.
Análisis contrafactuales y futuros no acontecidos

Quentin Deluermoz y

Pierre Singaravélou

Serie: Historia Universal
(978-987-4434-21-0 - 376 págs.)

¿Y si la historia o la vida hubieran seguido otro curso? Lo que llamamos razonamiento contrafactual surge espontáneamente en las conversaciones para nutrir las hipótesis sobre las potencialidades del pasado y los futuros no acontecidos. Atraviesa la literatura, las reflexiones políticas y toda suerte de divertimentos. ¿Qué hubiera sucedido si la nariz de Cleopatra hubiera sido más corta? ¿Y si Napoleón hubiera ganado la batalla de Waterloo?

Quentin Deluermoz y Pierre Singaravélou abordan el tema con decisión. Su investigación atraviesa una vasta literatura para retener la diversidad de usos del análisis contrafactual, desde las ficciones ucrónicas más descabelladas hasta las hipótesis más serias. Los autores se abocan a delimitar precisamente las condiciones de un uso legítimo y pertinente para las ciencias sociales, repensando los desafíos de la causalidad y la verdad, las relaciones entre historia y ficción, entre determinismo y contingencia. La investigación devela poco a poco la riqueza de un trabajo sobre los posibles del pasado, y se abre sobre experimentaciones en el dominio, tanto de la investigación como de la enseñanza. Se trata de una reflexión ambiciosa e innovadora sobre la escritura de la historia, su definición y el hecho de compartirla.

Quentin Deluermoz es Profesor de la Universidad de Paris 13 (laboratorio Pléiade), investigador asociado al CRH (EHESS) y miembro del Instituto Universitario de Francia, Quentin Deluermoz trabaja sobre la historia social y cultural de los órdenes y desórdenes del siglo XIX (en Francia y Europa). Ha publicado en Seuil en la serie "La France Contemporaine", LE Crépuscule des révolutions, 1848-1871 (2012: "Points Histoire", 2014).

Pierre Singaravélou es Profesor de historia contemporánea en la Universidad Paris 1 Panthéon Sorbonne, investigador de la UMR SIRICE y miembro del Instituto Universitario de Francia, Pierre Singaravélou ha publicado numerosas obras sobre la historia del hecho colonial en los siglos XIX y XX y editado en Seuil Les Empires Coloniaux, XIX-XX siécle. ("Ponts Histoire", 2013. Dirige las Publications de la Sorbonne y el Centro de historia de Asia Contemporánea.

Vox Populi.
Una historia del voto antes del sufragio universal

OLIVIER CHRISTIN

Serie: HISTORIA UNIVERSAL

(978-987-1984-99-2 - 240 págs.)

No siempre se ha considerado la elección como el medio más equitativo, el más eficaz ni el más transparente de distribuir cargos y honores públicos, ni el de designar a quienes debían contribuir a la creación de la Ley. Durante mucho tiempo otros sistemas han gozado de un prestigio semejante, sino superior, ya se trate del sorteo, la sucesión, la cooptación o de apelar al Espíritu Santo. Sin embargo, las elecciones existían en incontables lugares e instituciones: ciudades y aldeas, órdenes religiosas y cónclaves –donde justamente intervenía el Espíritu Santo–, universidades y academias. Pero, en realidad, sus objetivos no eran la elección de los mejores representantes ni la justa distribución de los cargos, sino otros como la reproducción social de las élites, la defensa de la ortodoxia... En definitiva, no tenían mucho que ver con la idea que nos hacemos de la democracia ni del lugar que los procedimientos electivos deben ocupar allí.

Este libro se consagra a reconstruir esa larga historia del voto antes de las revoluciones del siglo XVIII y del nacimiento de los sistemas representativos modernos. Al rechazar, a partir de casos de estudio vívidos y precisos, la idea de un progreso lineal de la elección racional y de las instituciones representativas desde fines de la Edad Media hasta las revoluciones democráticas, Olivier Christin expone las implicancias de los debates que actualmente tienen por objeto la crítica de la decisión de la mayoría y de la democracia representativa

Olivier Christin es Historiador y especialista en los siglos XVI y XVII, publicó una decena de obras y cerca de cien artículos, además de dirigir numerosos números especiales de revistas científicas. Con un extenso recorrido académico como investigador, catedrático y director en diferentes universidades de Francia y Suiza, sus trabajos se centran problemáticas religiosas y políticas: las manifestaciones iconográficas en la religión, los conflictos confesionales, la evolución del voto antes del sufragio universal y la historia de la decisión de la mayoría en la Confederación suiza. En la actualidad, es Director del *Centre européen des études républicaines* (CEDRE), profesor de la Universidad de Neuchâtel y está a cargo del área de Ciencias religiosas en la *École Pratique des Hautes Études* en París.

www.ingramcontent.com/pod-product-compliance
Lightning Source LLC
Chambersburg PA
CBHW032222080426
42735CB00008B/674